러시아 · 중앙아시아 한상네트워크

전남대학교 세계한상 · 문화연구 3차총서 4

러시아 · 중앙아시아 한상네트워크

Business Networks of Overseas Koreans in Russia and Central Asia

임채완, 이원용, 남혜경, 최한우, 강명구, 심헌용 지음

북코리아

총서를 펴내며

21세기에 들어서 세계적으로 가속화되고 있는 초국가적인 인구이동과 더불어 다문화시대가 도래하면서 민족간 공생의 개념이 점점 확산되고 있다. 이러한 시대적 배경 속에서 이 총서는 2003년 9월 한국학술진흥재단 기초학문육성사업 인문사회과학 분야의 연구과제로 선정된 전남대 세계 · 한상문화연구단의 '세계한상네트워크 구축과 한민족공동체 조사연구' 사업의 3차년도 연구성과를 집약하여 출판한 것이다.

이번에 출판으로 완성된 3차년도 연구과제는 제1차년도 재외한인 사회의 경제환경 및 문화영역, 제2차년도 재외한인 기업의 경영활동 및 사회 · 문화영역에 이어 각 영역별로 재외한인의 네트워크 실태를 진단하고 지구적 차원에서 민족네트워크 구축을 위한 전략 및 구체적인 대안을 제시하는 데 초점이 맞추어져 있다.

제1차 총서와 제2차 총서에 이어 세 번째로 발간되는 이번 총서는 『재미한인기업의 네트워크』, 『재일한인기업의 네트워크』, 『중국조선족기업의 네트워크』, 『러시아 · 중앙아시아 고려인기업의 네트워크』, 『재외한인 민족교육 네트워크』, 『재외한인 권익보호단체 네트워크』, 『재외한인 언론인 네트워크』, 『재외한인 여성공동체 네트워크』, 『재외한인 정보자원 네트워크』, 『재외한인 사회단체 네트워크』, 『재외한인 문화예술인 네트워크』 등 총 11권으로 구성되어 있다. 각 지역별 재외한인사회의 특성을 반영하되 글로벌 수준의 디아스포라 네트워크 구축이라는 공통적인 주제로 집약되어 발간되는 이번 총서는 연구단이 1년간에 걸쳐 수행한 연구성과들이 체계적으로 집약되어 있다. 또한 세부과제팀별로 지구화 시대 글로벌 네트워크 구축이라는 큰 틀 속에서 재외한인들의 자본, 노동력, 정보교류의 특징 등을 상세히 분석하고 있다.

이번 총서는 2005년 9월부터 1년간 67명의 연구원을 비롯해 총 200여명의 국내외 연구자와 현지조사자들이 투입된 연구결과물이다. 이 연구의 대상 및 국가는 재외한인들이 가장 많이 밀집되어 있는 미국, 일본, 중국, 러시아·중앙아시아 지역의 25개 재외한인 거점지역들이다. 연구단이 3차년도에 수집한 연구성과 중에서 재외한인 관련 데이터베이스 및 네트워크 구축의 가치가 있는 주요 성과들을 살펴보면 다음과 같다.

먼저 한상분야에서, 미국한상연구팀은 재미한인 기업연감 4,000개 리스트, 재미한인 9개 금융기관 리스트, 재미한인기업 리스트 252개, LA 재미한인 의류업 리스트 104개 등을 확보했다. 기타 재미한인 사회단체 리스트 341개, 사진 100장, 오디오 파일 20개를 입수했다. 재일한상연구팀은 기업가 리스트 1,059개, 뉴커머 기업가 리스트 195개, 기업가 관련 사진 80장, 개인 디렉토리 12,000여건, 단체 디렉토리 20건 등을 확보하였다. 중국한상연구팀의 경우, 기업 디렉토리 300개, 명함 100장, 기업가 및 각종 사진 900장, 오디오 30여건 등을 입수하였다. 러시아·중앙아시아 한상팀은 고려인 기업 87개, 고려인 자영업자 48개, 고려인 단체 26개, 고려인 교민단체 39개, 한국진출기업 리스트 151개, 한국진출 교민 자영업 리스트 191개 등을 수집하였다. 이처럼 풍부한 자료들은 그동안 공식·비공식적으로 산재하였던 각종 문헌들을 재조사하거나 현지조사 과정을 통해 직접 입수한 자료들로서 한상의 실태에 대한 학문적, 실용적 기초자료로서 가치를 지닌다 하겠다.

다음으로 재외한인 교육연구팀에서는 재미한인학교 100개, 재일조선인 학교 140개, 중국조선족 학교 240개, 러시아·중앙아시아 한인학교 230개 리스트를 확보하였고, 기타 관련사진 27장, 오디오 파일 33개를 수집하였다. 재외한인 사회단체팀에서는 미국한인단체 100개, 일본한인단체 100개, 중국한인단체 100개, 개인 디렉토리 60개, 단체 디렉토리 90개 리스트, 사진 55장을 수집하였다. 재외한인 언론팀에서는 개인 디렉토리 89개, 단체 디렉토리 86개, 국가별 신문과 언론인 사진 60장, 오디오 파일 6개 등을 수집하였다. 재외한인 법률인권팀에서는 개인 디렉토리 101개, 단체 디렉토리 65개 등을 수집하였는데, 구체적으로 중국조선족 변호사 리스트 110명, 중국조선족 변호사 인적사항 52명, 중국조선족 로펌 및 변호사 소개 32건, 재외한인 법적 분쟁 및 제한사례 208건, 재외한인 제한 법령 50건을 수집하였다. 재외한인 집거지 사회문화팀에서는 개인 디렉토리 197개, 단체 디렉토리 79개, 사진 200장, 비디오 및 DVD 1건, 재외한인 문화예술인 리스트 300개, 재외한인 문화예술공간 리스트 50개, 재외한인 집거지 사진 550매를 수집하였다. 재외한인 정보자원팀에서는 개인 디렉토리 65개, 단체 디렉토리 57개, 사진 1400장, 오디오 파일 28개, 중국 조선문 정보자원, 중국조선족 자작곡 및 악보, 동영상 및 영상, 러시아·중앙아시아 고려인 정보자원 등

다수를 발굴하였다. 재외한인 여성팀에서는 개인 디렉토리 377개, 단체 디렉토리 58개, 사진 209장, 오디오 파일 97개, 그리고 여성지도자 활동사 100건, 여성활동가 103명, 재외한인 여성의 사회적 불평등사례 94건, 여성활동가 녹취자료 85건, 재외한인 여성단체 및 복지기관 58개 리스트를 확보하였다.

이처럼 제3차년도 연구총서는 세계 주요 국가에 분포한 재외한인을 대상으로 수집한 자료를 바탕으로, 그들의 경제와 교육, 문화, 사회, 언론, 인권, 여성, 정보자원 등 광범위한 영역에 걸친 활동상황 및 네트워크 구축실태에 관한 풍부한 정보를 담고 있다. 11권의 책들은 주요 한인 집중 거주지역인 5개 지역에 걸쳐 11개 팀의 연구자들이 그동안 조사한 자료를 바탕으로 수차례에 걸친 국제학술회의 등을 통해 전문가 집단의 논평과 보완과정을 거쳤으며 전문가 초청 집담회와 워크숍 등의 과정을 통하여 수정 보완한 내용들을 토대로 완성된 것이다. 이번 제3차 총서 발간을 계기로 해외 각지에 분포된 재외한인의 연결망과 교류실태에 관한 더욱 실감나고 흥미 있는 정보들을 얻을 수 있을 것으로 기대한다. 주지하다시피, 제1차 총서와 제2차 총서의 발간은 국내외 학계와 관련단체는 물론 연구자들의 큰 관심과 반향을 불러 일으켰고 그 중 7권은 대한민국학술원과 문화관광부로부터 우수도서에 선정되는 성과를 거두기도 하였다.

우리 연구단은 이번 총서를 통하여 재외한인 연구가 학문적으로 더욱 심화되어 작금에 국내에서 논의되고 있는 '재외동포학' 내지 '디아스포라 연구'가 새롭게 정초되는 기회가 되었으면 하는 바람을 가져본다. 이를 위해서는 재외동포사회에 대한 연구가 일회적 산물로 그치지 않고, 향후 전문교재의 발간, 학제간 강좌의 개발 등 구체적인 프로그램 개발은 물론 '디아스포라와 인문학' '디아스포라 연구의 인문학적 지평' 등 인문학적으로 참신한 의제(agenda)를 개발하여 이를 한국사회 내에 담론화시켜 내는 데 성공해야 할 것이다.

이 총서가 발간되기까지 많은 사람들이 물심양면으로 지원을 아끼지 않았다. 무엇보다도 지난 3년간 현지조사과정에서 만났던 수많은 재외한인 관련 단체장, 기업가, 연구조력자, 현지조사자의 노고에 깊이 감사드린다. 그분들의 순수한 열정과 도움없이는 이 총서가 완성되기 힘들었을 것이다. 또한 연구과제를 지원해 주고 연구과정이 원활하도록 배려를 아끼지 않으신 한국학술진흥재단의 허상만 이사장님과 관계자들, 전남대학교 강정채 총장님과 산학협력단 관계자들, 국내외 학술회의 참가자 및 전문가, 연구단 홍보를 위해 지원을 아끼지 않으신 사회단체 및 언론사 관계자, 비좁은 연구실에서 밤잠을 설쳐가며 함께 노력해 온 연구단 식구들께 진심으로 감사를 드린다. 또한 총서의 출간을 허락해 준 북코리아출판사 이찬규 사장님과 편집자들께도 심심한 감사의 뜻을 전한다.

2007년 12월
용봉골 연구동에서
세계한상·문화연구단장 임 채 완

추천사

오늘날 우리 사회에서 초국가주의와 디아스포라에 관한 담론은 더 이상 낯선 주제가 아니다. 국경을 넘는 지구적인 인구이동 과정에서 새로운 삶의 터전을 형성한 이산민족 집단, 즉 '디아스포라(diaspora)'의 실존적 경험에 관해 한국사회가 학문적인 관심을 갖기 시작한 지 십년이 넘고 있다. 재외한인분야에서 시작한 이러한 관심은 점차적으로 타민족의 경험을 반영한 보편적 디아스포라 현상과 다문화주의에 대한 새로운 담론으로 증폭되고 있다.

한국사회가 건국 후 60년 만에 세계 10위권의 교역강국으로 부상하면서 세계의 주목을 받은 것처럼 재외한인들도 현지에서 경제적 지위나 문화적 영향력을 강화시키며 사회의 주역으로 성장해 왔다. 어느새 145년을 넘긴 한인디아스포라의 역사는 전 세계 174개국에 걸쳐 수많은 한인공동체를 정착시키고 있다. 재외한인은 한반도 전체인구의 10% 정도인 700만 명을 넘어섰다. 이들은 유럽과 북미지역뿐만 아니라 중국, 러시아, 일본, 아프리카, 알레스카, 브라질 등 다양한 지역과 영역에서 활동하고 있다.

재외한인들은 일찍부터 거주지에서 민족고유의 문화유산을 계승발전하면서도 다양한 민족과 교류하면서 현지화를 추구하였다는 점에서 모국에 살고 있는 한국인들보다 먼저 국제화의 길을 개척했다. 모국이 척박한 가난을 극복하고 선진국의 대열에 도달하는 동안에도 재외한인들이 낯선 이역에서 정착해 온 과정은 결코 순탄치 않은 역경이었다. 그러나 민족의식을 결절(結節)로 한 초국가적인 네트워크의 출현으로 세계 각국에 분산되었던 한민족은 통합적인 구심력과 함께 원거리 디아스포라 공동체의 가능성을 얻게 되었다.

그런가 하면 세계 전역에 걸친 한인공동체의 존재만큼이나 한국사회 내에도 지구상의 어느 곳 못지않게 다양한 인종과 민족이 혼거하는 다문화사회로 변모하고 있다. 1980년대 말 이후 한국에 직장을 구해 장기적으로 체류하는 외국인력은 약 100만 명에 달하고 있다. 인구통계에 따르면 한국에서 국제결혼을 통해 성립된 다문화가정은 전체적으로 11만 쌍이 넘으며 출신국가도 무려 112개국에 달한다. 뿐만 아니라 2025년에는 한국에 상주하는 외국인의 규모는 250만 명에 달할 것으로 보인다. 이처럼 한국은 바야흐로 이민송출국에서 이민대상국으로 변모하고 있는 것이다.

지난 수년간 한국사회는 국제이주여성, 외국인노동자문제 등과 같은 다문화사회의 도전과 충격을 겪으면서 글로벌 시대에 대한 준비의 부족을 질책하는 목소리가 작지 않았다. 재외동포재단, 노동부, 법무부 등의 관련기관에 의해 부분적인 지원책이 모색되었지만, 글로벌 사회공동체 패러다임을 주도할 학술적 기반을 제공하는 전문기관은 많지 않다.

이 점에서 세계한상·문화연구단의 재외한인과 디아스포라 연구는 그동안 근대적 영토공간의 경계 안에 제한되어 있던 민족구성원에 대한 관심을 탈영토적인 공간으로 확장시켰으며, 초국가적인 인구이동의 흐름과 정착과정에 대한 생생한 경험들을 학문적으로 정립하였다는 점에서 의미를 높이 평가할 만하다. 더욱이 재외한인에 대한 연구를 보편적인 '디아스포라' 현상에 대한 관점에서 바라보게 함으로써 최근의 다문화주의 담론과 연결시켜 생각할 수 있게 하였다는 점에서 우리 사회에 기여한 바가 크다 하겠다. 세계한상네트워크와 한민족문화공동체 조사연구가 가진 학술적 가치는 디아스포라, 국제인구이동, 해외정보, 초국가 민족연결망, 국제교류, 국제비즈니스 등에 걸친 다양한 학제적 연계성을 제공하는 단초를 마련했다는 점이라 할 수 있다.

전남대학교 세계한상문화연구단이 적극적으로 제기했던 디아스포라 연구의 중요성은 이제 사회적으로 큰 관심사로 등장하고 있다. 첫째, 초국가적 디아스포라 네트워크에 대한 관심이 크게 증가했다. 거대 중국 대륙을 부활시킨 세계 화상(華商), 브릭스(BRICs) 경제권의 축인 인도인상(印商), 미국과 러시아 경제에 막강한 영향력을 가진 유대인네트워크는 글로벌 시대 국가경쟁력의 표상이 되고 있다. 둘째, 노동력의 국제이동에 따른 다양한 사회현상에 대한 관심도 크게 증가하고 있다. 중국, 중앙아, 동남아 외국인노동자의 국내유입이나 한국인의 캐나다, 인도, 호주, 중남미, 북미, 유럽 등 세계각지로의 초국가적 이동현상은 유출국과 유입국 모두의 관심을 증가시켰다.

이 책자는 지난 2003년 8월 이후 3년간 한국학술진흥재단의 지원을 받아 진행된 "세계한상네트워크 구축과 한민족공동체 조사연구"의 연구성과를 집약하여 연구총서 형태로 발간한 것이다. 총서의 매 책장 마다 지난 5년간 이 역작을 발간하는 데 참여했던 연구책임자를 비롯한 연구원들의 땀과 노력의 흔적이 각인되어 있다. 우리는 해외한인사회에 대한 다양한 기초조사를 바탕으로 엮어진 이 총서가 그동안 관심영역 밖에 머물던 재외한인 문제에 대한 지속적인 관심과 통찰력 있는 시각들을 제공할 것으로 기대한다.

하나의 책자가 세상의 빛을 보기 위해 생명력을 가지는 첫걸음이 길고 지루한 활자화 과정이라면 두 번째의 생명력은 독자들에게 남겨진 몫이다. 여러 모로 한정된 연구의 제약여건을 극복하고 마침내 활자로 탄생한 이 책의 행간에 축약된 의미들은 독자들이 재해석하고 새롭게 보완해 가야할 것이다. 그렇게 함으로써 이 총서는 단순히 한 시대에 읽도록 재단된 책으로 끝나지 않고, 역사 속에 길이 쓰여지는 텍스트로 완성될 수 있을 것이다. 한 가지 덧붙여 강조하고 싶은 점은 이 책의 진정한 주인이 척박한 이역의 땅에서 민족의 맥을 이어온 재외동포들이라는 점이다. 총서의 한 장 한 장마다 고난의 역사 속에서 명멸을 거듭한 재외동포들의 땀과 눈물이 숨어 있음을 기억하며 넉넉한 마음으로 일독할 것을 추천하는 바이다.

2007년 12월

재외동포재단 이사장 이 구 홍

서 문

이 책은 한국학술진흥재단의 연구비 지원하에 (사)동북아평화연대가 전남대학교 세계한상문화단의 일원으로 2005년 9월부터 2006년 8월까지 1년간 러시아와 중앙아시아 3개국(카자흐스탄, 우즈베키스탄, 키르기즈스탄) 고려인들을 대상으로 실시한 '러시아 및 중앙아시아 한상네트워크 실태'의 연구 결과를 정리한 것이다. 구소련방의 붕괴로 인하여 새로운 독립된 국가들은 침체된 경제를 활성화하기 위해 가격의 자유화, 국영기업 또는 공영기업을 사유화 등의 경제체제의 전환을 이행하였다. 이러한 과정에서 일부 고려인들은 기업의 설립과 자영업을 시작하였으나, 기업과 자영업의 설립과 발전은 시작단계에 있다고 할 수 있다. 더불어 이들에 대한 네트워크가 구축되어 있지 않아 상호협력이 이루어지지 못하고 있는 실정이다. 이에 다자간 네트워크를 구축함으로써 향후 우리나라 기업과 상호협력의 밑바탕이 될 수 있기를 기대한다. 출판에 즈음하여 본고를 완성하게끔 협조를 해주신 국내외 관계자 여러분께 감사의 말씀을 전하고 싶다. 전 러시아 고려인협회 조 바실리 회장님, 러시아 한인신문 정 발렌찐 세르게이비치 주필님, 모스크바 사할린 한인협회 박노영 회장님과 권경석·권화영 부회장님, 모스크바 1086 민족학교 엄 넬리 교장선생님, 모스크바주재 한국대사관, 재러 김선국 변호사, 러시아 아무르주 남아파나시나 회장님, 한국통신 블라디보스톡 임직원, 주 카자흐스탄 대사관 이석배 참사관, 카자흐스탄 고려인 협회장, 카자흐스탄 고려인 청년회 김 베체슬라브 부회장님, 주우즈베키스탄 이우성 영사님, 우즈베키스탄 고려인문화협회 신 블라디미르 회장님, 이진우 타슈켄트 한국교육원장님, 우즈베키스탄 한국교민회 김우호

사무국장님, 타슈켄트 원불교 한국어학교, 타슈켄트 장로교회 신윤섭 목사님, 신 로만 키르기즈스탄 고려인협회장님, 키르기즈스탄 한국교육원장님, 북코리아 이찬규 사장님, 이외에도 귀중한 시간을 내어 설문 및 인터뷰에 협조해 주신 러시아 및 중앙아시아 진출 한국 기업 관계자, 고려인 기업가 및 자영업자분들께 진심으로 감사드린다.

2007. 10

공동저자 일동

차 례

표 차례

그림 차례

I
머 리 말

러시아나 중앙아시아 지역이 9·11테러 이후 서구열강들의 에너지전략 각축장이 되고, 최근의 지속적인 고유가 현상으로 연 경제성장률 10% 내외의 고도성장을 계속하는 등으로 세계 각국으로부터 주목 받아온 지 이미 오래다. 그러나 한국은 극히 최근까지 이들 지역에 대해 무관심했고 또한 이들 지역의 국가경제발전의 주역으로 부상한 고려인 동포사회에 대해서도 크게 관심을 기울이지 않았다. 구소련지역이 사회주의 계획경제체제에서 자본주의 시장경제체제로 전환 한지 15여 년이 지난 지금 고려인 동포들은 유태인이나 아르메니아인과 더불어 민간경제 분야를 리드하는 우수한 소수민족으로 자리매김을 했고 지역이나 국가를 대표할 만큼 성공한 고려인 기업가도 적지 않은 실정이다. 고려인 동포들이 거주하고 있는 지역의 정치경제적 중요성, 그리고 한민족 경제공동체 구축과 발전적 측면에서, 이제 고려인 동포들은 주변인일 수 없는 상황이다. 그럼에도 불구하고 고려인 동포들에 대한 한국의 인식은 여전히 동정적이거나 무관심의 차원에 머물러 있다. 따라서 변화하는 고려인 경제사회에 대한 바른 인식과 고려인 기업 실태 파악은 한상네트워크 구축과 활성화를 위한 우선과제라 아니 할 수 있다.

이러한 문제의식 하에 본 연구팀은 한국학술진흥재단의 지원 하에 2003년 9월부터 3년에 걸쳐 '세계한상네트워크 구축을 위한 기초조사'의 일환으로 고려인 경제사회를 연구해 왔다. 과거 2년간 고려인 동포

사회의 인구학적, 사회경제적 변화와 기업 및 자영업 실태를 연구해 왔고, 이들 연구결과물은 『고려인 인구이동과 경제환경』, 『고려인 기업 및 자영업 실태』라는 이름의 단행본으로 각각 출판되었다. 이의 후속연구로 3차년에 해당하는 2005년 9월부터 2006년 8월까지는 '러시아와 중앙아시아지역 한상네트워크 실태 조사'를 실시하였으며 이 책은 그 결과물을 정리한 것이다.

구소련지역을 대상으로 한 한상(韓商) 연구는 통계자료 부족이나 현지의 정치·경제상황의 특수성으로 인해 아직은 적지 않은 한계점이 있다. 개인이나 기업이 극도로 정보공개를 꺼려하는 탓에 만족할 만한 정보 입수가 어렵고, 설문조사나 인터뷰 조사 결과를 검증할 모집단 관련 통계자료나 문헌 또한 절대적으로 부족한 상황이다. 따라서 본 연구팀은 검증 자료가 충분치 못한 상황에서 섣불리 설문조사 결과나 인터뷰 내용을 재구성하거나 해석하기보다는 1차 자료 제공 차원에서 현지의 목소리를 충실히 전하는 것에 주력하고자 한다.

1. 연구 목적과 필요성

본 연구팀은 1차년도와 2차년도의 실태조사 연구를 통해서 구소연방 붕괴와 자본주의 시장경제 도입 이후 고려인들의 직업구조나 직업의식, 경제생활양태가 크게 변했다는 사실을 알 수 있었다. 구소련시대에는 사회적으로 인정받고 경제적으로도 안정적인 생활을 해 왔던 화이트칼라들조차도 구소연방 붕괴 이후의 과도기적 상황에서 생계유지를 위해 거리로 나와 행상을 해야 만했다. 한때는 부끄러운 일이었던 상행위가 소위 비즈니스라고 이름으로 당당한 직업으로서의 시민권을 획득해 가는 과정 중에서 고려인들은 남다른 근면성과 강한 생활력으로 타민족의 견제를 받을 정도의 자본가 그룹으로 부상했음을 알 수 있었다.

그러나 과도기적 상황에서 초래되는 불합리한 법제, 경영의 불투명성, 정부의 과도한 개입, 공무원들의 부정부패, 타민족의 견제 등의 환경적 요인으로 고려인 기업 현황이나 경영실태는 쉽게 파악이 되지 않았고 본 연구팀의 조사를 통해 겨우 어느 정도의 현황파악이 가능해진 수준이다.

올해는 이에 대한 후속연구차원에서 고려인 기업 간 또는 고려인 기업과 해외한인기업 간의 네트워크 현황에 대해 살펴보고자 한다. 자본주의 시장경제의 안정적 정착까지는 아직도 적지 않은 시간이 필요할 것으로 추측이 되는 구소련지역이지만 이들 지역의 경제성장 잠재력과 고려인 경제력의 성장가능성은 부인할 수 없는 사실이다. 뒤늦게나마 이들 지역에 관심을 갖고 정치경제적 교류를 심화 확대시키고자 하는 한국에게 있어 고려인들의 존재는 민족자산이며 한민족경제공동체를 꿈꾸는 한상네트워크 구축에 있어서는 새로운 핵심조직으로 평가되어진다. 따라서 본 연구팀은 한상네트워크 활성화를 위해 고려인 기업의 네트워크 현황을 살펴보고 과제가 무엇인지를 분명히 하고자 한다.

2. 연구내용 및 방법

1) 연구내용

현재 구소연방 지역에는 크게 네 부류의 한민족이 거주하고 있다. 제1그룹은 고려인 동포들로서 이들 지역의 토박이 동포들이라고 할 수 있다. 제2그룹은 구소연방 해체 이후 진출이 본격화된 한국인들로 '한인' 또는 '교민'으로 불리는 집단이다(이후 한국교민이라 칭함). 제3그룹은 북한사람들로 파견노동자가 주류를 이룬다. 제4그룹은 한국이나 북한 이외의 해외에서 진출한 한민족으로 재미, 재독, 재중 동포들이 있으며 인구면에서 재중 동포들이 주류를 이루고 있다.

본 연구의 주요 대상은 제1그룹에 속하는 고려인과 제2그룹에 속하는 한국교민들로, 고려인 기업과 한국교민 자영업 또는 기업가들의 국내외 네트워크 현황 파악이 주요 연구대상이다. 구체적인 연구내용을 정리하면 아래와 같다.

첫째는 동포기업가 간의 네트워크 현황파악이며 둘째는 한상네트워크 구축 및 활성화를 위한 장애요인 분석 및 과제 제시이다. 그리고 네트워크 현황이나 장애요인 분석을 위해 한국교민 경제현황을 살펴보고 네트워크 활성화를 위한 정보제공 차원에서 현지의 성공한 한국교민 사업가나 고려인 기업가들의 사례조사를 실시하였다.

2) 연구방법

현 단계에서 구소련지역을 대상으로 기업연구를 한다는 것은 무모한 작업에 가깝다. 이는 소연방 해체 이후 구소련연방 각국들이 자유시장 경제로 전환하고자 과감한 경제개혁을 실시하고 있으나 적지 않은 장애요인으로 여전히 과도기에서 벗어나지 못하고 있기 때문이다. 권력으로부터 자유롭지 못한 기업, 공무원들의 부정부패의 만연, 비효율적인 법률제도 등으로 현지에서의 기업활동은 극도의 긴장감과 조심스러움을 요구한다. 이러한 상황 때문에 고려인 기업은 물론이고 한국인들도 정보 공개를 극도로 꺼리며 관련 통계자료나 문헌도 거의 부재하다시피하다.

이러한 상황에서 한국과 조사대상국과의 교역이나 한국기업 진출현황은 현지 통계국의 자료나 KOTRA의 자료를 중심으로 분석을 하였고, 고려인 기업이나 한국인 사업가들의 사례연구는 심층 인터뷰 조사 위주로 연구되었다. 또 네크워크 현황 파악은 설문조사 결과 분석을 중심으로 심층인터뷰나 관찰조사 등도 참고로 했다. 한편 주변인들로부터의 정보입수에도 주력했고 TV영상물이나 기업홍보자료, 광고지, 잡지 등의 매체를 활용하기도 했다.

3. 조사대상 지역 및 현지일정

1) 조사대상 지역

조사대상 지역은 고려인들이 집중해 있으면서 기업활동이 활발한 러시아와 카자흐스탄, 우즈베키스탄의 수도권을 중심으로 했다. 러시아에서는 수도 모스크바와 극동지역을 대상으로, 카자흐스탄은 실제적인 정치경제 중심지인 알마티, 우즈베키스탄은 수도 타슈켄트 지역을 중심으로 기업활동을 하고 있는 고려인이나 한국인들을 대상으로 연구를 실시했다. 인터뷰나 설문조사는 연구팀이 직접 현지를 방문해 실시했으며 정보공개를 꺼리고 말을 아끼는 조사대상자들의 특성을 고려해 보완수단으로 주변인들로부터의 정보입수나 관찰조사에도 주력했다. 조사대상지역별 현지조사 일정은 아래의 〈표Ⅰ-1〉과 같다.

〈표 Ⅰ-1〉 조사대상 지역 및 현지조사 일정

조사지역	현지방문일정
러시아(모스크바, 극동지역)	2005.12-2006.1
카자흐스탄	2006.2
우즈베키스탄	2006.2

2) 설문조사 및 인터뷰 조사 대상 및 내용

네트워크 현황 파악은 설문조사를 중심으로, 사례조사는 심층인터뷰조사 중심으로 이루어졌고 대상별 조사내용은 아래 〈표Ⅰ-2〉와 같다.

〈표 Ⅰ-2〉 설문 및 인터뷰조사 현황

설문조사	심층 인터뷰 조사 (총 40명)	
	고려인 기업가(15명)	한국인 사업가 및 기업인 (25명)
기업 수 37개 (러시아 7개사, 카자흐스탄 17개사, 우즈베키스탄 12개사)	러시아 5명 (모스크바 2, 연해주 1, 하바로브스크 1,아무르주 1)	러시아 10명 (모스크바 4, 연해주 4, 하바로브스크 1, 아무르주 1)
	카자흐스탄 6명 (알마티 5, 딸띠꾸르간 1)	카자흐스탄 알마티 6명
	우즈베키스탄 타슈켄트 4명	우즈베키스탄 타슈켄트 9명

설문조사는 네트워크 현황파악을 위해 실시했으며 고려인 기업을 대상으로 했다. 37개 기업이 조사에 협조해 주었는데 사실 이들이 전체 고려인 기업을 대표할 수 있는가 하는 의문점이 남는다. 그러나 위에서도 언급했듯이 현지 기업들은 고려인이나 한국인을 불문하고 말을 극도로 아끼는 상황이며 이는 외부로부터의 압력 또는 기업 간의 경쟁 및 견제를 피하기 위한 일련의 생존전략으로 현 단계로서는 극복하기 힘든 연구의 한계라 아니 할 수 없다. 과거 한국공관이나 고려인협회 등을 통해 기업인들을 설득하여 어렵게 경영실태를 조사한 바 있으나 조사에 협조적인 기업인이 극소수에 불과한 이유로 재차 동일 인물에게 협조를 요청하게 되고 또 기업인들이 조사활동이나 조사내용에 회의적인 태도를 보임으로 인해 과거보다 더 협조를 얻기가 힘이 들었다. 따라서 본 연구팀은 조사항목 수를 최대한 줄이고 또 간략한 응답형식으로 바꾸는 등의 노력을 하였으며 일체의 기본적인 기업정보를 묻지 않는 전제 하에서 조사에 대한 협조를 요청했다. 그럼에도 불구하고 37개 기업의 협조 밖에 얻어낼 수 없었던 것을 매우 아쉽게 생각한다. 그러나 인터뷰 등의 검증과정을 통해 설문조사 결과가 현실과 크게 다르지 않음을 확인할 수 있어 다행스럽게 여기며 기업인들이 조사를 기피하는 이유 등은 본문의 인터뷰 내용을 통해서 확인할 수 있을 것이다.

3) 설문조사 내용

고려인 기업을 대상으로 한 네트워크 현황 파악을 위한 설문조사 내용은 크게 두 가지로 분류될 수 있다. 즉 동포기업 간 네트워크와 동포기업과 단체 및 정부기관, 대학이나 연구소와의 네트워크 현황에 대한 질문이다.

네트워크를 인적, 물적 교류의 지속적 관계로 규정하고, 국내 그리고 국외 동포기업 간의 교류 현황 파악에 중점을 두었다. 구체적인 설문지 내용은 아래와 같다.

〈표 Ⅰ-3〉 설문지 내용

<table>
<tr><td rowspan="7">설문내용
(항목수 48개)</td><td rowspan="4">기업 간 네트워크
(33개 항목)</td><td>수출입관련 기업네트워크(9항목)</td></tr>
<tr><td>한인기업 간 네트워크(13항목)</td></tr>
<tr><td>한인기업 간 네트워크 구축 필요성과 구축방안(5개항목)</td></tr>
<tr><td>온라인상의 한상네트워크 구축에 대한 인식(6개항목)</td></tr>
<tr><td rowspan="3">단체/정부기관/금융기관과의 네트워크
(15개 항목)</td><td>단체활동(5개항목)</td></tr>
<tr><td>금융거래현황(5개항목)</td></tr>
<tr><td>대학/연구소와의 연계(5개항목)</td></tr>
</table>

4) 네트워크 분석의 틀

경제와 민족이라는 두 가지 측면에서 네트워크 현황을 분석하고자 한다. 경제학적으로는 네트워크 시장이론을 기초로, 민족개념에서는 혈통을 기초로 접근한다. 즉, 한민족의 혈통을 이어받은 고려인 동포나 현지진출 한국인 또는 해외한인을 대상으로 이들 상호간의 관계, 즉 상품 및 자본, 정보와 같은 경제자원의 교류 현황을 파악하고자 한다. 그리고 네트워크 구축 또는 활성화를 위한 장애요인 분석에 있어서는 혈통 이외의 민족적 요소, 즉 언어나 문화, 공동체 의식이라는 개념으로 접근한다.

4. 보고서의 구성

본 서는 다음과 같이 구성되어 있다. 제1장 머리말에서는 연구의 필요성과 목적, 방법에 대해 밝히고 제2장에서는 조사대상국과 한국과의 교역 현황 및 한국기업 진출현황을 살펴보았다. 제3장에서는 한국교민사회의 진출과정과 특징을 살펴본 후 자영업을 중심으로 경제현황을 파악했다. 제4장에서는 현지정착에 성공한 교민사업가와 성공한 고려인 기업가의 성공사례를 연구했다. 그 외 현지에 진출한 한국기업 주재원에게도 현지기업환경 및 성공적인 진출을 위한 과제, 동포 간 네트워크에 대한 인식에 대해 물었고 고려인 기업가들이 성공요인도 분석했다. 여기서는 고려인이 자본가로 성장하는 과정과 함께 자본가로 성공하기 위해서는 현지에서는 어떠한 조건이 갖추어져야 하는지에 대해 상세히 설명하고 있다. 제5장에서는 고려인기업을 대상으로 실시한 네트워크 현황에 대한 설문조사 결과를 분석했으며 동포들이 서로에 대해 또 한상네트워크에 대해 어떻게 생각하는지가 잘 나타나 있다. 제6장에서는 설문조사와 인터뷰, 관찰 등의 현지조사 결과를 기초로 네트워크 구축의 장애요인을 네트워크 주체별, 그리고 민족내부 또는 외부요인으로 분류해 분석한 후 네트워크 구축 방안을 제시했다. 제7장 맺음말에서는 연구의 성과 및 한계점과 향후과제를 밝혔다.

II
러시아 및 중앙아시아와의 경제교류 및 한국기업 진출현황

1. 한 · 러시아(Россия) 경제협력

1) 한 · 러시아 교역현황

한국의 대 러시아 수출은 국교수교 이후부터 1996년까지 연평균 30% 이상의 높은 신장률을 보여 1996년에는 20억 달러 수준에 이르렀으나, 1997년 한국의 외환위기로 인하여 감소세를 보였다. 1998년의 경우 루블화 평가절하 및 모라토리엄 선언에 따른 금융경색, 내수위축 등으로 전년동기대비 37%가 감소한 11억 달러 수준에 그쳤으며, 1999년에도 감소세가 지속되어 42.8%가 감소한 6억 3천만 달러에 그친 바 있다. 그러나 국제유가 상승으로 인한 러시아 소비수요 증가로 인해 2000년 이후는 수출이 회복세로 돌아섰고, 2000년에는 대 러시아 수출 증가율은 23.7%를 기록하였고, 2001년에는 19%가 증가한 938.2백만 달러를 기록하였다. 양국 간 교역 회복세는 2002년, 2003년, 2004년도에도 이어져 2005년 2월 현재 440,944천 달러 수출을 기록해 47.4%의 높은 증가세를 보였다. 대 러시아 수출 전망은 오일 달러로 인한 러시아 국내 수입시장의 활성화로 연평균 10%대의 성장이 예상되고 있으며, 향후 주요 수출품으로는 가전 및 이동통신기기, 식품류, 자동차 및 자동차 부품, 산업용 전자제품, 기계 및 소형 플랜트류를 들 수 있다. 대 러시아 수입은 한국의 에너지 공급처의 다변화로 러시아로부터 천연자원 수입 수요 증가될 것으로 기대된다.

〈표 Ⅱ-1〉 대 러시아 교역현황

(단위: 백만 달러, %)

연 도	수 출		수 입		수 지
	금 액	증가율	금 액	증가율	
2000년	788.1	23.7	2,058.3	29.4	-1,270.2
2001년	938.2	19.0	1,929.5	-6.3	-991.3
2002년	1,065.9	13.6	2,217.6	14.9	-1,151.7
2003년	1,659.1	55.7	2,521.8	13.7	-862.8
2004년	2,339.3	41.0	3,671.5	45.6	-1,332.2

출처: KOTIS., 한국수출입은행, "국가별사이버경제정보 - 러시아", 2003.
http://www.koreaexim.go.kr/web/oei_data/bas_data/RUS100.pdf.

2) 한·러시아 투자협력

한국의 대 러시아 투자액은 1999년의 7건, 8십만 달러 투자를 기점으로 증가 추세에 있으며, 2005년에는 투자건수 24건으로 전년대비 37.2%가 증가한 34.7백만 달러에 달했다. 이러한 한국기업의 대 러시아 투자 증가는 첫째, 러시아의 WTO 가입에 대한 노력의 결과로 각종 법적 및 제도적 투명성 확대, 둘째, 현 푸틴정부 하에서 정치적 안정과 국내 경제성장을 들 수 있다. 이러한 러시아의 정치경제적 안정은 러시아의 국가 위험도(Country Risk)를 낮춰 외국인 투자를 증가시키는 데 기여했다. 한국기업의 러시아 진출은, 철강, 비철, 전자부품, 화학제품의 수출·입을 위해 1989년에 삼성물산이 모스크바에 사무소를 개설한 것이 최초이다. 한국기업의 투자진출은 1998년 러시아의 모라토리엄과 한국의 외환위기로 인하여 한때 답보상태였으나, 2000년의 투자건수 10건 3.2백만 달러를 기점으로 증가하였다. 진출 초기는 주로 요식업과 섬유 및 섬유제품의 수출 등 자영업자 및 일부 대기업 투자진출이 주를 이루었으나, 2000년대 이후에는 제조업 및 에너지산업부문으로의 진출이 늘어나고 있다. 또 2000년 이후 특징의 하나는 이전까지 진출을 망설이던 은행을 비롯한 금융권의 진출이다. 2002년이 수출입은행 진출을 선두로 우리은행, 그리고 한국 기업들의 수출·입을 원활하게하기 위하여 수출입보험공사도 진출했다.

〈표 Ⅱ-2〉 대 러시아 투자현황

(단위: 건, 백만달러, %)

구 분	1997	1998	1999	2000	2001	2003	2004	2005
투자건수	7	5	7	10	10	9	14	24
투자금액	8.4	35.6	0.8	3.2	6.9	24.0	25.3	34.7

출처: http://www.koreaexim.go.kr/kr/oeis/m03/s01_0401.jsp

최근의 한국기업 투자상황을 살펴보면, 2005년 4월에 LG전자가 모스크바 근교에 1.5억 달러 수준의 가전제품 공장 기공하여 2006년 5월 현재 건설 중이며 동년 9월에는 한국야쿠르트의 현지법인체인 "KOYA"가 2백만 달러를 투자하여 라면공장을 건립하여 "KOYA"브랜드로 라면을 출시할 계획이다. 그리고 건설업에서는 롯데건설이 쇼핑센터를 2006년 말까지 완공하여 러시아인과 한국인들에게 분양할 계획을 가지고 있다. KOTRA와 현지공관의 자료를 참고로 현지에 진출한 기업들을 정리한 것이 아래 〈표 Ⅱ-3〉과 〈표 Ⅱ-4〉이다.

〈표 Ⅱ-3〉 러시아 모스크바지역 한국기업 진출현황

기업명	진출 년도	주요업종	투자금액 (누적)	설립형태	종업원 (한국:현지)
(주)라임하우스	1995	면도기, 매니큐어&패디큐어 세트		법인-단독	
(주)오리온 모스크바사무소	1995	무역업-쵸코파이, 식품류		연락사무소	

기업명	진출 년도	주요업종	투자금액 (누적)	설립형태	종업원 (한국:현지)
주)이오알	1991	인쇄 포장 기자재,자동차용 필름,건축용 필름	US $2,000천	지점	9:7명
(주)인트라	2001	의료,건설,사출,압출 관련 비즈니스,지사화 전문 대행업		법인-단독	1:2명
(주)천지해운 러시아연방대표사무소	2002	컨테이너 및 Bulk 운송,항공화물,창고업,통관 및 기타,물류관련업		대표사무소	2:2명
(주)케이피케미칼	2002	PET Chip 등		연락사무소	2:3명
(주)테라테크	2000	IT제품류(Security systems,CCTV(Samsung eletronics 공식 딜러),Display system		지점	3:8명
(주)효성 모스크바사무소	1992	합성수지,전자,일반상품		연락사무소	2:8명
KT	2005	정보 통신 투자사업/ IT 관련 SI/NI 사업		지점/대표 사무소	1:2명
LG 화학	2004	화학 제품		연락사무소 /지사	2:6명
LG상사 모스크바사무소	1990	무역업-원자재, 기계,항공, 화학, 식품,Project, 케이블		연락사무소	4:20명
LG전자모스크바 사무소	1990	제조업-가전제품 및 멀티 미디어		사무소 및 서비스 법인	24:46명
LG전자 상트뻬쩨르부르그사무소		제조업-가전제품 및 멀티 미디어	US $2,500천	사무소 및 서비스 법인	4:15명
SIB TRANSTORG	1996	여행업		개인사업	
SK네트워크	1990	에너지,화학,금속 관련 무역		연락사무소	1:5명
국제법무법인 산		이민법무,기업법무,부동산법무,지적재산권법무,행정법무,송무,세무 및 회계 업무		법인-단독	1:11명
그린로지스틱스	1998	운송 (Commercial Cargo)		지점,지사	2:20명
대구경북섬유직물공업협동조합	2005	의류원단, 패션 및 작업용 장갑,기타 섬유관련 모든 품목	US$30천	연락사무소	1:2명

기업명	진출년도	주요업종	투자금액(누적)	설립형태	종업원(한국:현지)
대우인터내셔널 모스크바사무소	1990	무역업-전자제품, 자동차, 철강		연락사무소	4:13명
대우일렉트로닉스	1993	무역업-가전제품, 통신기기, 서비스 등		러시아 지사	6:30명
대한항공 모스크바지점	1990	항공운송업-여객, 화물 운송		지점	4:11명
득금상사 모스크바사무소	1993	무역업-Polyester Textile		연락사무소	2:8명
라닉스	1995	무역업-시계, 잡화		사무소 및 서비스 법인	3:20명
로약스	1997	디지털 비디오 감시 장비,카메라,지문인식기,행남도자기,국내산 전통주 등		러시아 현지 법인 및 로약스 코리아러시아 대표부	1:22명
롯데상사 모스크바사무소	1995	무역업-기계류, 제과제품		연락사무소	2:4명
삼성물산(건설부문) 모스크바사무소	1992	건설업-주택건설 등		연락사무소	3:10명
삼성물산 모스크바사무소	1989	무역업-철강, 비철, 전자부품, 화학, 프로젝트, 기타		사무소	4:15명
삼성전자 모스크바사무소	1990	무역업-가전제품		연락사무소	13:30명
서중물류	2003	컨테이너 및 Bulk 운송,항공화물,창고업,통관 및 기타 물류관련업		연락사무소	1:3명
승민트랜스월드	2004	해상운송		연락사무소	1:1명
알파텍스	1994	직물(폴리에스테르)		법인-단독	
에코비스	1992	서비스-화물 운송·통관		법인	4:20명
오션 파설	2002	오피스 용품 제조, 필름제조	US $300천	법인-단독, 직접투자	1:12명
우리은행	2003	은행업		대표사무소	1:2명
우진 세렉스	2002	사출기기 판매		연락사무소	4:0명
우진트랜스	1994	서비스업-통관, 운송(내륙, 항공), 이삿짐		현지법인	1:15명

기업명	진출년도	주요업종	투자금액(누적)	설립형태	종업원(한국:현지)
웨스트그룹스트로이	1997	건물 신축,개축, 사무실 내장, 설비, 전기	US $3,800천	법인-단독	3:8명
유니코 로지스틱스	2002	운송 (Commercial Cargo)		지점	1:6명
유니패스	2001			지점, 사무소	
유포토스	1995	앨범, PVC Sheet 생산 (문구 포장용)		법인(공장)	1:240명
진로루스푸드(주)	1995	가공만두제조 외 판매		법인-합작 (현지합작 법인)	1:23명
카스	1994	제조업-전자저울, 센서		지점,연락 사무소+현지 법인(판매, 서비스)	3:45명
케이.이.씨	1991	무역 컨설팅(무역 상담 대행 등)		법인-단독	1:6명
코리안비즈니스센터 발전지원재단	1995	비즈니스 센터 임대		법인-합작	1:28명
코어세스	2002			지점	1:6명
한국관광공사	2001	관광진흥		연락사무소	3:4명
한국석유공사	2005	자원개발		연락사무소	1:1명
한국수출보험공사	2003	수출보험 서비스		1인 주재원	1:0명
한국수출입은행	2002	은행		연락사무소	2:1명
한국야쿠르트 모스크바사무소	1999	무역업-라면		법인-단독 사무소	6:2명
한양여행사	1991	여행업-여행관련 전 분야 및 무역업	US $100천	법인	1:7명
현대상사	1990	무역		연락사무소	1:2명
현대상선(주)	2001			지점, 사무소	1:2명
호수인터내셔날	2002	굴삭기, 로더, 펌프카, 브레이커 및 각종 어태치, 부품	US $300천	법인-단독	

주) KOTRA의 자료를 재구성해 작성하였음.
http://www.kotra.or.kr/main/trade/center/world.jsp

〈표 Ⅱ-4〉 러시아 극동지역 한국기업 진출현황

노보시비르스크주(노보시비르스크)					
기업명	진출년도	주요업종	투자금액	설립형태	종업원(한국:현지)
오리온 노보시비르스크사무소	2004	파이, 과자류 등 식품 유통		연락사무소, 지사	1:5명
제이앤제이 인터네셔널	2005	종이,필름		법인-단독(현지법인)	1:3명
코러스	2000	인쇄 포장 기자재 및 각종 필름, 종이류		법인-단독(현지법인)	2:3명
사할린주(블라디보스톡)					
기업명	진출년도	주요업종	투자금액	설립형태	종업원(한국:현지)
F.C.M		무역업			
Inter Sadko		건축자재		개인사업	
JOY		무역업			
LG전자	2000	무역업-가전제품		지사	1:10명
NEGATSIANT		인쇄지		지점	1:2명
NTC	1998	서비스업-유무선 통신	US $3,000천	법인-합작현지법인(영업)	3:180명
아시아나 항공 사할린 지점항공 여객 운송				지점	1:3명
PARCE	2000	의류 제조		법인-단독	3:250명
Pacific Trading		어업			
SH BOLSHOI	2001	티 셔츠 생산	US $2,400천	법인-단독	6:430명
다우스틸	1996	무역-고철		지사	1:3명
대한항공	1995	서비스업-항공여객서비스		연락사무소	
동서 로지스틱스	1999	서비스업-포워딩 서비스		연락사무소	
동춘해운	2000	해상운송		연락사무소	1:1명
러시아 월드		여행업			
레스미르		목재, 철강			
로만		가구			
롯데상사	2000	무역업-과자류		지사	2:3명
미진	1993	제조업-의류 (면바지, 티셔츠)		법인-단독, 현지법인(생산)	6:420명

기업명	진출년도	주요업종	투자금액	설립형태	종업원(한국:현지)
베료자 퍼시픽				법인-단독	
보스톡 익스프레스	1995	무역 및 서비스업-여행업, 무역업, 서비스		법인-합작, 현지법인(영업)	1:8명
삼성전자	1995	무역업-전자제품		지사	1:8명
아러스	2000	의류제조	US $1,200천	법인-단독	9:959명
아시아나 항공 하바로프스크 지점		항공여객 운송		지점	
코스라	2001	니트 셔츠	US $10,000천	법인-단독	5:400명
티앤에이		각종 소비재		개인사업	
파낙스	1992	무역업		법인-단독	1:10명
호텔현대 블라디보스톡비즈니스센터	1997	서비스업-호텔, 사무실임대		법인-합작(현지법인)	4:341명
휘닉스	1992	가구		법인-단독	1:30명

주) KOTRA의 자료를 재구성해 작성하였음.
http://www.kotra.or.kr/main/trade/center/world.jsp

그리고 한국기업의 산업부분별 투자현황을 살펴보면, 아래 〈표 II-5〉가 나타내듯이 건당 투자규모가 가장 큰 산업부문은 광업(원유·천연가스 포함)으로 29.0백만 달러로 달하며, 투자건수로는 제조업이 59건으로 가장 많으나, 건당 투자액은 1.2백만 달러 수준이다.

〈표 Ⅱ-5〉 한국기업의 러시아 산업부문별 투자현황 (단위 : 건, 백만달러)

구 분	신고 건수	신고액	투자 건수	투자액
농림어업	31	55.0	31	12.1
광업(원유, 천연가스)	2	29.1	1	29.1
제 조 업	86	166.1	59	68.3
건 설 업	6	1.1	2	0.15
도소매업	62	30.3	42	16.1
운수창고업	2	113	0	0
통 신 업	7	47.5	7	28.1
숙박음식점업	6	95.8	4	42.1
서비스업	10	5.2	8	3.4
부 동 산	3	40.7	2	32.5
총 계	209	373.6	150	211.5

출처: 수출입은행,2005.

향후 한국의 에너지자원 수입 다변화, 러시아 내수시장의 증가에 부응하기 위한 대 러시아 투자는 늘어날 것으로 예상된다. 특히, 유럽진출의 교두보 구축을 위해서는 5개국 및 러시아로의 진출이 필수적이다.

2. 한·카자흐스탄(Казахстан) 경제협력

한국과 카자흐스탄은 1992년 1월 28일에 정식으로 외교관계를 수립한 이래 민주주의와 시장경제라는 공통의 가치를 기반으로 꾸준히 상호협력관계를 발전시켜오고 있다. 이러한 양국 간의 실질적인 상호경제협력은 카자흐스탄 입장에서 2가지 측면에서 중요시되고 있다. 첫째, 한국의 경제발전 과정에서 축적된 경험이 자국의 경제개발에 유용할 수 있다는 점이며, 둘째, 한국기업들의 직접투자를 유치함으로써 카자흐스탄 경제전반에 활력을 불어넣을 수 있다는 인식이다. 특히, 독립 직후 경제적 어려움과 서방기업들의 무관심이 지속되던 시기에 한국기업이 적극적으로 진출하여 성공적인 투자사례를 이룸으로써 미국, 유럽, 일본 등의 선진국기업들과 중국 등의 국가들로부터 직접투자를 유인할 수 있었다고 보고 있다. 1997년 후반 한국의 외환위기 이후 기업들이 철수하고 투자가 감소하는 현상이 있었으나 2003년 11월의 나자르바예프 대통령의 방한 및 2004년 9월 노무현 대통령의 답방으로 카스피해 원유 및 광물자원 공동개발 등 새로운 경제협력관계 확대를 위한 협정에 서명을 함으로써 경제협력은 다시금 활력을 되찾을 것으로 예상된다.

1) 한·카자흐스탄 교역현황

1992년 1월의 한·카자흐스탄 국교수립 이후 상호경제교류는 카자흐스탄의 개혁·개방정책에 따라 점차 확대되어 왔으며, 특히 최근 수년간 경제협력은 양국 간 경제구조의 상호보완성 등에 힘입어 교역액의 급성장을 보이고 있다. 한국의 금융위기 시기를 제외하고 양국 간의 교역은 1999년을 기점으로 지속적으로 증가해 왔으며, 2003년도의 교역액은 전년대비 87% 증가한 370백만 달러, 2004년도는 전녀대비 40% 증가한 518백만 달러의 교역액을 나타냈다.

〈표 II-6〉 한·카자흐스탄 교역추이

(단위 : 백만달러)

구 분	1997	1998	1999	2000	2001	2002	2003	2004
교역규모	175.6	134.7	108.0	131.8	164.1	197.8	370.3	518.0
수 출	92.1	104.0	56.6	82.4	108.0	126.1	217.2	314.0
수 입	83.5	30.7	51.4	49.4	56.1	71.7	153.1	204.0
무역수지	8.6	73.3	5.2	33.0	51.9	54.4	64.1	110.0

출처: 駐우즈베키스탄 한국대사관. 2005.03.

특히, 가전제품의 경우 LG전자, 삼성전자 등 한국기업들이 70% 이상의 시장점유율 확보하고 있다 이러한 우리 가전제품의 시장점유율의 확대에는 "슐팍(СУЛФАК)", "테크노돔(ТЕХНО-ДОМ)", "쁘라넷(ПЛАНЕТ)" 등의 고려인 유통기업의 급성장에 기인한다고 볼 수 있다. 이러한 양국 간 교역규모는 2000년 이후 원유 등 국제 원자재 가격 상승, 한국의 경제회복, 카자흐스탄의 지속적 경제발전, 카자흐스탄의 2005년도 WTO 가입추진에 따른 시장개방 확대, 카자흐스탄의 외국인 직접투자 증가에 따른 경제 활성화, 신수도 아스타나 건설 및 카스피해 종합개발 등에 따른 건설수요 증가 등으로 지속 확대될 것이다. 한국의 대 카자흐스탄의 수출 품목은 카자흐스탄의 국민소득 증가에 따른 소비재 수요의 급증으로 인한 무선전화기, 컬라 TV, 세탁기, 냉장고 등의 중요 4대 가전제품의 수출이 54.5%를 차지하고 있다. 이외의 수출 품목으로는 화물자동차, 승용차, 합성수지 등이다.

〈표 Ⅱ-7〉 대 카자흐스탄 수출품목

(단위: 백만불, %)

순 위	품 목 명	2003		2004	
		수출액	증가율	수출액	증가율
1	무선전화기	61.6	398.6	94.4	53.3
2	컬라 TV	40.3	28.1	43.4	7.9
3	세 탁 기	15.5	633.3	17.0	9.8
4	냉 장 고	12.0	291.9	16.4	37.4
5	화물자동차	7.7	147.1	16.0	105.2
6	승 용 차	9.4	356.3	11.3	20.2
7	합성수지	7.4	-11.3	9.3	26.5
8	기 타	63.3	-	106.2	-
총 수출액		217.2	72.2	314.0	48.9

출처: 駐우즈베키스탄 한국대사관, "카자흐스탄의 경제현황", 2006.

향후의 대 카자흐스탄 유망 수출품목으로는 건축자재, 의료장비, 보안기기, 스포츠・레저용품, 농자재, 식료품, 자동차 및 자동차용품 등의 상품들이다. 특히, 건축자재는 카자흐스탄의 새로운 사회간접자본의 건설 및 개보수, 신수도 건설, 노후화된 건물의 재개발 및 리모델링으로 수요가 급증할 것이다. 현재 카자흐스탄은 중국, 터키, 러시아산 건축자재를 수입하고 있으나, 가격에 비해 품질이 떨어져 우수한 한국 건축자재의 수요가 증가할 것이다. 이밖에도 의료장비 노후화로 인한 교체 수요, 유료 고급병원 신설 등으로 현대화된 첨단 의료장비 구매 수요도 증가할 것이다. 한국의 대 카자흐스탄 수입품은 유색금속 및 철강제품이 주를 이루며, 특히 합금철의 경우에는 2004년도 수입액이 전년대비 60.7% 증가한 102백만 달러에 달해 수입품목 중 가장 높은 수치를 나타내고 있다.

〈표 Ⅱ-8〉 대 카자흐스탄 수입품목

(단위: 백만불, %)

순 위	품 목 명	2003		2004	
		수입액	증가율	수입액	증가율
1	합 금 철	63.5	75.3	102.0	60.7
2	열 연 강 판	23.7	129.1	42.4	78.6
3	은	13.8	76.1	17.9	29.9
4	금	14.0	44.0	14.6	11.1
5	기타 정밀화학원료	0.9	-44.8	1.6	77.5
6	기타 비철금속제품	0.06	-69.2	2.2	3,566.7
7	기타 정밀화학제품	0.6	-35.1	0.6	-7.5
8	기 타	34.5	-	22.7	-
총 수입액		153.1	113.9	204.0	33.2

출처: 駐우즈베키스탄 한국대사관,"카자흐스탄의 경제현황", 2006.

2) 한·카자흐스탄 투자협력

대 카자흐스탄 직접투자는 삼성물산의 구리 채광 및 제련분야 200백만 달러, LG전자 20백만 달러 등 2004년 6월 현재 총 누계 투자액 1,770백만 달러로 카자흐스탄의 주요 투자대상국으로 부상하였다. 한국의 대 카자흐스탄 직접투자가 증가한 원인은 첫째, 국제 원유가의 지속적인 상승으로 인하여 카자흐스탄은 지속적인 고도성장과 이로 인한 높은 건설경기, 둘째, 경제성장에 따른 국민소득 증대로 가전제품을 비롯한 소비재에 대한 소비수요의 급증 등이다. 이러한 카자흐스탄의 투자유인으로 인하여 삼성은 합작투자회사인 "카작무스"를 위탁 경영하여 "제스카스칸" 광산에서 구리제품을 연 42만 톤 생산했으며 "카작무스"사를 고용규모 6만 명의 카자흐스탄 최대 고용사업체로 성장시켜 연간 약 8억 달러의 매출액을 올리는 기업으로 성장시켰다. 또 현지조립 생산라인을 보유하고 있는 LG전자는 TV・세탁기・비디오 제품 등 연 50여 만 대를 생산하여 연간 약 1억 달러의 매출액을 나타내고 있다. 이외에도 2002년도에 카자흐스탄의 "KazAtomProm"은 한국전력과 우라늄정광 공급계약을 체결하여 2003년도에 381톤, 2005~2012년간은 연 800톤의 우라늄을 수출키로 합의하는 등의 한국의 대 카자흐스탄 투자는 증가일로에 있다. 이러한 한국기업들의 투자는 카자흐스탄 산업에 대한 전・후방연관효과를 발생시키고, 이를 통한 한국제품에 대한 브랜드 가치를 높일 수 있고, 카자흐스탄은 자국의 고용창출로 인한 국민들의 소득증대로 이어져 양국 간에 윈-윈 전략이 될 수 있다.

이외에도 에너지자원에 대한 대외의존도가 97%인 한국의 입장에서는 카자흐스탄의 막대한 석유 및 천연가스의 개발 및 수입에 대한 투자는 시급한 상황이다. 이에 한국석유공사・삼성・LG・SK・대성 등 한국의 대표 에너지기업 5개사는 2002년 3월 카자흐스탄 원유개발 컨소시엄을 구성하여 카스피해 및 육상 유전개발 참여를 적극 추진 중이며, 2004년 3월 카자흐스탄 석유가스공사와 카스피해 유망 광구에 대한 공동개발 양해각서를 체결한 데 이어 2004년 9월의 노무현 대통령의 카자흐스탄 방문계기에 1개 광구에 대한 독점협상권을 확보하였다. 이로써 한국기업의 카스피해 광구 및 육상 광구 참여 확대를 위한 기반이 마련된 것으로 평가되며, 후속사업으로는 카스피해 원유 공동개발 경제성 확보를 위한 추가 광구확보가 협의 중이다. 또한, 대한광업진흥공사는 카자흐스탄 지질위원회와 카자흐스탄 동남부의 주요 광물부존구역에 대한 공동탐사를 2004년부터 2006년까지 실시하며, 금·동·연·아연 등 유망광물 발굴시 한국기업의 후속개발진출 연계를 추진 중이다.

〈표 Ⅱ-9〉 대 카자흐스탄 투자현황

(단위: 백만달러)

기 업 명	진출년도	주 요 업 종	투자금액 누계	매출액 (2004년)	설립형태
LG전자	1994.5	가전제품 조립 및 가전, 통신제품 판매	20	200	카자흐스탄 현지법인
삼성전자	1993.1	가전, 통신 제품 판매	-	200	모스크바 총괄 산하 알마티 지점
대우전자	1994.4	가전, 통신 제품 판매	5	30	독일법인 산하 알마티 지사
삼성물산	1991.1	무역 및 투자 사업	200	40	독일법인 산하 알마티 지사
부란보일러	1992.7	난방, 환기, 냉방기기 제조 및 수입판매	1.8	7	카자흐스탄 현지법인
USKO	1992.7	건설, 창고업, 사무용가구 제작	12	15	카자흐스탄 현지법인
세원중공업	2004.6	압력용기 생산	5	-	카자흐스탄 현지 합작법인(지분 : 51%)
대우건설	2004.4	플랜트 및 인프라 건설	-	-	한국 대우건설 산하 알마티 지사
LG상사	2004.7	무역 및 투자 사업	-	-	한국 LG상사 산하 알마티 지사
아시아나 항공	2004.6	운송업	-	비공개	한국 아시아나 항공 알마티 지사
동일토건	2004.7	건설업	14	-	현지 단독법인
신한은행	2004.9	금융업	-	-	지점 또는 사무소 설치 검토 중
SK	2004.12	무역 및 투자 사업	-	-	한국 SK 산하 알마티 지사
기타	항공·해운 운송, 관광, 건설업 등에 소자본 투자회사 및 자영업자 40여개소 진출				

출처: 駐우즈베키스탄 한국대사관,"카자흐스탄의 경제현황", 2006.

3. 한·우즈베키스탄(Узбекистан) 경제협력

한국과 우즈베키스탄은 1992년 국교 수립 이후 다방면에 걸쳐 교류가 활발하게 이루어져 왔다. 특히 1993년의 카리모프 대통령의 방한과 1994년 김영삼 대통령의 답방을 통해 양국 간 경제교류와 기술협력관계가 증진되었을 뿐만 아니라, 국제무대에서 항상 양국은 상대국의 입장을 지지해 왔다. 나아가, 우즈베키스탄은 한국을 자국 성장의 경제성장 모델과 경제협력 파트너로 생각하고 있다. 한국의 입장에서는 CIS 국가들 중 한국기업들의 투자진출이 가장 활발하다. 우즈베키스탄의 정치, 경제적 문제점이 산재해 있음에도 불구하고 우리나라 기업이 우즈베키스탄에 투자진출할 경우 장점으로 다음의 다섯 가지를 들 수 있다. 첫째, 인건비가 저렴하다. 우즈베키스탄의 인건비는 중국의 50~70% 수준이어서 비용을 감소시킬 수 있으며, 가격경쟁력을 높일 수 있다. 둘째, 투자진출 시 각종 세제혜택이 많다. 현 카리모프 대통령 정부는 경제발전을 위한 외국인 투자를 유치하기 위해 투자기업들에게 각종 세제혜택을 주고 있다. 셋째, 독점 지위의 혜택을 누리는 경우가 있다. 넷째, 중앙아시아의 중앙에 위치하고 있어 관세동맹이 되어 있는 국가들에 수출이 가능하다. 다섯째, 노조가 매우 약하다.

1) 한·우즈베키스탄 교역현황

양국 간 교역은 1997년도에 최대 970백만 달러까지 달했으나, 그 후 등락을 거듭하면서 전반적인 감소 추세를 보이고 있다. 2003년도 한국의 수출은 전년대비 31.1% 증가한 247백만 달러, 수입은 18.4% 감소한 79백만 달러에 달했다. 한국의 대 우즈베키스탄의 수출품은 수송기계, 일반 기계, 플라스틱, 가전제품, 농산물 들이다. 2002년 한 해 동안 1.9백만 달러의 연초류와 궐련 및 필터담배, 기타 식물성 물질, 기타 곡류 및 파종용 종자, 옥수수전분, 국수 및 라면의 면류, 채소류, 채소 종자 등의 기호식품과 농업용 종자 등이 수출되었다. 특히, 우즈베키스탄 진출 한국기업들에 의한 부분품 및 원부자재 수입이 증가했고, 한국의 대 우즈베키스탄의 수출액은 2002년을 기점으로 증가추세에 있다.

〈표 Ⅱ-10〉 대 우즈베키스탄 수출입현황

(단위: 백만불)

구 분	2000	2001	2002	2003	2004 (1-10월)
교역규모	334.4	482.4	285.3	326.0	323.0
수 출	230.4	345.7	188.5	247.0	270.0
수 입	104.0	136.7	96.8	79.0	53.0
교역수지	126.4	209.0	91.7	168.0	217.0

출처: 한국수출입은행, "국가별 사이버 경제정보 - 우즈베키스탄", 2004.
http://www.koreaexim.go.kr/web/oei_data/bas_data/UZB100.pdf,

그러나 한국의 대 우즈베키스탄 수출에 있어, 우즈베키스탄 정부의 수입품목 제한 정책으로 수출품목의 수가 제한적이어서 향후 식품가공품을 특화하는 수출전략을 세우는 동시에, 장기적으로는 수출품목을 다변화하고 수출규모를 확대하기 위한 노력이 요구된다. 반면, 한국은 우즈베키스탄으로부터 비교적 일정하게 농산물을 수입해 오고 있는데, 2002년을 기준으로 원면의 수입이 88.5백만 달러로 가장 많다. 이밖에 면사, 면직물, 한약재, 채소류, 고추 등의 수입도 약간씩 이루어지고 있다.

2) 한·우즈베키스탄 투자협력

한국의 대 우즈베키스탄 투자진출은 1998년 말까지 약 50건으로 투자총액은 913.8백만 달러로 우즈베키스탄 최대의 투자진출국이었으나, 2000년에는 2건에 9만 달러가 투자되었다. 이러한 투자 감소는 첫째, 우즈베키스탄 정부의 환전제한, 둘째, 장기집권과 부정부패로 인한 경제전망 불투명, 셋째, 한국 국내의 경제침체 등에 기인하였다. 주요 투자진출업체들로는 대우자동차가 1993년 1억 달러를 투자하여 3개 차종을 조립·생산하였고, 갑을방직이 면사와 면직물을 가공하여 한국과 독일 등의 국가로 수출하였다. 그러나 2006년 현재 대우자동차는 우즈베키스탄 정부가 운영을 하고 있으며, 갑을방직은 2005년 터키 및 우즈베키스탄 정부로 경영권이 이양되었다. 이외 여러 중소봉제업체, 양파망공장, 감초공장, 고춧가루 공장 등 중소형 투자진출 기업이 있다. 우즈베키스탄 투자진출의 특징을 살펴보면, 농업국인 우즈베키스탄 특징에 부합되게 섬유산업 및 농업자재산업으로의 진출이다. 방직산업에 (주)우즈갑을을 필두로 방직업체가 사용하는 페이퍼 콘 제조회사 (주)금성지관이 진출했다. 그리고 미국계 선교사들에 의한 의료업계로의의 진출도 특징으로 들 수 있다.

〈표 Ⅱ-11〉 대 우즈베키스탄 투자현황

(단위: 백만불, 건수)

구 분	1999	2000	2002년	2003	2004
투자금액	0.2	0.09	216.4	253.0	253.0
투자건수	2	2	30	87	49

출처: 한국수출입은행, "국가별 사이버 경제정보 - 우즈베키스탄", 2004.
http://www.koreaexim.go.kr/web/oei_data/bas_data/UZB100.pdf,

2005년 이후 우즈베키스탄 정부는 외국인 투자유치를 위해 투자기업에게 작종 혜택을 주고 있으나 정부의 과도한 개입이나 경제침체로 어느 정도 효과를 올릴 수 있을지는 미지수다. 그러나 한국에게 있어 우즈베키스탄은 중앙아시아 국가들 중 카자흐스탄에 이어 주요한 에너지자원 부존국으로 한국기업들의 관심이나 투자는 이어질 것으로 예상된다.

〈표 Ⅱ-12〉 대 우즈베키스탄 한국기업 진출현황

기업명	진출 년도	주요업종	투자금액 (누적)	설립형태	종업원 (한국:현지)
(주)이현항공	2002	여행사		지점	1:3명
AHN's HAIR SALON	2005	미용실		법인-단독	2:5명
APOLLONIYA MEDICAL CENTER	2002	의료		법인-합작	2:15명
CIS 컨설팅	1999	컨실팅 및 일반무역		개인사업체	1:3명
JEI H GENERAL	2004	건설업		법인-합작	1:10명
LG전자	1996	무역업-전자제품		지점, 지사	1:10명
SILLA TRADING CO., LTD	2000	한약재료 수출		법인-단독	2:50명
금성 페이퍼콘	2003	방직업체 사용 페이퍼콘 제조		법인-단독투자	3:50명
김씨네	2005	한국음식점		법인-단독투자	2:15명
뉴월드	2003	요식업, 주방가구제조, 빌딩임대	US $100천	법인-합작	2:12명
대우 타슈켄트지사	1992	무역업-일반상품		지점, 연락사무소	2:7명
대우방직	1996	제조업-면사		법인-단독	15:880명
대우포장	1997	제조업-카톤박스	US $500천	법인-현지	2:38명
도스트링크	1998	인터넷		법인-합작	2:10명
동산	2000	수출봉제		지점, 지사	3:100명
만나 레스토랑	2001	한국음식점		법인-단독	2:6명
모토방크	1996	자동차 액세서리 무역 및 자동차 정비		법인-단독	2:15명
미가	2004	한일 음식점		법인-단독	2:7명
미도리	2002	한일 음식점		지점	2:10명
보우	1998	제조업-양파망		법인-합작	3:86명
삼건엔지니어링	1997	무역업-에어컨, 항온가습기, 발전기		지점	1:5명
삼성전자	2001	전자제품 판매		지점	1:8명
서중 로지스틱스	2002	운송업		지점	1:5명
스카이특송	2000	여행사		지점	1:8명

기업명	진출년도	주요업종	투자금액(누적)	설립형태	종업원(한국:현지)
시로 어패럴	2003	면 티셔츠, 메리야쓰, 골프웨어		법인-단독	2:100명
신동	1994	무역업 및 제조-원면무역 및 티셔츠제조		현지법인	5:75명
실크로드 레스토랑	2001	한국음식점		법인-단독	2:6명
아넷	2002	인터넷		법인-합작	2:10명
아리랑 식당	2000	한국 음식점		법인-단독	2:7명
아메리칸 옵티칼	2000	안경점		법인-합작	2:5명
아시아나항공	1996	서비스-항공기 운항관리		지점, 지사	2:4명
아이티시	1996	섬유제품 생산	US$300천	법인-단독	2:115명
우즈대우은행	1997	금융업-은행업무		법인-합작	2:64명
우즈 동흥	1998	제조업-자동차용 Seat		법인-합작	2:308명
우즈 로토	2003	복권	US$ 1,500천	법인-합작	2:10명
우즈 세명	1997	제조업-연료탱크, Press Panel, Seat Press	US$ 2,400천	법인-합작	2:199명
우즈동양	1996	자동차부품 생산	US$ 3,783천	법인-합작	5:78명
우즈동원	1997	EXHAUST SYSTEM,I/BEA 제조	US$ 702천	법인-합작	2:120명
우즈벡넥서스투어	2003	여행사		지점	1:3명
우즈코리아투어	2002	여행사		지점, 지사	1:4명
우진 글로벌	2002	운송업		지점, 지사	1:10명
유소디자인	1996	광고업		법인-단독	2:16명
제일항역	1996	서비스업-복합운송주선업		지점, 지사	1:4명
코리아나	1996	서비스업-호텔 및 요식업		법인-합작	4:37명
터보지엘에스	2002	운송업		지점, 지사	1:5명
토우	1994	무역업-타이어, 전자제품		법인-합작	3:39명
판아시아	1995	무역업-전자제품 등		법인-합작	4:60명
한국관	1998	한국 음식점		법인-단독	2:7명
한국담배인삼공사	1998	담배, 인삼 제품		연락사무소	1:2명
현대상선	2004	무역업-자동차		지점, 지사	1:10명
회복한방병원	2003	의료		지점	3:15명

주) KOTRA의 자료를 재구성해 작성하였음.
http://www.kotra.or.kr/main/trade/center/world.jsp

III
한국교민 경제현황

이 장에서는 러시아와 우즈베키스탄, 카자흐스탄에 거주하고 있는 한국교민사회의 경제현황 파악이 주요목적이며 이와 함께 한국기업 및 개인 사업가의 진출을 위한 정보제공 차원에서 현지정착에 성공한 몇몇 사업가들의 사례를 소개하고자 한다. 대기업의 진출이 저조하고 현지에서 성공한 기업인들이 거의 없는 이유로 경제현황 파악은 자영업을 중심으로 이루어졌고, 현지에서 발행되는 한국어 정보지와 인터뷰 또는 관찰조사를 참고로 했다. 또 현지정착에 성공한 개인 사업가들의 사례조사는 한국공관이나 교민회가 평가 추천한 인물들을 대상으로 인터뷰를 실시했다. 그리고 본론에 앞서 국가별 교민 인구현황과 교민사회의 특징 등을 살펴보았다.

1. 한국교민 현황

소연방 해체 이후 한국인들의 진출이 본격화된 까닭으로 러시아나 중앙아시아 한국 교민사회의 역사는 불과 10여 년에 불과하다. 더욱이 진출동기나 진출형태 등의 요인으로 교민사회가 현지에 뿌리를 내리기까지는 아직도 시간이 걸릴 것 같다. 그러나 현지의 정치 · 경제 · 사회적 특수성으로 인해 교민사회의 전망이 불투명하지만 최근의 러시아나 중앙아시아 국가들의 경제발전 속도나 교육 등 제반 주변환경들의 변화속도를 보면 예상 이상으로 급속히 교민사회 규모가 확대 발전될 가능성도 배제할 수 없다.

1) 일반현황

먼저 이들 지역의 교민 인구현황을 살펴보자. 한국외교통상부가 추정하는 CIS지역 전체의 동포인구는 52만 3,729명이다. 외교통상부는 아래 〈표 Ⅱ-1〉과 같이 동포를 시민권자와 영주권자, 일시적인 체류자 등으로 분류하고 있다. 여기서 시민권자라 함은 '고려인 동포'들이 주를 이룬다. 즉, 현지국의 국적을 소지한 토박이 동포들로 19세기 후반에 러

〈표 Ⅲ-1〉 CIS지역 재외동포 인구현황

자격별 / 지역별	시민권자	영주권자	체류자		總計
			일반	유학생	
〈독립국가연합 (CIS)〉	523,729	258	6,459	2,251	532,697
러시아全域	185,692	193	2,706	2,080	190,671
駐러시아(大)	121,200	107	2,072	1,912	125,291
駐블라디보스톡(總)	64,492	86	634	168	65,380
우즈베키스탄	200,000	0	917	0	200,917
카자흐스탄	101,806	41	1,748	81	103,676
키르기즈스탄	19,784	4	558	48	20,394
우크라이나	12,711	20	350	30	13,111
투르크메니스탄	400	0	20	0	420
타지키스탄	1,696	0	87	0	1,783
벨라루스	1,300	0	15	12	1,327
몰도바	280	0	5	0	285
그루지아	20	0	0	0	20
아제르바이잔	10	0	53	0	63
아르메니아	30	0	0	0	30

출처: 외교통상부 재외국민이주과(2005).

시아 극동지역으로 이주했다가 1937년 스탈린의 강제이주 명령으로 중앙아시아로 재 이주한 동포들과 일제강점기 사할린으로 이주한 동포들을 일컫는다. 영주권자와 체류자로 분류된 사람들이 일반적으로 '한국교민'으로 불리는 사람들로 한국국적을 가진 사람들이다. 이들의 인구는 CIS지역 전체를 통틀어 1만 명에도 미치지 못하는 8,968명으로 매우 적은 규모이다.

국가별로 살펴보면 CIS지역의 12개 국가 중에서도 구사회주의 종주국인 러시아에 56%가 거주하고 있어 반 이상을 차지한다. 구체적으로는 러시아에 4,979명, 우즈베키스탄에 917명, 카자흐스탄에 1,870명, 키르기스탄에 610명, 우크라이나에 400명이 거주하고 그 외 지역에는 100명 미만이다. 러시아의 경우는 수도 모스크바를 비롯한 남서부 지역에 4,091명, 극동지역에 888명이 거주하고 있다. 국가별 분포 현황의 특징은 고려인 동포들이 많은 지역 또는 한국과의 교역이 활발한 지역으로의 한국인 진출이 집중되어 있는 점이다.

체류자격별로 보면, 영주권자는 8,968명 중 258명으로 전체의 3% 수준에 머물러 있다. 영주권을 취득하지 않고 3개월 또는 1년간의 장기체류자격으로 거주하고 있는 교민이 6,459명으로 전체의 72%를 차지해 교민사회의 주류를 이루고 있음을 알 수 있다. 유학생 인구는 2,251명으로 25%를 차지하지만 러시아 지역 유학생들이 전체의 92%를 차지한다.

일반적으로 해외에서 3개월 이상 체재할 경우, 현지공관에 재외국민 등록을 하도록 되어 있으나 등록을 하지 않는 한국인도 상당수 있기 때문에 실제 교민인구는 이보다 많을 것으로 추측된다.

2) 교민사회의 특징

러시아나 우즈베키스탄, 카자흐스탄 교민사회는 이주자들의 성격이나 배경, 현지에서의 생활방식에 있어 공통점이 많다. 공통점을 통해 교민사회의 특징을 살펴보면 다음과 같다.

(1) 진출 선두주자는 선교사들

각국 한국교민회에 의하면, 러시아를 비롯해 중앙아시아 각국의 교민 인구 중에 선교사들이 차지하는 비중이 전체의 3분의 1에 가깝다. 1990년 12월에 소연방이 해체되고 그 다음해에 러시아를 비롯해 CIS 국가들이 대부분 분리독립을 선언했다. 그리고 1990년 초에 신생독립국가들과 한국과의 수교가 성립되면서 70여 년간 접근이 불가능했던 이 지역에 첫발을 들인 한국인들은 개신교 선교사들이었다. 이들은 한국이나 미국 동포교회들의 적극적인 후원 하에 현지에 진출했고 한국의 선교사 뿐 아니라 유럽이나 미국에서 활동 중이던 한국인 선교사들도 진출했다. 정식으로 등록을 하고 선교활동을 하는 사람과 유학생이나 사업가의 자격으로 선교활동을 벌이는 사람들이 있으며 종종 비밀리에 활동하다가 발각이 되어 추방당한 사례도 있다. 선교활동을 위한 자금이나 현지생활비를 마련하기 위해 사업을 겸하는 사람들도 적지 않다.

(2) 남성들의 단신 부임

미국이나 캐나다, 호주 등과는 달리 구소련 지역에 진출한 한국인들은 단신부임이 주류를 이룬다. 즉 이들은 이민을 목적을 도항하기보다는 유학이나 선교, 한국에서 사업에 실패하고 도피 또는 재기를 꿈꾸며 가족들을 한국에 두고 단신으로 도항한 사람들이 대부분이다. 자녀들과 함께 가족단위로 생활하는 교민들은 대부분 선교사들인데 이들도 자녀들이 성장해 대학에 진학하거나 취업을 해야 하는 시기가 되면 다시 한국이나 제3국으로 자녀들이 나가고 부부들만 남는 사례가 일반적이다. 즉, 현지에 뿌리를 내리고 살기 위해서 가족들이 함께 이주를 시도하는 사례는 극히 드물고 선교활동이나 돈벌이를 위해서 또는 재기를 위한 단신 도항이 주류를 이룬다. 그 결과 교민사회의 구성원의 대부분이 단신 남성들이다.

(3) 영세한 자영업자들이 대부분

러시아나 중앙아시아에는 한국대기업이나 중소기업들의 진출이 매우 저조한 편이다. 대기업의 경우, 현지 연락사무소가 주류를 이룬다. 따라서 주재원들의 인구는 매주 적고 유학생을 제외한 교민들은 대부분이 선교사나 개인사업가들이다. 개인사업가들 중의 상당수가 보따리장수 수준의 개인무역상들이 차지하고 요식업이나 유흥업소, 숙박업 등에 종사하는 자영업자들의 경우도 전체적으로 매우 영세한 것이 특징이다.

(4) 수도권에 집중

러시아는 경제적으로 발전한 지방도시가 상대적으로 많고 또 지방에도 대학이 많아 유학생이나 사업가들이 수도권 이외에 한국과 가깝기도 한 극동지역 등 다양한 지역에 거주하고 있으나 인구규모나 경제규모가 상대적으로 적고 또 정치경제가 수도에 집중되어 있는 중앙아시아의 경우는 대부분의 한국인들이 수도에 집중되어 있는 것이 특징이다.

3) 교민사회 네트워크 현황

(1) 각종 단체

한국인 단체로는 순수한 친목단체인 한인회(또는 교민회), 유학생회가 있고 경제인 단체인 지상사 협의회, 종교단체인 선교사 협의회 등이 있다. 종교단체 이 외에는 전체적으로 단체활동이 활발하지 못하다. 현지에 파견된 기업의 직원이나 개인사업가들과 대사관 직원으로 조직된 지상사 협의회도 결속력이 약하다. 한국에서 진출한 기업도, 현지에서 성공한 사업가도 적으며 대기업 직원들과 개인사업가들 간에 공통의 관심사가 부재한 이유로 모임 참가율로 저조하며 서로에 대한 불신감과 경계심으로 인해 단체활동이 매우 어려운 상황이다.

한인회 역시 큰 차이가 없다. 한인사회 규모가 크지 않고 남성들 혼자 와서 생활하는 경우가 대부분이어서 자녀문제 등 공통의 관심사도 없고 현지에 뿌리를 내리고 살고자 하는 의식도 희박한 이유로 단체활동에 무관심하다. 회장은 대부분 개인사업가들이 맡고 있고, 회장과 친분이 깊은 임원단 수명이 모여 단체사업을 이끌어 나가고 있다. 단체사업내용도 빈약해 신년회와 망년회, 그리고 1년에 한번씩 개최하는 교민체육대회 정도이다. 결속력도 약하고 활동도 활발하지 않아 단체장도 서로 회피하는 경향이 있어 대부분 선임자가 후임자를 찾아 추천하는 식이다.

전체적으로 보면 우즈베키스탄 교민회의 활동이 상대적으로 활발한 편이다. 현지에 성공적으로 뿌리를 내렸다는 평가를 받고 있는 무역회사 토우의 정기호 사장이 초대 회장직을 맡았고 현재는 제조업을 하는 임성수 사장이 회장직을 맡고 있다. 타슈켄트 한국교육원 1층에 사무실을 두고 있는데 다른 지역은 교민회 사무실이 별도로 없어서 회장이나 임원들의 개인사무실이나 자택을 이용하는 것에 비하면 상황이 매우 양호하다.

또 우즈베키스탄 교민회는 일간지 '교민일보'라는 한국어정보지를 발행하고 있다. 교민회 총무가 신문발행 업무를 전담하면서 고려인 대학생들을 고용해 제작하고 있다. 월 1,500~2,000달러의 순이익으로 교민행사는 물론이고 지역사회 고아원 지원 등의 봉사활동도 실시하고 있다. 임원 간의 친밀도도 결속력도 강한 편이며 매우 협조적으로 운영되고 있다.

우즈베키스탄이 이웃 카자흐스탄보다 사업 환경도 열악하고 경제수준도 뒤떨어지는 데도 불구하고 교민회 활동이 상대적으로 활발한 이유는 두 가지를 들 수 있다. 첫째는 대우자동차나 갑을방직을 비롯한 제조업 관련 한국대기업이 진출하면서 이들 하청기업들이 동반 진출을 했다. 즉, 제조업 관련 개인사업가들의 진출이 상대적으로 견실한 교민사회 풍토를 조성한 것으로 판단된다. 또 동향사람들이 많은 점도 이유의 하나다. 특히 전남 광주 출신들이 수적으로 우세하다고 한다.

(2) 정보매체

우즈베키스탄에서 발행되고 있는 한국어정보지

모스크바(왼편)와 극동지역에서 발행되고 있는 한국어 정보지

교민사회 상호간의 정보교류는 주로 정보지를 통해 이루어지고 있다. 러시아에서는 일간지 '겨레일보'와 '매일신보'가 있고 모스크바 한인회가 발행하고 있는 '모스크바 교민소식'이 있다. 우즈베키스탄에는 '교민일보'와 '실크로드', 그리고 카자흐스탄에는 '한인일보', '주간 한인', '더 프라임뉴스'라는 정보지가 있다. '모스크바 교민소식'과 우즈베키스탄의 '교민일보'는 교민회가 발행하고 있고 그 외 정보지는 영리를 목적으로 개인사업가가 발행하고 있다.

우즈베키스탄의 '교민일보'는 유일하게 유료(월 구독료 20달러)

로 발행이 되고 있고 그 외는 모두 무료배급이다. 운영비나 수익금은 광고료에 의존하고 있다.

카자흐스탄에서 발행되고 있는 한국어정보지

정보지는 A4 또는 A3 사이즈로 15~30면 분량이다. 내용은 현지 생활에 필요한 각종 정보제공과 한국공관이나 관련기관 등의 연락처나 공고, 그 외 인터넷에서 검색한 한국의 뉴스나 연예계 소식, CIS지역 뉴스 등이 실린다. 그리고 기업이나 상점의 광고가 실린다.

(3) 고려인들과의 네트워크

한국교민들과 고려인들과는 소수의 개인적인 친분관계 이외에는 네트워크가 거의 존재하지 않는다. 단체 행사에 대표단이 초대되는 등의 공식적인 상호교류조차도 거의 이루어지지 않고 있는 실정이다. 이유는 크게 세 가지를 지적할 수 있다. 첫째, 언어소통의 어려움이다. 즉 한국인들은 러시아어를 모르고, 고려인들은 한국어를 모른다는 것이다. 둘째, 문화의 차이이다. 혈통은 같지만 모국을 떠나 생활한 지 140년의 세월이 흘렀고 70여 년간의 사회주의 체제 하에서 모국과의 교류도 없이 신분상승을 위해 현지문화를 수용하는 자세로 살아온 고려인들은 한국인들의 봉건적이고 권위적인 의식과 태도를 이해하기 힘들다. 또한 한국인들은 고려인들의 사회주의식 사고방식을 이해하지 못한다. 구체적인 예를 들면 한국인들에게 고용된 고려인들 대부분이 피해의식을 느끼고 있다. 즉 한국인들이 자신들을 무시하고 종 부리듯이 한다는 것이다. 한국에서의 고용주와 피고용주 간의 관계가 고려인들에게는 인격적인 무시나 차별로 받아들이고 있다. 예를 들면 기사에게 회사일 이 외에 사적인 심부름까지 시키고, 근무시간 외에도 사람을 부리려고 하며, 이러한 관계를 당연시하는 것이 고려인들에게는 납득하기 어려운 일이다. 그리고 한국인들은 민족의 언어나 풍습을 잊은 고려인들에게 민족적 동질성을 발견하기 어렵고 또 사회주의 체재의 잔재로 타민족과 다름없이 고려인들 역시 태만하고 수동적이며 같은 민족이라는 이유로 능력 이상의 것을 기대하는 태도가 부담스럽다고 한다. 셋째는 비즈니스를 통해 초래된 상호불신의 골이 깊기 때문이다. 한국의 개인사업가들은 현지의 언어나 문화, 풍습을 전혀 모르고 진출한 사람들이 대부분이다. 다행히 완벽하지는 않지만 의사소통이 가능한 것은 고려인들이고 이들을 통역으로 고용하거나 사업 파트너로 삼아 사업을 시작한다. 그러나 불충분한 언어실력이나 문화 차이로 상호 간에 오해를 낳기도 하고, 결국은 서로가 사기를 쳤다고 느끼며 관계를 정리한다. 이러한 개인들의 경험담이 전체사회에 퍼지고 또 충고라는 형식으로 전달되면서 상호불신의 강한 편견을 낳았다.

2. 자영업 현황

1) 일반적인 특징

러시아나 중앙아시아에 진출한 한국교민들의 주된 경제활동은 자영업이다. 자영업자들은 진출배경이나 현지 생활방식에서 많은 공통점을 지니고 있다. 지역별 현황을 살펴보기 전에 이들의 공통점에 대해 먼저 살펴보도록 하겠다.

(1) 영세한 서비스업계 자영업자가 주류

우즈베키스탄을 제외하고는 대부분의 교민들이 서비스업에 종사하고 그 규모도 매우 영세하다는 것이다. 구체적으로 서비스업의 내용을 보면, 식당, 노래방, 한국식품점, 민박집 등 유흥업소와 요식업 등에 주로 진출해 있고 보따리장수 규모의 개인무역상도 상당수를 차지한다. 최근에는 러시아나 카자흐스탄의 신개축 붐으로 인테리어 관련 무역상들이 급증하고 있는 추세이다. 그러나 사업을 한다지만 구체적으로 어떤 사업을 하는지 알 수 없는 부류의 사람들도 상당수 있다. 현지인들과 한국의 투자자를 연결시켜 주는 브로커와 같은 일을 하는 사람들도 적지 않으며, 전체적으로 마치 불나방이 불빛 아래로 몰려들듯이 '돈이 된다'는 소문이 돌면 우르르 그 방면으로 몰리는 사업가들이 몰리는 특징이 있다. 좋은 아이템을 발견해 초창기에는 속된 말로 재미를 보다가도 소문이 나면 한국인들 사이의 과열경쟁으로 결국은 모두가 망하고 마는 결과를 초래하는 사례가 빈번해 상호정보교류나 협조를 어렵게 하는 경향이 있다.

(2) 한탕주의

러시아나 중앙아시아의 한국교민들 중에는 한국에서 사업에 실패하고 도피성을 띤 진출도 적지 않다고 현지인들이 전한다. 독립 직후에 들어온 사람들의 경우는 현지 사정을 전혀 모르고 노다지라도 찾는 기분으로 막연히 진출한 사례가 많았고 한국의 IMF 사태 전후로 이들은 철수를 했다. 그러나 이들을 대신해 IMF의 영향으로 일자리를 잃거나 사업에 실패한 사람들이 2차적으로 들어오기 시작했는데 특히 이 시기에 이러한 진출이 많았다고 한다. 현재 남아 있는 사람들의 상당수가 이런 후발 진출자로 볼 수 있다.

1, 2차를 막론하고 이 지역으로 진출하는 교민들의 적지 않은 사람들이 장기적으로 사업을 구상하고 현지에서 뿌리를 내릴 생각보다는 단기간에 많은 돈을 벌려는 '한탕주의' 또는 '일확천금'을 꿈꾸고 들어온다.

자유주의 시장경제를 도입했다고는 하지만 서구자본주의 사회와는 정치경제사회구조나 일반인들의 의식이 많이 다름에도 불구하고 이에 대한 사전지식도, 알려고 하는 노력도 없이 돈 되는 사업을 찾다가 돈도 시간도 버리고 결국 빈손으로 나가는 사례가 끊이지 않고 있다. 이러한 한탕주의가 한국인들 또는 고려인과의 불화요인으로 작용하고 있다.

(3) 선교와 비즈니스의 경계가 모호

위에서 언급했듯이 소연방이 무너지고 자본주의 사회에 문호가 개방되었을 때 가장 먼저 진출한 한국인들은 개신교 선교사들이었다. 지금도 어느 지역이든 교민인구의 상당수를 선교사들이 차지하고 있는 실정이다. 러시아 정교회나 이슬람 신자들을 대상으로 하는 선교활동이 쉽지가 않으며 현지 정부의 통제나 탄압이 심해 강제출국을 당한 선교사들도 적지 않다. 그럼에도 불구하고 선교사들의 진출은 계속되고 이들 간의 과열경쟁이 교민사회에서도 고려인 동포사회에서도 눈살을 찌푸리게 하는 등의 문제점을 낳고 있다. 그런데 교회운영은 전적으로 한국이나 미국 등 외부 교회에 의존하고 있다. 그러나 한국이나 미국의 교회로부터 충분한 지원을 받고 있는 교회는 소수에 불구해 교회운영이나 현지 생활비를 충당하기 위해 비즈니스를 겸하는 교회관계자들이 적지 않다.

2) 각국의 자영업 현황

(1) 러시아

① 진출배경

사회주의의 종주국인 러시아는, CIS지역 전체에서 교민사회의 규모나 자영업자 인구면에 있어서 최대지역이다. 러시아에는 모스크바와 극동지역에 교민들이 집중되어 있는데 최근 러시아 경제사정이 좋아지면서 일시적으로 주춤했던 사업가들의 진출이 다시 활기를 띠고 있다.

② 자영업 현황

모스크바에서 발행되고 있는 한국어 정보지에 실린 광고를 중심으로 모스크바의 자영업자 현황을 분석해 보면, 아래 〈표 Ⅲ-2〉와 같이 2005년 현재 100여 개 이상의 업체들이 영업을 하고 있다. 수 적으로 가장 많은 자영업체는 식당으로 전체 99개 업체 중 16개에 달한다. 모스크바에는 타지역 교민사회보다 숙박업이 발달해 있다. 이는 사업가나 여행객, 유학생 등 다양한 부류의 사람들이 모스크바를 방문하기 때문인데 과거 2~3년 동안 숙박업소가 계속 늘어나고 있는 추세다. 한국의 장급의 호텔과 같은 규모가 큰 곳도 7곳이 있으며. 그 외 일반 주택(대부분 아파트)을 빌려 개조한 후 장기체류자들을 대상으로 하숙업을 하거나 비즈니스나 여행객과 같은 단기체류자들을 대상으로 민박업을 하는 업체도 8곳이 있다.

그 외 한국식품을 취급하는 식품점이나 차가버섯 등의 건강식품 판매를 주로 하는 상점이 12개가 있고, 여행사와 운송이나 통관 업무를 하고 있는 업체들이 각각 8개를 차지하고 있다. 그 외 잡화점, 노래방, 카페, 미장원, 국제전화카드 판매, 비디오 대여점, 랜트 카 사업체 등이 각각 3~5곳 정도가 있다. 발레교실과 검도학원도 있고 병원도 한의원, 치과 등 5곳이나 된다.

중앙아시아와 비교해 특이한 점은 금융업과 변호사업을 하고 있는 한국인이 있다는 점이다. 금융업은 주로 유학생들이나 개인사업가들을 상대로 송금업무를 주로 취급하고 있고, 변호사 사무소는 법률 트러블 외에 현지 법인설립이나 투자 컨설팅 등도 함께 하고 있다.

모스크바에 체재하고 있는 한국인들의 부류가 다양하다는 것을 자영업 현황에도 반영되어 있다. 그리고 중앙아시아 지역 교민경제활동은 요식업이나 유흥업소에 편중되어 있는 반면 모스크바에서는 다양한 업종에 종사하고 있다.

현지를 방문해서 느낀 점은 모스크바는 식당이나 호텔 등의 규모가 중앙아시아에 비해 상대적으로 크다는 것이다. 타지역보다 대기업의 진출이 활발하고 주재원 인구도 많은 것도 이유 중의 하나로 들 수 있겠다.

CIS지역의 정치·경제의 중심지이며 최근에 세계에서 가장 물가가 비싼 곳으로 조사된 모스크바인 만큼 투자자본금액도 만만치 않을 것이며 경쟁업체도 많아 일정 수준 이상이 아니면 투자의 의미가 없을 수도 있을 것이다.

러시아가 발전하면서 모스크바의 부동산 가격과 물가가 대폭 상승해 유학생들이나 관광객들의 수가 줄어들 가능성이 있지만 반면 이런 호경기를 이용해 돈을 벌어보자고 하는 한국인 사업가들의 진출도 늘어날 것으로 추측한다. 최근 스킨헤드족들 때문에 도항에 위험이 따르지만 이런 위협보다는 모스크바의 매력이 더 큰 것 같다.

〈표 Ⅲ-2〉 러시아 교민 자영업 현황 (모스크바)

번호	업체명	업종	번호	업체명	업종
1	이글호텔	숙박업	52	블라고인터내셔날	운송, 통관
2	아를료녹플라자호텔	숙박업	53	에코비스	운송, 통관
3	스푸트니크플라자호텔	숙박업	54	유래통관	운송, 통관
4	아리랑호텔	숙박업	55	UNI-PASS	운송, 통관
5	프리지던트호텔	숙박업	56	유스코 로지스틱스	운송, 통관
6	코리아나호텔	숙박업	57	유니패스	운송, 통관
7	메주드나르	숙박업	58	그린노지스	운송, 통관
합 7			59	선우	운송, 통관
8	톨스토이하우스	민박집		**합 8**	
9	보금자리	민박집	60	누가한의원	병원
10	크레믈린 민박	민박집	61	독일치과병원	병원

번호	업체명	업종	번호	업체명	업종
11	달팽이 하우스	민박집	62	반석치과	병원
12	모스코 하우스	민박집	63	한국인치과	병원
13	푸쉬킨	민박집	64	한독메디컬	병원
14	가야	민박집		**합** 5	
15	니나문화텔	민박집	65	채플린 수퍼	식품판매
	합 8		66	보물섬	식품판매
16	고려투어	여행사	67	한세유통	식품판매
17	바이칼 여행사	여행사	68	하나식품	식품판매
18	아가페 여행사	여행사	69	김치전문	식품판매
19	한강여행사	여행사	70	사계녹용	식품판매
20	한세여행사	여행사	71	러시아 녹용	식품판매
21	한양여행사	여행사	72	시베리아 녹용센타	식품판매
22	르미에르	여행사	73	심산녹용	식품판매
23	DOSVID	여행사	74	상보물산	식품판매
	합 8		75	제일교역	식품판매
24	서울아리랑	식당		**합** 12	
25	백학	식당	76	러시아 명품점 베료즈까	잡화점
26	스시코	식당	77	선물의 집	잡화점
27	우리	식당	78	월드밴딩	잡화점
28	유정	식당	79	라파93	잡화점
29	우래옥	식당	80	유니텍켐	잡화점
30	아리랑	식당		**합** 5	
31	조선	식당	81	BETA-LUX	랜트카
32	토담골	식당	82	악트라스	랜트카
33	하나	식당		**합** 2	
34	명가	식당	83	레프코방크	금융업
35	한양	식당	84	BANK SATYRN	금융업
36	사랑방	식당	85	BANK SPARTAK	금융업
37	신라	식당		**합** 3	
38	로얄훼밀리	식당	86	스페로21	법무법인
39	코리아나	식당	87	산	법무법인
	합 16		88	NTP	법무법인
40	뮤직랜드	노래방		**합** 3	
41	오리엔트	노래방	89	대한검도	학원

번호	업체명	업종	번호	업체명	업종
42	명가	노래방	90	발레교실	학원
43	신라	노래방	**합 2**		
합 4			91	래이폰&피시월드	통신업
44	조약돌	카페	92	한 통신	통신업
45	토마토	카페	**합 2**		
46	아리랑	카페	93	아르바트	카지노
합 3			94	한국관 골프연습장	스포츠
47	조선당	떡집	95	고려비디오	대여
48	스위츠	제과점	96	아이엠기획(명함)	인쇄
합 2			97	IM기획	광고
49	뷰티살롱영	미장원	98	웅진코웨이	정수기판매
50	최희조	미장원	99	모스크바 한국비지니스센터	서비스센터
51	채플린	미장원	**합 7**		
합 3					
총 99					

(2) 카자흐스탄

① 진출배경

한국인 사업가들이 진출하기 시작한 것은 1990년 초반부터이다. 그러나 본격적으로 한국 사업가들이 들어오기 시작한 것은 90년대 중반경에 LG나 삼성, 대우 등 한국의 대기업들이 진출하면서부터이다. 한국 대기업들이 진출하면서 한국의 언론 등을 통해 카자흐스탄 경제나 시장에 대해 소개가 되면서 개인사업가들이 관심을 가지고 들어오기 시작했다. 1993년에 우즈베키스탄에 대우자동차가 현지에 공장을 설립하면서 대우의 하청업자들이 동반 진출을 한 것에 비하면 카자흐스탄으로의 본격적인 진출은 수 년 늦었다. 처음에는 현지의 물자부족 현상을 이용한 보따리장수 수준의 무역업자들이 대다수를 차지했다.

9 · 11 테러 이후에 해외투자가 급증하고 오일머니로 일반국민들의 소득이 증대해 주택 건설이나 개축 붐이 일면서 견실한 중소기업들의 진출이 조금씩 늘어나고 있는 추세다.

상점들은 대부분 한국인들을 상대로 영업을 하고 있다. 1년 전부터 카자흐스탄에 대한 한국인들의 관심이 급증했다. IMF 위기 때 철수한 대기업들이 다시 현지 진출을 시도하고 있고 한국의 금융권이나 건설회사들이 매우 적극적으로 현지 진출을 검토하고 있다. 동일건설을 비롯해 한국의 건설업체 15개사가 이미 진출을 했다. 또 일반 투자자들의 방문도 급증하고 있다. 부동산 시장에 대한 관심들이 높아지면서 한국인들의 왕래가 빈번해지고 한국어 통역 부족현상까지 초래하고 있다. 한국어를 전혀 모르는 현지인 택시기사들이 한국인들로 보이는 손님들이 탑승을 하면 "사장님, 좋은 땅이어요. 보러 가실래요?"라고 할 정도라고 현지교민들이 전한다.

② 자영업 현황

카자흐스탄 한인회는 이 지역 교민인구를 약 2,000명으로 추산하고 있다. 그러나 이들 중 500여 명은 유동인구로 상주인구는 1,500명 수준이라고 한다. 이들 중 단기 어학연수생을 포함한 유학생 수는 100~150명, 주재원이 30여 명, 선교사가 300~400명으로 추정되고 있다. 선교사들이 주로 가족단위로 현지에서 생활하고 있는데 가족이 함께 와 있는 세대는 100세대에도 못 미친다. 이들을 제외한 나머지는 모두 개인사업가들로 1,000여명 정도라고 할 수 있다.

사업가 간의 교류도 활발하지 않아 사업 파트너가 아니면 그 내용을 자세히 알 수도 없고 또 알려고도 하지 않는 풍토가 지배적이다. 이러한 현상은 떳떳하게 내놓을 만한 내용의 사업이 아니든지 아니면 경쟁을 피하기 위한 보안차원에서 기인하는 것으로 해석된다.

한국인정보지에 게재된 광고를 중심으로 자영업 현황을 살펴본 결과,

한국인이 운영하는 업체는 39개로 나타났다. 정보지에 실린 업체들은 영세한 규모의 사업체로 주로 한국인을 상대로 영업을 하는 곳이다. 한국인이 경영하는 부동산 개발이나 현지인들을 상대로 하는 예식장이나 대형야외레스토랑 등 기업형태를 띠고 있는 것은 포함되어 있지 않다.

〈표 Ⅲ-3〉 카자흐스탄 교민 자영업 현황

번호	업체명	업종	번호	업체명	업종
1	아마데우스	카라오케	23	Team Travel	여행사
2	파라다이스	카라오케	24	PSK TRAVEL	여행사
3	밀레니엄	카라오케	25	골든투어	여행사
4	임페리얼	카라오케	합 3		
5	LUXE	카라오케	26	무랑루즈	카지노
6	MUSIC TOWN	카라오케	27	파라다이스	카지노
합 6			합 2		
7	예향	식당	28	남산세탁소	세탁소
8	신라	식당	29	White Express	세탁소
9	로뎀	식당	합 2		
10	청기와	식당	30	후레쉬베이커리	제과
11	미도리	식당	31	바울영어학원	학원
12	미도리(아스타나)	식당	32	평화치과	병원
13	만나출장뷔페	식당	33	DEMMER	화장품판매
합 7			34	캐나다 캠프	유학, 이민상담
14	두레	식품점, 비디오 테입 대여	35	에이스건설	건설시공, 부동산 개발
15	우리식품	식품점	36	웅진코웨이	정수기판매

16	아줌마	식품점	37	BALLOON PARTY	장식업
17	서울마트	식품점	38	Kazakhstan Imformation Center	
18	한국마가진	식품점	39	한인일보	인쇄
합 5			**기타 10**		
19	COMFORT HOTEL	민박			
20	알마라산 호텔	민박			
21	한우리	민박			
22	HOVEART HOTEL	민박			
합 4					
총 39개					

자영업자들이 운영하고 있는 업체들은 위의 〈표 Ⅲ-3〉에 나타낸 바와 같이 가라오케가 6곳, 한국식당이 7곳, 한국식품점이 5곳, 민박집이 4곳, 비자업무나 항공권 발행업무를 하는 여행사가 3곳, 카지노가 2곳, 세탁소 2곳이 있다. 그 외 제과점과 영어학원, 치과병원, 화장품 판매점, 유학이나 이민 상담업체, 정수기판매, 파티장식업체, 명함제작업체, 건설관련업체 등이 있다. 한국식품과 함께 한국 TV 드라마나 영화 테이프를 대여해 주는 비디오 대여점이 한 곳이 있고, 식품과 함께 한국인들이 필요로 하는 일상생활 잡화를 취급하는 곳도 있다. 가장 많은 업종은 유흥업소나 식당, 식품점 운영임을 알 수 있다.

카자흐스탄 정부는 카지노 영업을 공인하고 있는데 인구 200만 명도 안 되는 알마티 시내에 대형 카지노 업체가 50여 곳 이상이라고 한다. 최근 카자흐스탄 정부는 알마티 시외에 카지노 단지 건설을 추진 중이다. 단지가 완성되면 현재 시내에 위치한 카지노 업체들은 모두 이곳으로 이전해야 한다. 고려인들 중에도 카지노 산업으로 초기자본을 축적한 사람들이 있다는 소문인데 특히 터키인들의 진출이 적극적이라고한다.

모스크바과 비교해 식당이나 상점 등의 규모는 매우 서민적이다. 식당들은 한국의 가정요리부터 갈비까지 폭넓은 메뉴를 제공하고 있다. 가격이 한국의 식당보다도 비싸다. 현지의 일반서민들이 이용하기에는 가격이 비싸고 아직 한국의 식문화에 친숙하지 않아 손님들은 주로 한국인들이나 한국음식에 친숙한 아시아인들이 이용하고 있는데 특히 일본인 고객이 많다.

한국식당의 단골손님들은 사업가들이다. 대부분 혼자 와서 생활하는 남성들이기 때문에 식사는 식당에서 해결하고 있다.

식품점의 경우는 유학생이나 젊은 현지인 학생들의 이용이 잦다. 한국을 방문한 적이 있는 대학생들이 한국의 맛이 그리울 때 찾는다고 한다. 김밥이나 떡 같은 간식거리도 팔고 있다. 최근 카자흐스탄을 찾는 한국인들이 급증하면서 한국식당들은 예전에 없던 호경기를 누리는 인상이다.

카지노나 식당의 직원은 거의 현지인들이고 식품점과 같은 상점의 경우는 부부가 함께 일을 하고 있다. 식당이나 상점의 직원들은 고려인들이 거의 없고 대부분 현지인들이다.

(3) 우즈베키스탄

① 진출배경

우즈베키스탄은 대우자동차와 함께 개인사업가들이 진출을 했다. 1993년 대우자동차가 들어오고 그 협력업체들이 따라 들어오면서 한국교민사회가 형성되기 시작했다. 1996년에는 대우 계열사 대부분이 진출을 했고, 현대상선, LG전자, 삼성전자, 갑을방직, 대림 등 한국의 대기업들이 잇따른 진출로 대기업 직원들을 상대로 하는 비즈니스가 생겨나면서 한국인 인구가 급증했다. 또 대기업 진출에 자극을 받아서 개인 무역업자들도 진출을 했다. 헌옷이나 주사기 등 생활용품을 수입해 파는 사람들 또는 실크나 목화솜, 비철금속을 수출하는 사람들이 늘었다. 그러나 대우의 철수나 태환문제로 대기업들의 철수가 계속되고 우즈베키스탄의 수출입 규제가 강화되면서 초기에 진출한 사업가들도 대부분 함께 철수를 했다. 현재 사업가들은 기업 철수 후에 현지에 남은 대기업 직원이나 IMF 이후 새롭게 들어온 사람들이 대부분이다.

우즈베키스탄 사업가들은 대우자동차나 갑을방직 덕분에 현지인들에게 매우 좋은 대접을 받을 수 있었다. 최근에 한국이나 한국인들에 대한 이미지가 다소 추락했지만 한때는 대우나 갑을방직 회사 뺏지를 달고 나가면 현지인들이 모두 존경하는 눈빛으로 우러러봤다. 94년경에 국내 신문에 '우즈베키스탄은 대우왕국인가?'라는 비판기사가 실릴 정도로 대우는 특별대우를 받는 존재였다고 한다.

대우가 철수하기 전까지는 교민 인구가 지금의 2배였다. 교민인구에 비해 식당이나 노래방 등 유흥업소가 많은 이유는 대기업 직원들을 상대로 열었던 업소들이 남아 있기 때문이기도 하고, 기업이 철수한 후에 현지에 남은 직원들이 생계유지를 위해 식당 등을 인수해 영업을 하고 있기 때문이기도 하다.

최근 급속한 경제성장을 계속하고 있는 카자흐스탄과는 달리 우즈베키스탄 경제는 나날이 더 어려워지고 있어 사업도 점점 어려워지고 있는 상황이다. 대부분이 현상 유지도 어려운 형편이라고 자영업자들이 고충을 털어놓았다.

② 자영업 현황

현재 우즈베키스탄 타슈켄트에는 50여 개 교민 자영업체가 있다. 인구가 2배 가까이 되고 경제사정도 좋은 알마티에 비하면 상대적으로 많은 편이다. 그러나 규모는 알마티에 비해 매우 영세한 것이 특징이다.

아래 〈표 Ⅲ-4〉는 교민일보에 실린 광고를 중심으로 자영업자 현황을 정리한 것이다. 이에 의하면, 식당 11곳, 가라오케 10곳, 식품점 3곳, 여행사 6곳, 통신업 4곳, 미용실 2곳, 운송업체 3곳, 병원 2곳, 사우나 1곳, 그 외 꽃가게가 있고 정수기나 건축장비나 자재를 수입해 파는 사업자가 있다.

이 외에 현지에서 수집한 정보에 의하면 고추농사를 짓거나 석류 엑기스를 제조해 한국으로 수출하는 개인사업자가 있는가 하면 감초를 가공해 한국의 제과관련 기업에 수출하는 업자도 있고 현지인 아가씨와 한국남성들의 결혼을 알선하는 국제결혼알선업자들도 있다. 그러나 이곳 역시 한국교민들 간의 교류도 정보공유도 거의 이루어지지 않고 있다. 이유는 크게 두 가지이다. 돈벌이가 좀 된다 하는 소문이 돌면 갑자기 경쟁자가 속출해 결국은 모두가 함께 망하게 되고 또 사업을 같이 해보자는 등 귀찮은 객들이 찾아오기 때문이다.

식당이나 식품점의 규모나 매출상태는 카자흐스탄과는 비교도 알 될 만큼 영세하고 저조하다. 식당은 주로 교민들이 이용하는데 현지에 진출해 있는 대기업이 없어 모두 개인사업가나 여행객들이다. 가격은 한국과 거의 동일한 수준으로 현지물가에 비하면 매우 비싼 편이다. 그러나 혼자 들어와 생활하는 사업가들은 이곳이 아니면 특별히 이용할 현지식당이 없어 식사는 늘 한국식당에서 해결하고 있다. 그러나 이들 역시 현지에서 큰 벌이를 못하고 있어 간단히 식사만 하고 마치고 나가는 형편이다. 대부분의 상점들이 활기가 없고 한창 바쁠 시간에도 거의 텅 빈 상태다. 돈을 벌기보다는 당장의 생계수단으로 사업체를 유지하고 있는 상황이라고 할 수 있다.

〈표 Ⅲ-4〉 우즈베키스탄 교민 자영업 현황

번호	업체명	업종
1	미가	식당
2	미도리	식당
3	아리랑	식당
4	오아시스	식당
5	한국관	식당
6	서울	식당
7	실크로드	식당
8	하늘소	식당
9	가마솥	식당
10	김씨네	식당
11	산수치킨	음식
합 11		
12	스카이투어	여행사
13	우즈벡넥서스투어	여행사
14	타미리스 투어	여행사
15	하보투어	여행사
16	아멕스	여행사
17	솔	여행(아프가니스탄 전문)
합 6		
18	프레스티지	카라오케
19	Star	카라오케
20	Palace	카라오케
21	스카이	카라오케
22	알바트로스	카라오케
23	CUE	카라오케
28	한중 건강원	식품점
29	온누리 슈퍼마켓	식품점
30	해돋이 마켓	식품점
합 3		
31	Anet	통신업
32	Asys	통신업
33	DostLink	통신업
34	코아비즈-도우미 센터	여행업 통신업
합 4		
35	만나 호텔	숙박업
36	호텔 코리아나	숙박업
37	타슈모레	숙박업
총 3		
38	AHN'S HAIR SALON	미용실
39	엘레강스 오렌지	미용실
합 2		
40	터보지엘에스	운송업
41	하나로 특송	운송업
42	SKY 특송	운송업
합 3		
43	회복한방병원	의료
44	APOLONIYA MEDICAL CENTER	의료
합 2		
45	웅진코웨이	정수기 판매
46	Fleur	꽃가게

24	백악관	카라오케	47	USSO	광고대행
25	JAZZ	카라오케			
26	ROOM SALON	카라오케	48	JEI H GENENAL	건설 시공 및 자재, 장비 수입판매)
27	ACE	카라오케	49	청호나이스	정수기판매
			50	신라 사우나	사우나
합 10			**기타 6**		
총 50개					

Ⅳ 사례연구
-한국교민과 고려인 기업가의 성공사례 및 네트워크에 대한 인식

이 장에서는 현지진출을 위한 그리고 한상네트워크 교두보 구축을 위한 정보제공 차원에서 성공한 한국교민 사업가와 고려인 기업가의 사례를 소개하고자 한다. 조사는 심층인터뷰 방식으로 실시되었고 연구원과의 일문일답 형식으로 진행되었다. 한국교민들에게는 진출과정과 현지정착의 애로점, 현지국의 경제전망에 대해, 고려인 기업가들에게는 창업과정 및 경영상의 애로점에 대해 물었다. 또한 양자에게 공통적으로 교민과 고려인 사회와의 관계 또는 한상네트워크 구축에 대한 의견을 물었다.

1. 한국교민

성공의 개념은 본래 매우 추상적인 개념이다. 구소련 지역에는 객관적인 판단의 근거가 될 만한 자료가 거의 없어 본 연구팀은 현지 한국공관이나 교민들 사이에서 나름대로 뿌리를 내렸다고 인정을 받고 있는 교민 사업가를 중심으로 진출 성공사례를 소개하고자한다. 또 동포 기업 간의 네트워크에 대해서는 대기업 현지 직원들에게도 물었다. 개인사업가들의 사업 규모나 안정성에 있어서는 아직 시작 단계에 있는 사업가들도 있으나 이들의 현지경험은 후발자들에게 시사해 주는 바가 크다.

1) 러시아

(1) 모스크바 지역

① 법무법인 'NTP' 대표 김선국 변호사

법무법인 'NPT'의 김선국 변호사

러시아 유학 1세대인 김선국 변호사는 모스크바 국립대학교 법학부를 졸업한 최초의 한국변호사로 로펌회사인 'NTP' 그룹을 운영하고 있다.

김선국 변호사는 모스크바 국립대학교 및 전 모스크바 한국 유학생회의 초대 회장과 초대 모스크바 한인회 회장을 역임한 인물로 특유의 친화력을 바탕으로 한국 유학생회를 가장 성공적인 학생회로 이끌었으며, 한인회를 타국에 버금가는 훌륭한 단체로 성장하는 기반을 갖추게 했다는 평가를 받고 있다.

NTP그룹은 러시아로 진출하는 한국기업의 컨설팅, 민·형사 소송 등의 법적문제 뿐만 아니라, 러시아기업의 법적문제를 의뢰받아 소송을 승소시킨 로펌회사이다. 실례를 들면, 전 대우, LG, 삼성 등의 대기업 및 중소기업의 투자자문 및 사업상 발생하는 법적문제를 해결하였다.

처음 로펌회사를 개설하였을 때, '과연 한국인이 변호사 업무를 잘 수행할 수 있을까'하는 염려도 있었으나, 사건을 맡아 업무를 추진하는 과정에서 이러한 우려를 말끔히 씻었으며, 오히려 다른 회사에 소개해 주는 등의 신뢰를 얻었다.

또한, 이러한 업적을 바탕으로 2006년에는 러시아에서 한국인으로는 최초로 판사로 임명받는 영광을 얻기도 하였다. 김선국 변호사는 한국기업의 러시아 및 중앙아시아 진출을 원활히 할 수 있는 네트워크를 구축하여 유럽진출의 교두보를 마련하고, 이들 지역에 거주하는 한국인들의 권익을 보호하는 것이 장래희망이라고 밝히고 있다.

② (주)득금 러시아의 유시영 총 지사장

유시영 지사장은 1992년에 모스크바에 유학와서 모스크바대학교 경제학부 석사학위 과정 중에 사업을 시작하였다. 첫 사업은 현재 모스크바에 널리 퍼져 있는 민박집경영이었다. 자신 아파트의 방을 빌려주는 소박한 민박업에서 사업을 시작해 이후 7개의 한국기업의 연락사무소의 책임자를 거쳐 현재는 (주)득금 지사장을 맡은 지 10년 이상이 되고 있다.

(주)득금은 원단을 수출하는 기업으로 유시영 지사장과의 만남으로 한국에서 일류의 원단 수출업체로 성장하는 계기를 얻었다. (주)득금은 러시아로 원단 수출을 시작한 지 얼마 되지 않은 1996년에 400백만 달러를 수출하여 정부로부터 산업동탑훈장을 받기도 하였으며, 최근에는 금탑훈장까지 수여했다. 또한, 사업확장을 꾀해 폴란드의 바르샤바에 지사를 개설하기도 하였다. 이러한 수출 성과로 (주)득금의 사장 및 유시영 지사장은 각종 세미나의 발표자로 참여하고 있다.

그러나 성공은 자연히 이루어진 것이 아니라, 유시영 총 지사장의 끊임없는 고객관리와 러시아 전체를 아우르는 박람회 참여, 연락사무소 및 지사의 개설 등의 노력의 결과이다. 더불어, 모스크바 사무실에 근무하는 직원들의 애사심이 이러한 눈부신 성과를 이끌어냈다.

이러한 성공을 하기까지 유시영 지사장은 많은 시행착오를 겪었다. 예를 들면, 원단을 수입한 사람이 5만 달러의 수입대금을 지불하지 않아 한동안 애를 태운 적이 있는데, 유학 초기 하숙을 하던 집 할머니의 아들의 도움을 얻어 해결한 적도 있다.

③ 한국식 레스토랑 '백학'의 정동수 사장

'백학'의 정동수 사장은 러시아 모스크바에 진출해 있는 서비스업 부문에서 성공한 사업가 중 한 사람이다. 정동수 사장은 한·러 수교 동시에 모스크바로 유학한 1세대로 유학 중 사업에 뜻을 두어 1998년 사업가로 변신하여, 현재 한국식 음식점인 '백학'을 운영하고 있다. 정동수 사장이 요식업을 시작할 때 이미 많은 한국 음식점이 영업 중이어서, 이들과의 차별화 전략이 가장 중요한 것이었는데, 이를 정동수 사장은 주재국 한국인들을 주 고객으로 하되, 러시아인들을 타깃으로 한 것이었다. 이것이 적중하여 현재와 같은 성업을 하고 있다.

한국식 레스토랑 '백학'의 정 동수 사장

사업 초기에는 러시아의 모라토리엄과 한국의 금융위기로 힘든 시기를 겪기도 하였다. 그러나 21세기가 시작되면서 러시아의 경기회복과 한국과의 경제협력의 활성화, 러시아의 한국에 대한 이미지가 좋고 한국음식에 대한 러시아인들의 호응이 높아 음식들을 한국인 입맛 뿐만 아니라 러시아인들에게도 맞는 음식의 개발로 사업은 번창하고 있다.

이외에도 정동수 사장은 러시아인 고객을 상대로 다음과 같은 차별화를 시행하고 있다. 첫째, 음식 맛과 메뉴의 다양화이다. 러시아 음식은 다양하지 않아 선택의 폭이 좁으며, 대다수의 음식이 육류 위주이다. 둘째, 주 메뉴 이외의 무한정으로 무료로 반찬을 제공한 것이다. 러시아 음식점은 주 메뉴와 반찬의 주문 이외의 첨가되는 반찬이 없다. 셋째, 투철한 종업원들의 서비스 정신교육이다. 러시아식당의 종업원들은 경직되어 있는 반면, 백학의 종업원은 항상 고객들에게 미소로 답함으로써 차별화를 두고 있다.

최근에는 음식점을 확장·개업하고 인테리어의 현대화를 통하여 고객이 식사를 하면서 편안하게 휴식을 취할 수 있는 공간으로의 변신을 꾀하고 있다.

(2) 시베리아 및 극동 지역

① NTS - KT(한국통신)의 연해주 현지법인

'NTS' 매장

KT는 1997년 연해주 지역 무선통신부문으로 진출하여 일본과 합작투자로 NTS를 설립하였다. NTS의 전신은 러시아 선박회사로, 이 회사가 선상통신을 위해 설립한 페스코의 주식을 1995년 싱가포르가 인수한 것을 다시 1997년에 지분의 80%를 KT가, 20%를 일본의 스미토모 사가 인수하여 한·일 합작으로 설립한 현지법인체다. 현지법인의 사장은 KT측의 상무대우가 파견되어 맡고 있으며, 일본에서는 1명의 직원이 파견되어 있다. 직원 수는 한국인 5명, 일본인 1명, 현지인 342명으로 총 348명이다. KT 연해주 법인은 극동 및 시베리아 지역은 물론이고 러시아 전체로 뻗어나가기 위한 전진기지로 중요한 거점이다.

NTS는 양로원 및 고아원 방문, 도로청도 등의 사회봉사활동을 함으로써 현지 시민들에게 좋은 인상을 심어주고 있다. 이러한 것들을 바탕으로 2004년 NTS는 고용효과, 주민인지도, 사회봉사도, 기업선호도, 취업선호도 평가에서 최상위 기업에게 주어지는 "초고기업"으로 선정되었다.

NTS는 높은 연봉과 인센티브제도로 인하여 현지 대학생들이 취업하고 싶은 기업 4위에 올라 있다. 또한 직원들의 사기진작을 위해 우수 직원들은 한국과 모스크바로 파견하여 교육의 기회를 부여하고 있다.

이러한 노력으로 2005년 12월 현재 NTS의 년 매출액은 80백만 달러이며, 순이익은 30백만 달러로 연해주 지역 무선통신 분야에서 시장점유율이 제1위이다.

② 유한회사 '레수르스-유니온' (OOO РЕСУРС-ЮНИОН), 합작 유한회사 '태평양무역' (OOO СП ПАСИФИК-ТРЕЙДИНГ) 대표 김정준 사장

김정준 사장은 부산에서 러시아산 활어 게와 냉동 게 수입과 중국 국방부에 엔진오일 수출업무를 했던 인물이다. 이후 직접 사할린에서 수산물 무역을 하려고 블라디보스토크에 사무실을 개설하여 수산물무역을 시작하였으나, 2000년 사할린 고려인에게 5만 달러를 사기 당하였다. 사기를 당한 내용은 항구에서 배에 선적해 있는 활어 게를 보여줘서 믿고 계약을 하였으나, 인도 당일에 항구에 갔었으나 배만 있고 안은 텅 비어있었다. 이후 고려인과의 사업은 하지 않고 있으며, 수출입업무에 있어 극도의 조심성을 가지게 되었다.

이후 김 사장은 세 달간을 하루에 컵라면 1개씩을 먹으며 수출입 업무를 시작하였다. 이때, 김 사장은 공무원인 러시아인 안드레이에게 수산업 관련업무를 배워 지금에 이르게 되었다. OOO РЕСУРС-ЮНИОН (레수르스 유니온 유한회사), OOO СП ПАСИФИК-ТРЕЙДИНГ(태평양무역 합작 유한회사)는 한국에서 진출한 냉동수산물 수출회사로서 한국으로의 수출보다는 중국 대련에 있는 수산물 가공공장으로 보내진다.

주요 수출 냉동수산물은 대구와 가자미로써 중국의 대련공장에서 Fillet으로 가공하여 유럽과 일본 등으로 수출하고 있다. 중국에 위치한 냉동수산물 가공회사는 Yujin LTD. Co. Ltd로 중국과 한국의 합작회사로 종업원은 500명이다.

OOO РЕСУРС-ЮНИОН(레수르스 유니온), OOO СП ПАСИФИК-ТР

ЕЙДИНГ(태평양무역 합작 유한회사)는 2005년부터 중국으로 월 200만 달러의 수출을 하고 있다. 2006년부터는 중국공장에 월 1,000톤 이상 연간 10,000~15,000톤을 공급할 예정이다.

러시아에서 수산물 수출의 어려운 점은 각종제도 등의 수출관련 업무가 한국과 매우 달라 힘들다. 그리고 고려인기업 또는 고려인과의 사업 시에는 고려인들의 올바르지 못한 통역과 고려인이 러시아기업과 한국기업 사이에서 금전적인 혼선을 일으키게 하는 것이 가장 큰 문제점이라고 지적했다.

③ 코러스농장 - 고려합섬

코러스(KORUS) 농장은 1995년에 고려합섬(이하 고합이라 함)과 아무르주 정부가 각각 50%씩 지분을 출자하여 설립한 유한책임 회사이다. 최초의 투자금액은 총 260만 달러이며, 고합이 현금으로 130만 달러, 아무르주가 현물 및 농장, 그리고 농기계 등을 현금으로 추산하여 130만 달러를 투자하였다.

코러스 농장은 1995년 합작회사 설립 이후 매년 적자상태였다. 원인은 5가지로 지적할 수 있다.

첫째, 전문가 부족이다. 현지에서 상주하면서 농장을 경영할 인력이 고합 측에서 파견되지 않았으며, 농업전문가 1명이 파견되어 약 6,500 ha의 넓은 농장을 관리하였기에 역부족이었다.

둘째, 원유가의 상승이다. 세계 3위의 원유 생산국임에도 불구하고 원유가격은 높은 편이다. 2006년 2월 현재 무연 휘발유 가격이 평균 19루블(원화로 678.3원), 경유 가격은 평균 14루블(원화로 500원)로 평균 임금 및 타 물가에 대비에 비하여 매우 높은 편이다.

셋째, 비료 및 농약 가격의 상승이다. 농업의 붕괴로 인하여 비료 및 농약회사들이 도산하여 현재 이들에 대한 생산이 수요에 비해 부족한 상태이다. 따라서 유럽과 중국으로부터 수립에 의존하기 때문에 농약

가격이 높아지고 있다.

넷째, 농기계 가격의 상승이다. 마지막으로 코러스 농장의 주 생산품인 콩가격의 지속적인 하락이다.

이러한 다섯 가지의 요인으로 인하여 코러스 농장은 유명무실하게 되어 회사명만 유지하고 있다. 그러나 코러스는 아무르주의 농산물수매회사인 Зерно Продукт(제르노 프라둑뜨)와 합작으로 융자를 위한 서류상의 유령회사를 설립하여 농장경영을 정상화하려고 있다. 현재 고합의 지분은 매년 감소하여 현재 15만 달러에 불과하며, 이를 팔려고 해도 인수자가 없다가 최근 Зерно Продукт(제르노 프라둑뜨)가 인수 절차를 밟고 있는 것으로 알려져 있다.

④ '보아즈' 러시아 유한회사(OOO BOAZ RU)의 김기산 사장

'보아즈' 러시아 유한회사는 숯 제조업을 하는 임산물 가공회사이다. 사장은 김기산 씨로 한국에서도 빚 대신에 숯가마를 인수하여 숯 제조업에 종사하였다.

2005년도 초에 우수리스크에 진출하여 우수리스크대학교와 합작회사를 설립하였으며, 2개의 숯가마를 이용해 숯을 가공하여 일본으로 수출하고 있다. '보아즈' 러시아 유한회사의 지분은 김 사장이 현금 20만 달러를 투자하고 우수리스크대학교는 학교 연습림에 벌목되어 있는 나무와 향후 벌목될 나무를 숯 가공에 공급하는 형태로 투자하였다.

이 회사의 운영상 문제점은 첫째, 산속에 벌목되어 있는 숯 가공용 나무들의 수송이다. 벌목장은 숯가마에서 멀리 떨어져 있어, 장비 부족으로 인한 수송이 어렵다. 숯 가공용 목재의 수송을 합작학교가 맡기로 하였으나 장비와 인력 부족으로 학생에게 의존하고 있어 수송이 늦어지고 있다 둘째, 종업원과의 언어소통이다.

2005년도 순수익은 7만 달러 수준이었고 2006년에는 추가적으로 2~3개의 숯가마를 더 설치해 수출을 늘릴 계획이다.

⑤ 안경점 '한국안경'의 이영래 사장

'한국안경'의 이 영래 사장

'한국안경'의 매장

이영래 사장은 하바로브스크시에서 '한국안경'이라는 상호로 안경점을 운영하고 있다. 이영래 사장은 한국에서는 안경 도매상을 하였으며, 러시아로 안경테 수출을 하던 중 러시아의 안경 산업이 발전되어 있지 않으며, 수요가 급증하고 있는 것에 착안하여 현지에 안경점을 개점하게 되었다.

한국안경은 1999년에 개점하였으며, 이는 하바로브스크시에서 러시아인과 외국인들 합하여 유일한 정부의 공식허가를 받은 안경 개인사업자(ЧП: Частная Предприятия)등록 제1호점이다. 안경점을 개점하기 위해서는 첫째, 모든 안경테 및 안경유리에 대해 종류별로 허가를 받아야 했다. 둘째, 과실송금, 셋째, 종업원 채용 등의 문제를 해결하여야 했다.

현재 한국안경에는 안경기술자 2명을 포함해서 21명의 종업원이 근무하고 있으며, 종업원들의 임금은 월 400~500 달러 정도이다. 한국안경이 현지 러시아인들에게 인기가 있는 것은 직원들이 교대근무로 토요일과 일요일에도 영업을 하고 있는 근무시스템의 영향도 있다.

안경재료는 처음에는 한국산 안경재료를 사용하였으나, 가격경쟁력이 낮아 현재에는 중국산을 많이 사용하고 있으며, 고가의 제품을 찾는 고객에게는 유럽제품을 판매하고 있다. 중국산 안경재료도 한국기업들이 만드는 중국산이기 때문에 한국산과 품질 면에서 차이가 나지 않아 찾는 사람들이 많다.

하바로브스크에는 현재 경쟁업체가 없어 안경점 운영은 향후 발전의 소지가 많은 사업 아이템이다.

⑥ 세탁공장, 'Steak House(음식점)'의 전 마이클 사장

전 마이클 사장이 운영하는 세탁소내부

전 마이클 사장은 미국에서 세탁업을 하다가 1991년 아무르주로 홀로 이주했다. 남 아파나시 아무르주 고려인 회장의 도움으로 1995년부터 블라다보스토크시에서 세탁공장을 운영하기 시작해 현재는 하바로브스크시에도 세탁공장을 열어 성업 중이다.

러시아는 긴 겨울로 인하여 누구든 모피 옷 또는 겨울용 가죽옷을 소유하고 있다는 것에 착안하여 세탁소를 경영하게 되었다. 사업 초기에는 문화적인 차로 인하여 고생하였다. 예를 들면, 러시아인들은 옷을 맞기면 새 옷이 된다는 생각을 하여 세탁 후에 종종 마찰이 발생하였으나, 현재는 러시아인들 사이에 세탁이라는 것이 새 옷으로 탈바꿈하는 것이 아니라 깨끗해진다는 인식이 뿌리를 내리게 되었다. 또한, 초기 전 사장은 러시아어를 잘 구사하지 못하여 공장 계약, 종업원 고용 등에 있어 피해를 보기도 하였으나, 지금은 능통한 러시아어 실력이 타의 추종을 불허할 정도이며, 새로운 기업의 진출을 도와줄 정도이다.

전 사장의 성공비결은 첫째, 사장 본인의 성실함이다, 둘째, 미국 및 한국에서 익힌 기술력과 노하우, 셋째, 납품 일을 지키는 고객과의 신뢰관계 구축이다.

현재 전 마이클 사장은 세탁공장의 성공을 바탕으로 블라디보스토크시에서 가장 음식 맛이 좋기로 평 이나 있는 'Steak House'라는 상호의

한국음식점도 경영병행하고 있다.

2) 카자흐스탄

(1) 강성철 사장(1962년생)

한국인 사업가들 간에 가장 성공한 개인사업가로 손꼽히는 인물이 강성철 사장이다. 그는 알마티 시내에서 결혼식장, 카지노, 야외 레스토랑을 경영하고 있으며 최근에는 도너츠 제조 공장을 설립하고 판매 체인점 확대에 노력하고 있다.

강 사장은 드물게도 현지 직원들과 러시아어로 언어소통이 가능하다. 이러한 노력이 성공 요인의 하나로 해석된다.

2006년 2월 16일 그의 사무실에서 사업내용과 성장 과정, 그리고 카자흐스탄 한국인 사회에 대한 의견을 들어보았다.

진출 및 성장과정

본인은 9년 전인 1997년에 알마티에 진출했다. 한국에서는 대형 전광판 제조(LCD, LED)업체를 운영하고 있었다. 친구들의 권유로 알마티에 대형 볼링장과 대형 전시장을 오픈할 계획으로 현지책임자로 들어왔다. 친구와 사업자금은 50%씩 투자했다. 자세한 이야기는 하고 싶지 않은데 이 사업이 실패를 했다.

그리고는 98년도에 결혼식장과 카지노 업체인 "무랑루즈"를 오픈했다. 첫 사업의 실패와 새 사업이 궤도에 오르기까지의 1년 반 동안은 무척 고통스러운 시기였다. 그러나 지금은 3개월 전에 예약하지 않으면 안 될 정도로 성업 중이다. 식장은 600명 수용이 가능한 대형 홀을 갖추고 있으며 포토 스튜디오도 겸하고 있는 등 카자흐스탄에서는 최고의 수준이다. 2년을 주기로 50%씩 리모델링을 해왔고 작년에는 100% 리모델링을 했다. 카자흐스탄 고위공무원들의 자녀들은 모두 이곳을 이용할 정도로 인기가 있다. 3년 전에 나자르바예프 현직 대통령 딸도 이곳에서 식을 올리고 파티를 했다. 생일이나 환갑 파티장으로도 이용되고 있는데 연간 1000여 건의 행사를 치른다. 카자흐스탄 민족들이 과시욕이 강한 편이라 잘살고 유명인사가 이용했다 하면 서로 경쟁적인 태도를 보이는 경향이 있어 홍보는 자연스레 되는 셈이다.

식장비용은 현지 물가에 비하면 상당히 비싼 편이다. 결혼식 파티의 경우 하객들이 보통 250~300명 규모인데 1만 달러 이상의 예산이 있어야한다. 카자흐스탄의 전체 인구의 1% 미만인 최상류층들은 1인당 200~300달러 수준의 결혼파티를 준비한다. 이들은 평균적으로 결혼피로연을 위해 5~6만 달러를 지출한다.

결혼식장 사업은 본인이 사업을 키우는데 적지 않은 도움이 되었다. 카자흐스탄 고관들이 자녀들의 결혼식장이나 파티장 예약 때면 직접 상담을 하러 오거나 행사 당일 안목을 트게 되어 카자흐스탄 유명인사들과 자연스레 인맥을 쌓게 되는 효과가 있었다.

남들한테 내세울 만한 직종은 아니지만 카지노는 CIS지역에서 모스크바 다음으로 크고 시설이 좋은 것으로 평가받고 있다. 그 외 야외레스토랑을 경영하고 있고 도너츠 제조공장과 도너츠 판매점도 운영하고 있다.

레스토랑은 시내와 시외에 2곳에 있다. 모두 공연장까지 겸비한 대형 레스토랑이다. 시내에 위치한 레스토랑은 1천 평의 넓은 공간에 수용인원이 400명이 넘는 규모다. 또 교외에 2만 평 부지의 2,500명 수용 가능한 야외레스토랑 '파인힐'을 4년 전부터 경영해 왔는데 지금 시내에 800평 규모의 순수한 한국식 레스토랑을 준비 중이라서 영업을 중지하고 문을 닫을 계획을 하고 있다. 순수 한국식 레스토랑은 한국 전통가옥 전문가에게 설계를 맡겼고 시공도 한국인들이 와서 직접 하고 있다. 오프닝이 얼마 남지 않았다. 투자액은 250만 달러다. 새 사업장을 오픈할 때는 늘 카자흐스탄의 유명인사들을 초대해서 성대하게 파티를 하는데 이번에도 그렇게 할 계획이다. 보통 200여 명의 유명 인사들이 참석한다.

도너츠 제조공장은 가동한지 불과 한달 반 밖에 안 된다. '던킨 도너츠사'와 계약을 맺으려 많이 노력했는데 성사되지 않았다. 그래서 던킨 도너츠 공장장을 스카웃해서 '도미노 도너츠'라는 독자의 브랜드를 만들었다. 현재 카자흐스탄의 유명백화점이나 쇼핑 센타 내에 10개의 직영점을 오픈한 상황이고 올해 목표는 직영점을 30곳까지 확장하는 것이다. 키르기스탄 미군부대에 도너츠를 납품하고 있다.

사업체 전체 직원수는 총 600명이고 이들의 평균임금은 300달러정도다.

교민사회와 카자흐스탄 경제에 대해서

카자흐스탄 한국교민 수는 약 2천 명으로 추산한다. 그 중의 상주인구는 1,500명 정도인데 최근 1년간 한국으로부터의 방문자(사업가를 포함해서)가 급속히 증가하고 있다. 국내유휴자금이 투자처를 탐색하기 위해 법인(은행 포함해서)이나 개인들이 많이 찾아오고 있다. 실례로 냉난방공조 제조공장 설립계약이 성사되었고 건설업체들의 진출도 활발하다. 지금 카자흐스탄은 건설 붐이 일고 있다.

제조업 분야는 발전을 기대하기 힘든 것으로 판단된다. 왜냐하면 중국과 인접해 있기 때문이다. 인구 400만 명의 우루무치는 이미 CIS지역 물류기지로 자리매김을 했는데 알마티에서 비행기로 불과 1시간 20분 거리에 위치해 있다. 정부차원에서 IT나 제조업 분야 육성 및 지원을 강조하고 있지만 실제로 제조업 분야는 중국 영향으로 발전하기 힘든 환경인 것 같다.

제조업 분야로 진출하기에는 현지 인프라가 너무 뒤떨어져 있어 한국인들은 초기에는 주로 무역업으로 진출했다. 7~8년 전까지는 의류가 주류를 이루었고 그 외 주방용품이나 액세서리 등 일상생활용품은 뭐든 들여왔다. 최근에는 임금상승 등으로 인한 중산층 확대와 호경기로 건설 붐이 일고 있어 전기제품이나 가구 시장이 성장세를 보이고 있다. 상품들은 부품을 수입해 와서 현지에서 조립하는 방식이다. 완제품은 통관세가 비싸다. 가전제품이나 가구로 크게 성공한 사례가 KIMEP (Kazakhstan Institute of Management Economics and Strategic Research) 대학 방총장이 경영하는 '유스코'다.

카자흐스탄에서는 최상류층이 고위공무원이나 비즈니스맨들이다. '알마티의 비버리힐즈'라고 불리는 고급주택가에는 실내평수 150평의 시가 20~30억 수준의 개인주택이 즐비하다. 카자흐스탄 평균임금이 300달러 수준이고 알마티는 700~800달러 수준까지 달해 중산층이 급속도로 증가하는 추세다.

한국인으로서 안타까운 점은 우리들이 좋은 기회를 놓쳤다는 것이다. 10여 년 전까지만 해도 진출기회가 많았다. 그러나 그 때는 준비된 사람들이 적었다. 최근에 늦으나마 준비된 한국 기업들이 들어오고 있는 추세다. 특히 건설업체들의 진출이 눈에 띄고 있다. 따라서 점차 한국인 인구도 늘어날 것으로 예상된다.

그러나 유통업은 이미 중국인이나 터키인들에게 빼앗겼다고 본다. 과거 10여 년 동안 중국인들은 저가 공산품 시장을, 터키인들은 중산층 대상의 중저가 시장을 장악했다. 터키인들은 호텔경영에도 활발하게 진출하고 있고 현대식 대형 마켓은 터키계 자본이 완전히 장악해 버린 상황이다.

카자흐스탄은 한국인들이 들어와서 사업하기에도 살기에도 좋은 곳이다. 문화도 생김새도 비슷하다. 100여 민족이 서로 사이좋게 어우러져 잘 살고 있고 민족차별이란 것을 거의 느끼지 못한다. 또 경제적으로도 발전 가능성이 높다. 예를들면 풍부한 자원, 정치적 안정, 최고권력자의 정치운영 방식 등. 최근 카자흐스탄의 정부관료나 사회요직 인사들을 젊은 30~40대로 교체했다. 인재양성을 목적으로 국가장학생으로 해외에서 유학생으로 파견됐던 우수한 인력들이 돌아와 각 분야의 전문가로 등용되는 등의 혁신적인 정책을 펴고 있다.

(2) 강인희 사장

알마티에서 광고사업과 인테리어 및 건축 자제 판매업을 하고 있는 강인희 사장도 현지진출에 성공한 사업가로 평가받고 있다.

진출 및 성장과정

본인은 93년도에 알마티에 진출했다. 한국에서는 건축관련 일을 했다. 전공이 디자인인데 LG 해외 전시장 기획을 맡아 카자흐스탄을 방문한 것이 계기가 되어 이주를 하게 되었다. 큰 돈을 벌려고 온 것은 아니다. 취미생활을 하면서 정신적으로 여유있는 삶을 찾아서 온 것이다. 골프도 낚시도 좋아한다. 생계만 해결할 수 있으면 만족한다는 생각으로 들어왔다. 지금도 이런 생각에는 크게 변함이 없다. 당시 50만 달러 정도의 자금을 들고 들어왔다. 3년 정도는 공부하는 기간이라 생각하고 사업을 하지 않았다. 취미생활이나 하면서 휴식을 취했다.

강인희 사장이 경영하고 있는 인테리어 자제 상점(한화대리점을 겸하고 있다)

96년부터 카자흐스탄의 LG전자와 광고계약을 맺고 사업을 시작했다. 삼성이나 대우 등 주로 한국회사의 전시장이나 옥외광고판을 제작하고 있다. 또 한편으론 광고관련 기계와 설비를 수입해 판매하는 무역업을 하기도 했다. 작년 여름부터 인테리어 사업도 하고 있다. 2곳에 상점을 열어놓고 인테리어 자재를 판매하고 있다. 중국이나 터키, 한국산을 취급하고 있는데 한국의 (주)한화로부터 독점판매권을 얻어 한화대리점도 겸하고 있다.

최근에 들어 카자흐스탄에도 광고회사가 생겨나기 시작했는데 본인이 시작했을 때는 광고란 업종이 없었다. 카자흐스탄 경제가 좋아지면서 광고업이라는 신규업종이 생긴 것이다. 내 밑에서 일을 배운 현지인들이 다른 업체로 스카웃되어 가기도 하고 독립해서 회사를 차리기도 했다. 섭섭한 마음이 없는 것은 아니지만 그들의 입장도 이해한다. 조금이라도 돈을 더 벌고 싶은 마음을 어떻게 탓하겠는가.

현재 직원은 15명 정도이며 직원들 월급은 평균 500달러 수준이다. 한국인이 1명 있고 나머지는 카작인과 고려인들이 50%씩을 차지한다. 고려인이 일도 잘하고 정서나 문화적으로 우리들과 가까워서 함께 일하기에는 상대적으로 수월하다. 직원들의 대우는 한국인 업체들 중에서도 좋은 편에 속할 것이다. 월급도 늦는 일이 없고 액수도 다른 곳보다는 많이 주는 편이다. 본인은 벌어서 나만 잘 먹고 잘 살자는 주의가 아니다. 현지 광고회사들이 늘긴 했지만 한국인들 중에는 네온광고업자가 1명, 옥외간판 제조업자 한 명이 더 있는 수준이다.

광고사업 월 매출액은 만 달러 정도로 크지 않다. 지금은 광고사업보다는 건축업에 더 관심이 있고 석유관련 인프라 사업에도 투자를 하고 있다.

카자흐스탄 경제에 대해서

자원도 풍부하고 기업 환경도 나쁘지 않은데 인구가 적은 것이 장애요인이다. 카자흐스탄 제1일의 도시 알마티도 160만 명에 불과하다. 그러나 카자흐스탄의 부(富)가 과거에는 깨가 구르듯이 축적되어 왔다면, 지금은 호박이 구르고 있는 격이다. 특히 부동산 시장이 급성장하고 있다. 중심가의 경우, 평당 20~50달러 수준의 20평 남짓한 사무실을 운영하려면 월 임대료가 1~2천 달러가 필요하다. 정확한 통계수치는 없지만 우리 교민 사업가들은 극히 세분화된 업종별 시장규모를 3~5억 달러 정도로 추정한다. 시장은 계속 성장세에 있고 해외투자도 늘어가는 추세이지만 한국은 여러 측면에서 늦었다. 정부 간 관계 만 해도 전망이 그리 밝지 않다. 예를들면 일본의 경우 무상원조와 장기저리 대출금액이 40억 달러에 달한다. 한국은 고작 200만 달러다.

한국인이나 한국정부는 말만 앞세우고 후속절차가 따르지 않는다. 즉 말을 실천하지 않는다. 이곳 사람들은 말=실천으로 받아들이기 때문에 한국정부나 정치인들에 대한 신뢰도가 많이 떨어져 있는 상태다.

사업상 어려움

문화나 정서가 다르다 보니 일상생활에서나 사업상, 의사소통의 문제도 있고 높은 세금도 큰 장애요인이다. 수익의 40~50%를 세금으로 내야하니까.

또 비즈니스 룰이라는 걸 모르는 사람들이 많다. 함께 사업을 계획하다가 아이디어만 삼키고 돌아서는 경우도 많다. 한국도 예전에 그렇지 않았는가. 과정이라고 본다. 이들의 문화를 이해하고 이에 적응해야 한다. 그리고 세제 등의 법률제도도 점차 개선될 것으로 본다. 전체적으로 사업 전망은 밝다고 판단한다.

실패사례

먼저 본인의 예를 한번 들어보겠다. 이곳에 온 지 2년쯤 되던 1995년의 일이다. 뭔가 해야 되겠다 싶어서 "제료느이 바자르"라는 시장에 호두과자를 만들어 파는 장사를 한번 시작해 봤다. 2,500만 원 정도로 재미삼아 한번 해 본 것이었다. 그런데 시작한 지 7개월 만에 그만 두고 말았다. 현지 사정을 고려치도 않고 섣불리 시작한 것이 실패의 원인이다. 차와 함께 사탕과 과자를 즐겨 먹는 걸 보고 '되겠구다' 싶어 시작했다. 처음에는 홍보 차원에서 시장 상인들에게 무료로 주면서 맛이 어떠냐고 물었다. 모두들 "아! 맛있다" 하길래 용기를 얻어 본격적으로 시작했다.

그런데 막상 제 돈으로는 사 먹는 사람들이 없었다. 한국인들은 멀리서도 일부러 사러 오곤 했지만 현지인들에겐 전혀 인기가 없었다. 우선 팥이 이들에게는 생소한 음식이고 또 한국인들처럼 군것질 하는 습관이 없어서 잘 팔리지 않았다. 후에 생각해 보니 시장 상인들이 맛있다고 한 것은 공짜로 얻어먹으니 예의상 답례를 한 것에 불과했다. 잘 해보려고 팥 대신에 치즈 등을 넣어보기도 하고 했는데 결국 실패했다. 현지 문화를 잘 알지 못하는 무지에서 온 실패 경험이었다.

다른 사람의 예를 하나 들겠다. 이 역시 현지 사정을 잘 몰라서 겪게 된 실패담이다. 이쪽 지역이 난방 사정이 안 좋은 것을 보고 한국인이 전기장판이 팔리겠구나 싶어서 40피트 콘테이너 2개에 전기장판을 가뜩 실어왔다. 전시장에서는 잠시 앉아보고 뜨뜻하니까 "아! 좋다" 했겠지만 이들의 주거 문화상 바닥이 따뜻하다는 것은 익숙하지 않다. 3년간 이 전기장판을 팔아보겠다고 알마티에서 버티다가 체재비까지 날리고 결국 손 털고 나가고 말았다.

교민 간 또는 고려인 간 네트워크에 대해서

교민 인구가 2,000명 가량 된다는데 영주권을 가지고 있는 한국인들은 50명 정도에 불과하다. 그것도 최근에 많은 늘어났기 때문이다. 5년 이상을 체재하고 은행예금이 1만 달러 이상이며 영주권을 받을 수 있다. 그러나 대부분은 단신으로 돈벌이를 목적으로 들어와 있지 가족들을 모두 데리고 와서 정착을 할 생각은 거의 하지 않는 것 같다. 실제로 본인도 가족들과 함께 오기는 했지만 아이들은 한국이나 외국에서 대학을 졸업하고 또 그곳에서 일자리를 찾고 있다. 결국 우리 부부만 이곳에 남아 생활하게 될 것이다. 아직까지는 카자흐스탄의 미래가 불투명하고 아이들이 정착을 시도할 만큼의 환경도 못되고.

치밀하게 준비하고 오는 것이 아니라 뭐가 돈벌이가 좀 된다 하는 소문만 믿고 들어오거나 사업을 시작하는 사람들이 많다. 그러다 보니 한국인들 간에도 말조심을 하게 되고 서로 쪼개먹기 식으로 경쟁만 치열해진다. 이런 분위기 때문에 네트워크 형성은 어렵다.

(3) 박화숙 사장

현재 한인회 회장직을 맡고 있다. '두레'라는 한국 식품점과 비디오 대여점을 경영하고 있는데 상점 운영은 부인이 맡아 하는 상황이다.

진출 및 성장과정

한국식품점 '두레'의 내부

한국 상점 '두레'의 비디오 대여 코너

1993년에 카자흐스탄에 왔다. 한국에서는 오산고등학교에서 영어교사로 일했다. 오산고등학교에서 교목으로 일하시던 목사님이 선교 활동을 위해 카자흐스탄으로 오셨고 본인은 한국에서 목사님 후원회장을 맡았다. 후원회의 주요 사업은 선교활동비를 조달하는 것인데 한국에서 선교 자금을 모으는 일이 쉽지가 않았다. 이 일을 하면서 매년 2~3번씩 카자흐스탄을 방문하곤 했었다. 2번째 왔을 때로 기억하는데 여기서도 살만 하겠다 싶은 생각이 들었다. 현지에서 뭔가 돈이 되는 일을 하면서 선교활동을 도울 수 있을 것 같았다. 한국에서 매달 1500달러 정도의 선교비를 모으느라고 고생하느니 차라리 본인이 사업을 해서 이 자금을 조달하는 편이 쉬울 것 같은 생각이 들었다. 말하자면 선교활동 지원을 위해 이리로 온 셈이다.

학교를 퇴직하고 이리로 와서 자본이 적게 들고 남들이 안 하는 것이 무엇인지 탐색해 보니 농사인 것 같았다. 그래서 타슈켄트에 60헥타르(8만평)의 땅을 임대해서 양파재배를 시작했다. 타슈켄트와 알마티를 오락가락하면서 밭에서 고생도 많이 했다. 그 해에 양파를 3천톤이나 수확했다. 농사는 아주 잘 된 것이다. 그런데 문제는 판로였다. 예전처럼 농사만 지어놓으면 차로 사러 와서 싣고 가던 시절은 지난 것이었다. 어렵게 판로를 뚫어 모스크바에 열차로 2천 톤을 실어 보냈는데 후에 손익 계산을 해 보니 길 값(운송비), 즉 물류비 때문에 손해를 보게 됐다. 그래서 한 번 해보고 그만 두었다.

그 후에 지금 하고 있는 한국 식품점을 냈다. 벌써 13년째 이 장사를 하고 있다. 그 외에도 이런저런 장사를 해 봤는데 모두 실패했다. 돈을 벌려고 해도 제 뜻대로 안 벌리더라. 어떤 것이 성공인지 사람마다 생각이 다를 것이다. 본인은 벌은 액수로 성공이냐 실패냐 판단하고 싶지 않다. 얼마나 지역사회나 불우한 사람들에게 봉사하면서 사느냐가 중요하다고 생각한다. 요즘 이런 생각이 들었다. 그래서 최근에 병 치료에 좋다는 유황온천탕을 매입해 운영 중이다. 알마티에서 27km(차로 30분) 거리에 위치한 유황온천인데 카자흐스탄에서는 유일하게 유황성분이 들어 있는 온천물이 나오는 곳이다. 소련시대부터 있어온 시설로 물치료(와다 레체브니챠)로 유명한데 2,300klm 지하에서 나오는 온천이다. 1년 전에 매입해서 운영을 하면서 낡은 건물이나 설비들을 수리하는 등 제대로 된 시설로 만들어 나가는 중이다.

사업상의 애로점

언어문제가 가장 크다. 언어를 모르니 늘 통역이 필요하고 또 부동산 취득을 하려면 영주권이 있어야 하기 때문에 초창기에 현지인 명의를 빌려서 구입을 한다. 이런 차명이 분쟁발생 원인이다. 또 회사를 열면 세금문제가 발생한다. 수익의 반 정도가 세금으로 나간다. 이를 피하기 위해 편법을 쓰는데 장기적으로 봤을 때 도움이 안 된다. 이 나라에 법이 없어 보이지만 의외로 법이 잘 된 나라다. 법을 준수하면 문제는 발생하지 않는다. 물론 법대로 하자면 무척 고생스럽다. 이 나라를 우리는 '서류의 나라' 라고 부르는데 절차가 무척 복잡하고 또 시간도 걸린다. 하루 종일 줄서서 기다리면 '이것이 부족하다'해서 돌려보내고 다음 날 또 준비해서 가면 '또 이것이 부족하다'고 한다. 상대방을 배려하는 일처리가 아니다. 그러나 시간이 걸리더라도 느긋하게 제대로 절차를 밟아야 한다. 법대로 하면 대통령도 어쩔 수 없다고들 한다.

무슬림 국가이지만 종교의 자유가 있고 자원이 풍부하고 땅도 넓고, 사람들은 천성이 선하다. 그러나 외국인이 성공하면 눈총을 받기 마련이다. 그러니 환원=투자라고 생각하고 돈 벌면 지역사회에 환원해야 한다. 한인들이 지역사회 발전을 위해 이익을 환원하면 주목을 받고 한인사회 전체의 이미지도 좋아지고 정착에도 도움이 된다. 이러한 사회환원이 정책화되어야 한다.

교민상회 경제현황

현재 교민인구는 유동인구 500명을 포함해 약 2천 명으로 추정한다. 유학생이 100~150명, 선교사가 300~400명, 그 외는 개인사업가들이다. 가족들이 들어 와 함께 생활하는 경우는 선교사들인데 이런 세대가 약 200세대 정도 있다.

한국인들이 하는 사업내용을 보면, 한국식품점 3곳, 미장원 1곳, 카지노 5~6곳, 식당 5~6곳, 빵집 2곳, 그 외 민박집 운영, 건축, 무역 등의 일을 하고 있다. 제조업 분야는 많지 않다. 정부차원에서 키우려고 하지만 여전히 법적 제한도 많고 쉽게 뛰어들기 힘들다.

한인회는 결성된 지 8년째로 99년에 설립했다. 이사가 38명이고 회장과 부회장 1인씩으로 구성된 임원단이 있으며 임원단 회의는 한 달에 한번 씩 정기적으로 갖는다. 회장은 임기 2년으로 선거로 뽑는데 올해 12월 말에 선거가 있다. 교민들은 송년이나 새해 파티를 하고 있다. 교민전체 체육대회가 1년에 한 번 있고 봄에는 청소 모임도 조직해 지역사회를 위해 봉사하고 있다.

고려인들의 이미지는 좋다. 한국인들이 진출하는 데 있어 그들의 역할은 크다. 100% 도움이 된다.

(4) 최재덕 부장 (LG전자공장 공장장)

알마티 시내 외곽에 LG전자 조립공장이 있다. 1994년에 설립되어 현재 사무실과 공장을 겸하고 있으며 총 부지는 약 1만5천 평이다. 현지 공장 책임자에게 현황 등을 물었다.

공장현황

중국의 심양이나 태국의 LG공장에서 부품을 조달하고 있으며 알마티에서는 조립만 한다. 연간 생산량은 TV 40만대, AV(오디오) 8만대, W/M(세탁기) 10만대이다.

알마티 LG공장 외관

전체종업원 수는 470명이며 생산라인 종업원은 250명이다. 급료는 사무직은 월 평균 500달러, 생산직은 230~300달러 정도이며, 직원 평균 연령은 26세이다.

나이를 먹으면 손놀림이 늦어 목표 생산량을 달성하기 어렵기 때문에 젊은이들을 고용한다. 사무직에는 고려인이 소수 있지만 생산라인에는 없다. 생산라인에 2명의 고려인 통역원이 있을 뿐이다. 이들에게는 생산라인 관리업무 교육과 어학연수차원에서 구미공장에 6개월 간 연수를 보내고 있다.

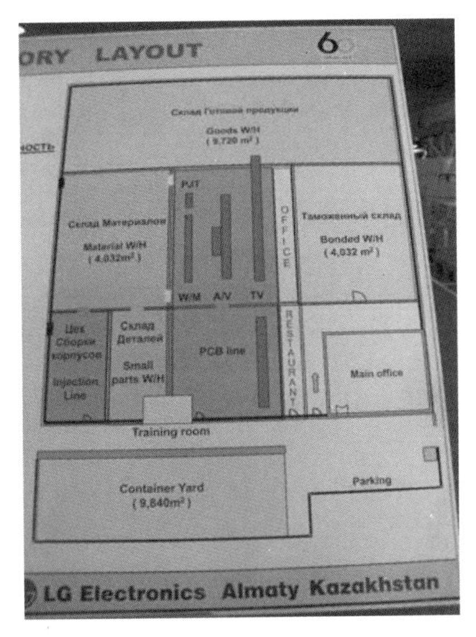

'알마티 LG 공장'의 레이아웃

직원모집은 신문을 통해 공고를 한다.

LG전자의 시장 점유율은 60% 정도이며 비보조인지도는 83%로 가장 높다.

'알마티 LG 공장' 의 TV 조립라인

카자흐스탄 3대 딜러는 고려인인데 판매망 조직이며 운영 등 많은 것을 자사가 전수했다. 지금은 이들의 파워가 너무 커져서 위협적인 존재로 부상하고 있다. 딜러의 폭을 넓혀 이들의 영향력을 좀 줄여야하는 시점에 온 것 같다(웃으면서). 최근 이들 중에 대우의 TV 조립공장을 인수해 운영하고 있는 사람도 있다. 일본이나 대우, 삼성 제품을 조립하고 있다.

카자흐스탄에서는 삼성이나 필립스사가 경쟁사다. 카작어 가라오케 설비는 LG가 독점권을 가지고 있고 향후 PDP, LCD 생산라인을 가동시키려고 한다. CKD(분리) 관세는 0%이지만 완제품일 경우는 10%의 관세를 지불하기 때문에 현지에서 조립생산할 계획을 짜고 있다.

현지정부의 지원책은 설립 후 2~3년간 법인세를 면제를 해 주는 것 이외에는 없다. 한국직원은 11명이고 본인은 부임 3년차다. 한국직원들은 모두 가족과 함께 와 있다.

직원 복지정책

공장 내에 의사가 상주해 진료를 하고 있고 외부 병원을 이용했을 경우 영수증을 가지고 오면 100% 비용을 회사가 지불하고 있다. 또 출퇴근 무료버스 운행, 점심 식사 제공을 하고 있다. 또 경조사 지원금도 있다(직계사망 150달러, 출생 150달러)

또 6개월에 한 번씩 부서별로 우수사원을 선정한다. 인원수는 전체 직원의 20%선인데 이들에게는 100% 보너스를 상여금으로 지급하고 있다. 부서별로 매니저가 10개 평가기준 항목을 바탕으로 우수사원을 선정하고 있다.

직원관리의 어려움

카자흐스탄이 인건비 면에서 동남아시아 등과 비교해 경쟁력이 떨어진다. 이들 지역에서는 월급이 80~100 달러 수준이다. 또 여기는 매일 결근율이 5% 이상이다. 한국은 1%도 안 된다. 그래서 대기조 의미에서 직원이 더 필요하다.

또 이곳 현지인들에게는 애사심이나 의리 같은 것을 기대하기 힘들다. 조금 더 조건이 좋으면 미련 없이 떠난다. 내일부터 안 나오겠다고 일방적으로 통보를 하는 경우가 보통이다. 따라서 지금은 입사 시에 1개월 전에 퇴사 의사를 회사 측에 통보하도록 못을 박았다. 70~80%는 이 규칙을 지키고 있다.

연간 법정 휴가는 3주간이다. 그래서 여름철에 3주간을 모든 직원이 쉬기로 하고 공장 가동은 중단한다.

(5) 곽명수 이사

(주)BURAN 보일러 이사로 경영컨설팅 업무도 하고 있다.

진출 및 성장과정

'부란'은 1997년에 유스코(USK)로부터 독립해 설립됐다. 유스코는 92년에 설립된 회사로 KIMEP의 방찬영 총장이 사장이다. 이 회사는 가구나 냉난방설비 수입 등의 무역업 외에 건축업, 물류업도 하고 있다. 보일러는 주로 한국의 경동이나 귀뚜라미 제품을 수입하고 있었다. 그러나 물류부담이 상당하고 카자흐스탄 정부가 제조업 육성책으로 특혜를 준다고 해서 97년에 자체생산으로 전환했다. 카자흐스탄 정부와 투자계약을 체결해 카자흐스탄 정부는 세제혜택을 제공하고 한국기업은 투자와 고용을 창출하도록 역할분담을 했다. 한국에서 전문가를 초빙해서 현지 조사를 마친 뒤 현지생산을 결정했는데 2000년까지는 부품을 실어와 현지에서 조립하는 조립공장 형태였다.

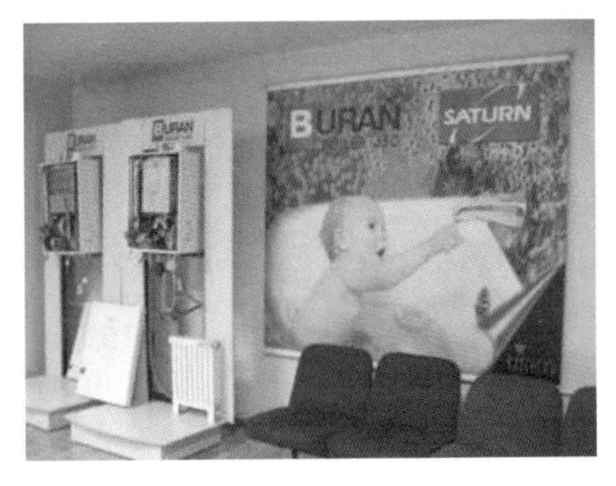

'부란보일러' 공장 현관

'부란보일러' 상품 전시코너

제조공장은 2000년도부터 가동을 시작했으나 소련시대부터 닥터(DUCT: 공조설비) 생산을 하던 현지공장의 레이아웃이 한국과 달라 이를 재조정을 하는 작업을 2002년까지 동시에 진행해야 했다. 2000년도에는 800대를 생산했고 지금은 2,000대를 생산하고 있다. 5,000대까지 생산할 능력을 갖추고 있지만 주문이 적어 풀가동시키지 못하고 있는 실정이다.

본사는 오일이나 가스관련 산업용냉난방 공조설비(HVAC) 생산을 타깃으로 하는 토탈솔루션 엔지니어링(Total Solution engineering)에 주력하고 있다. 산업용냉난방 공조설비는 100% 주문생산인데 현재는 수요가 많지 않아 가정용 또는 소규모 산업용보일러가 주류를 이루고 있다. 공장이나 대형주거 또는 산업용 시설, 오일과 가스관련업체가 타깃이다. 현재는 특수프로젝트관련 주문이 70%, 일반 보일러가 30%를 차지한다. 오일이나 가스관련업체는 외국인회사가 주류를 이루고 있어 주요타깃이 외국기업들이다. 이들의 신뢰를 얻기 위해 2002년도에 카자흐스탄에서 처음으로 ISO(국제표준인증) 검사를 신청해 2003년 1월에 인증을 따냈다.

난방설비제조부터 시작한 이유는 카자흐스탄이 겨울이 긴데 난방 설비가 노후하고 도시인구는 팽창하는 데 비해 인프라 구축이 늦어 난방설비가 비미하다는 판단 하에서였다. 아파트는 중앙난방이니까 주요타깃은 개인주택이었다.

진출을 꾀하는 한국인을 위한 어드바이스

정보는 "맹물이 아니라 비타민을" 줘야 한다. 그리고 네거티브한 정보도 정보다. 그런데 지금 제공되는 정보량이 극히 제한적이며 적다. KOTRA에서 제공하는 정보는 늘 긍정적인 정보들만 제공하는 경향이 있다. 이곳은 80%가 개인사업가들이다. 따라서 상대의 규모에 맞은 정보를 제공해야 한다.

카자흐스탄은 전략적 요충지가 될 것이다. 21세기를 주도할 수 있는 나라는 자원국이라고 본다. 이 나라에는 아직 개발되지 않은 자원이 무궁무진하다. 2030년까지 선진국 진입을 목표로 그간에 모든 인프라를 구축하겠다고 정부가 적극적이다. 이제는 자원을 파는 단계에서 자원을 가공해서 부가가치를 창출할 필요성을 인식했다. 그래서 제조업 육성책을 쓰고 있다. 여기는 절름발이 산업이다. 한때는 기술은 있지만 자본이 없었다. 이제는 자본은 있는데 기술이 부족하다. 인구 규모가 적아서 시장은 좁지만 중앙아시아에서 가장 기업환경이 좋은 카자흐스탄을 '허브기지'로 인접국가로의 수출을 꾀하는 방법이 있다. '스탄'이라는 이름이 붙은 나라들은 거의 수입에 의존해 있지 않는가. 좋은 시장이 될 수 있다.

또 천혜의 시장이다. 미국이나 유럽의 지원을 확보하고 90년대 중반부터는 아시아권으로부터의 투자가 활발했다. 한때 한국이 3대 주요투자국의 하나였다. 그러나 90년대 후반부터 한국은 후퇴하고 일본, 중국이 부상하고 있다.

늦었지만 아직도 기회는 있다. 요직에 고려인들이 많고 고려인들은 한국의 경제발전에 자부심이 크다. 상호신뢰감을 회복하면 한국인 진출에 큰 도움이 된다.

그러나 성공하기 위해서는 5년 길게는 10년 후를 내다보며 작은 규모에서부터 키워나가야 한다. 이곳에 진출해 있는 한국기업은 대기업과 영세사업체로 양극화되어 있다. 중간층이 없다. 이런 상황은 중소기업들이 진출하기 좋은 환경이다.

그리고 중국과는 달리 '특화'가 필요하다. 이곳은 상위 5~6%가 국가 전체 부의 95%를 장악하고 있다. 과거는 소득의 양극화 현상이 더욱 심했다. 그러나 최근 급속도로 중산층이 증가하는 추세다. 이들을 타깃으로 한 마케팅이 가능하다. 한국산 상품들의 가격 메리트를 활용해서 조직적, 전략적으로 접근할 필요가 있다. 예를 들면 부유층들은 유럽산 고가품을 찾고 저소득층은 중국산이나 터키 상품을 구매한다. 가격 면에서나 질적인 면에서나 그 중간층이 공백상태다. 한국의 중소기업이 재고품이라도 들여와서 시장경향을 살필 수 있다.

중국이나 터키는 유통부문을 완전히 장악했다. 카자흐스탄은 물론이고 주변국가에서도 상인들이 몰려들고 있는 '바라오카'라는 시장은 중국이 소비제, 산업제까지 완전히 장악해 버렸다.

그러나 아이템이 중요하다. 카자흐스탄은 정서적으로는 오리엔탈, 시스템적으로는 서구적이다. 집에 대한 소유욕이나 자식들에 대한 투자욕 등 한국과 정서적으로 비슷하므로 이를 공략하는 마케팅이 가능하다. 이슬람권 국가인 터키 사람들, 그리고 이탈리아 사람들과 이들이 정서적으로 문화적으로 잘 맞는 것 같은 인상을 받는다.

시장은 있다. 그러나 시장조사는 철저히 해야 한다. 중소기업청 등에서 전문가를 파견한다든지 해서 철저한 시장분석이 필요하다. 이곳은 수요에 비해 공급이 절대적으로 부족한 상황이다. 따라서 정확한 정보와 장기적인 안목으로 접근하면 성공의 기회는 아직 얼마든지 있다.

현지인들이 마진개념을 인식했고, 특히 젊은이들은 동기만 주어지면 열심히 일할 준비가 되어있다. 또 세관업무나 TAX 등 관련법규들이 선진화되었다. 2030년까지는 완전히 선진국 수준까지 오르겠다고 박차를 가하고 있다. 지금도 다른 나라에 비하면 투명하다. 한탕주의가 아니고 느긋하게 정식으로 절차를 밟아 장기적으로 기업경영을 한다면 성공할 수 있다. 예전에 비하면 리턴 기간도 짧아지고 있다.

이는 미국이나 유럽인들이 장기간 싸워서 얻어낸 것들이다. 이들은 약속한 리턴을 해주고 원하는 것을 얻어냈다. 인재양성 등 윈~윈 하는 전략을 써 신뢰관계를 구축해 왔다. 미국은 자본력과 로비력이 뛰어나고 독일은 기술 선호도 면에서 넘버 원이다. 미국은 자원개발에 독일은 인프라 구축 분야에 대대적인 투자를 하고 있다. 시장이 이렇게 나뉘어져 있다.

우리는 틈새시장을 노려야 한다. 특히 제조업분야는 전망이 있다. 질적인 면에서 한국도 경쟁력 있다. 기술이 있고 유휴자본도 있으니 중장기 계획을 세워 전략적, 조직적인 접근을 한다면 얼마든지 성공할 수 있다.

카자흐스탄을 비롯해 구소련 지역은 지금 '숙련공 공백현상'을 일으키고 있다. 소련이 해체된 이후 젊은 엔지니어들을 육성하지 못했다. 자본주의 시장경제 도입을 계기로 젊은이들은 경제나 경영, 법률 등 인문사회계열로 집중되었기 때문에 엔지니어들이 절대적으로 부족하다.

직원관리의 어려움

종업원은 140명이다. 공장장과 사장은 한국인이고 나머지는 모두 현지인이며 고려인 직원은 10%를 차지한다.

고려인들은 좋은 인적자원이다. 다른 민족들에 비해 아무래도 정서적으로 한국인들과 가깝고 이해가 빠르고 충성심이 있고 고학력자로 능력도 뛰어나다. 2, 3세들이 모국에 기여할 수 있는 기회를 갖도록 지원할 필요가 있다.

그런데 한국인들은 고려인 뿐 아니라 현지인들 위에 군림하려고 하는 경향이 있다. 특히 영세 개인사업가들이 이러한 성향이 더 강해 갈등의 원인이 되고 있다.

직원관리는 쉽지 않다. 정서적으로 문화적으로 많이 다르다.

이들은 '기본틀'을 깨는 걸 싫어한다. 그리고 변화에 둔감하다. '자브트라(내일) 신드롬'이라고 본인은 부르는데 맡겨진 업무를 재빠르게 처리하지 않고 차일피일 미루는 습관이 있다. 또 문제가 발생해도 스스로 해결하려는 자세가 없다.

그러나 자존심은 매우 강하다. 특히 전문가들의 자존심은 대단하며 여간해서는 자신의 과오를 인정하려 하지 않는다. 절대 '미안하다'라는 말을 하지 않는다. 이들을 움직이는 방법은 전문가로서의 자존심을 자극하는 방법이 있다. 그러나 이러한 경우에도 상대방에 대한 배려가 필요하다.

문화의 차이를 '트레이 사건'을 예로 들어 설명해 보겠다.

회사에서 점심식사를 제공할 때, 한국처럼 트레이를 사용하자는 제안을 했다. 그런데 현지인 지배인이 절대 반대하고 나섰다. 식사는 반드시 격식을 차려서 먹어야 한다는 것이다. 주방 일도 줄이려고 강경하게 주장했으나 결국 현지인들에게 양보할 수밖에 없었다.

또 사무직 직원과 생산라인 직원들이 함께 어울리지 않는다. 사회주의 국가였음에도 불구하고 화이트칼라와 블루칼라의 경계선이 명확해 한자리에 앉는 것을 매우 불편해하고 꺼린다. 서로가 꺼려하기 때문에 어쩔 수 없이 회식도 따로따로 2번 해야 하는 번거러움이 있다.

본인은 직원들로부터 사장이 아니라 '대리'라고 불린다. 즉 사인이나 하고 앉아 있어야 하는 사장이 일일이 체크하고 지시하고 하는 실무자 같은 일을 한다고 붙여진 별명이다. 일을 맡겨놓고 알아서 해오겠지 하고 기다리면 일이 안 된다. 하나하나 진행과정을 체크하고 수정하고 새로운 지시를 내려야 한다.

최근 한국 건축회사가 공기가 늦어져서 고민하고 있다. 당연하다. 카자흐스탄 내에서도 지역에 따라 기온이 수십 도씩 차이가 난다. 영하 40도인데 공사가 진행이 되겠는가? 또 일반적으로 인건비는 한국의 3배로 추산해야 한다. 결근율도 높고 효율성이 떨어지기 때문에 한국인 한 명이 해낼 일을 세 명에게 시켜야 한다. 이런 현지사정을 잘 알아야 실패하지 않는다.

그러나 현지인들 특히 젊은층들은 동기 부여만 확실하면 일을 열심히 하는 추세로 바뀌고 있다.

(6) 고수열(LG상사 알마티 지사 지점장)

현재 알마티 한국지상사협의회 회장직을 역임하고 있는 LG상사 알마티 지점장이다. 90년대 초부터 러시아어 권에서 일해 온 소련통으로 그가 보는 카자흐스탄이나 동포사회를 살펴보자.

알마티 시내는 LG 간판으로 도배를 한 느낌이다. 시내 곳곳에 이런 광고물이 눈에 띈다

카자흐스탄은 최근 연 경제성장률 10%를 유지하면서 급속도로 발전하고 있다. 법규도 상당 수준 선진화되었다. 외국인 투자가 몰리고 있고 오일머니가 쏟아져 들어오면서 국민들의 소득이 급속도로 증가하고 있다.

한국은, 수출은 소비재와 플랜트(석유, 화학, 제조설비 분야)에 주력하고, 수입은 자원 분야 즉 동, 우라늄, 금에 주력하고 있는데 이런 면에서 한국이 진출하기에는 시장환경이 맞다.

독일, 미국이 진출 선두주자다. 자원이나 설비투자는 이들이 장악해 버렸다. 한국은 후발주자로 틈새를 노려야 할 판이다. 선두주자들과의 경쟁에서 이기려면 그들보다 가격을 낮추거나 인맥을 활용하는 방법 밖에는 없다. 그러니 어려움이 많다.

한국정부가 카자흐스탄 정부와의 우호선린관계의 기반이 약하니 더욱 기업은 고생이 심하다. 예를들면 카자흐스탄 대통령이 한국을 세 번 방문하는 동안, 한국 대통령은 한 번도 초청방문에 응하지 않았다. 2005년 러시아 방문 때 잠깐 들른 정도에 불과하다. 카자흐스탄 정부도 이런 상황을 다 파악하고 있다. 그래서 정부인사들이 노골적으로 얘기한다. "너희들이 한 게 뭐가 있느냐?"하고. 한국정부나 한국기업들이 본격적으로 이 지역에 관심을 돌리고 진출하기 시작한 것은 불과 2~3년에 불과하다.

LG전자는 91년에 카자흐스탄에 진출했고 LG상사는 2004년 초에 진출했다. LG상사는 자원수입이나 플랜트 수출이 주 업무다. LG전자는 기업 이미지나 시장점유율로 봐서 아주 성공한 사례다. 그동안 우리는 광고전략을 통해 이미지 관리에도 상당한 투자를 해왔다. 광고를 엄청나게 하고 TV 장학프로에 스폰도 계속하고 있다. 그래서 지방에 사는 카작인들은 LG가 카작 기업인 걸로 착각하고 있기도 하다.

'털보네'라고 하는 한국인 사업체가 대우전자와 LG전자 조립공장을 가동하다가 최유리 사장에게 넘겼었다. 2년 전에 그 공장을 LG전자가 다시 매입 인수했다. 가전제품 분야의 선점(先占)을 위해서다.

알마티 지상사협의회는 1994년에 조직되었다. 현재 회원사는 30여개 사이다. 회장임기는 1년인데 지금 2년째 하고 있다. 서로 안 맡으려고 해서 선임이 후임을 지명하는 식으로 뽑는다.

대사관과 협조해서 본회 활동을 활성화시키려고 애는 쓰는데 잘 안 된다. 안 되는 이유는 서로 신뢰하지 않고 비협조적이기 때문이다. 그래서 서로가 정보를 오픈하려고 하지 않고, 유대관계가 약하다. 본인이 회장이 되고 나서 모임 때마다 분야별로 상황발표를 하는 세미나 식으로 회의를 진행하고 있는데 호응도가 낮다. 그래서 반강제적으로 하고 있는데 그래도 잘 안 된다. 다른 나라 사람들은 서로 유익한 정보를 제공하고 공동으로 대처방안을 논의하는 등 매우 바람직한 모임을 운영하고 있는데 우리는 어렵다. 모두가 기업 또는 사업체의 왕들이다. 다른 사람들의 의견에 귀를 기울이려고 하지 않는다.

한국기업이나 개인사업가들이 현지진출에 성공하려면 우선 '현지화'를 해야 한다. 현지의 문화를 이해하고 언어를 알고 상대국이나 상대국 국민을 존중할 줄 알아야 한다. 현지 국가나 현지인들에게 노골적으로 부정적인 언행이나 태도를 보이는 사람들이 적지 않다. 존중하고 인정해 줘야 우리도 존중받고 인정받을 수 있다.

3) 우즈베키스탄

(1) 서건이 회장[1)]

'타슈켄트 레이크 사이트 골프클럽(Tashkent Lakeside Golf Club)'의 대표. 초대 우즈베키스탄 대사를 역임했으며 카리모프 대통령의 제안으로 러시아나 중앙아시아에서 최초로 골프장을 건설했고 아직 우즈베키스탄에서는 유일한 골프장이다.

진출 및 성장과정

골프장 입구

1965년에 외무부에 입사를 했고 1994년에 초대 우즈베키스탄 대사로 임명이 되었다. 94년 6월에 김영삼 대통령이 우즈베키스탄을 방문했고 95년 2월에는 카리모프 대통령의 한국 답방이 있었다. 이런 과정 속에서 우즈베키스탄이 한국에 알려지게 되고 자원이 풍부한 나라라는 등의 소문이 퍼지면서 한국의 현지 투자 붐이 일었다. 대표적인 예가 대우나 갑을방직의 진출이다.

대사 재임 시절에 카리모프 대통령이 골프장 건설을 제안해 왔다. 소련시대에는 골프가 부르주아들의 스포츠라고 여겼는데 서방국가와의 교류를 통해서 골프가 국가경제에 매우 긍정적인 영향을 미친다는 생각을 하게 되어 적극적으로 측면지원을 할 터이니 추진해 보라고 했다. 그래서 미국과 일본의 교포사업가들을 중심으로 14명의 투자단을 구성해 1995년 10월부터 준비 작업에 착수 했다.

1) 서건이 회장과의 인터뷰는 2006년 1월 서울과 2월 타슈켄트, 2회에 걸쳐 이루어졌다.

골프장 본관

당시 서방 국가의 대사들이 비아냥거리기도 했다. '골프가 뭔지도 모르는 사람들인데 이런 곳에서 무슨 골프장이냐'면서. 그러나 카리모프 대통령은 '당신은 액티브한 사람이다. 꼭 성공시킬 것으로 기대한다'면서 응원해 주었다. 개척자 정신으로 시작했다.

골프장 필드

500만 달러의 자본을 모았고 타슈켄트시에서는 30만평의 토지나 가스나 수도, 상·하수도 등의 인프라를 제공하는 대신 20%의 지분을 가지기로 했다.

96년 11월에 착공해서 2년간의 공사기간을 거쳐 98년 10월에 드디어 오픈을 했다. 그러나 본인은 97년 3월에 베트남 대사로 발령이 나서 오픈 당시에는 우즈베키스탄에 없었다.

골프장은 오픈했는데 주인 없는 무주공산 격이 되어 운영이 제대로 되질 않았다. 믿고 투자한 지인들에 대한 신의를 위해 98년 말에 대사직을 사퇴하고 타슈켄트로 돌아와 사업에 올인했다.

불철주야 3년간을 고생했다. 본인이 직접 코스를 디자인도 했고, 대우자동차나 갑을방직, 삼성 등 현지에 진출해 있는 한국인들이 중앙아시아지역에서는 유일한 이 골프장을 이용하도록 홍보에 노력했다. 그리고 항공사나 여행사와 계약을 맺고 패키지 골프투어도 만들었다. 우리 골프장 예약 손님들에게는 비자수속은 물론이고 항공료도 20% 할인을 받을 수 있도록 했다. 그리고 '황제골프'를 즐길 수 있도록 최고의 서비스를 제공하도록 했다. 태국이나 싱가폴로 골프를 떠나는 사람들을 이리로 불러들이기 위한 특화된 서비스가 무엇인지를 고민 끝에 찾아낸 것이다.

한국인의 입맛에 맞는 식사나 숙박 제공은 물론이고 인건비가 싼 현지의 이점을 이용해서 무료로 세탁이나 다림질, 전신 꿀 맛사지 서비스를 제공하고 또 나보이 국립극장 오페라나 발레 관람 서비스도 제공하는 등 다양한 프로그램을 개발했다. 고객들의 반응도 좋다.

하루에 130~140명 정도만 예약을 받기 때문에 그야말로 붐비지 않고 무제한으로 골프를 즐길 수가 있다. 현재 월 평균 고객 수는 700~1200명 수준이다.

이곳은 기후가 좋아서 연중 골프가 가능하고 유지비도 저렴한 편이다. 현재 종업원 수는 270명이고 그 중 70%가 고려인이다. 통역부터 시작해 다양한 직종에 종사한다. 고려인들은 매우 충성스럽다. 급여수준은 외국어나 컴퓨터를 다룰 줄 아는 사무직 직원이 300~500 달러, 일반 직원은 100~200달러, 단순노동자는 70~100달러 수준이다.

우리 골프장을 시발점으로 골프장이 점차 늘어가는 추세다. 러시아나 카자흐스탄에도 이미 생겼고 점차 늘어나는 추세이다.

후발자들을 위한 어드바이스

사업 성공의 비결이 따로 없다. 연구하고, 고민하고, 매달리고, 일에 미쳐야 한다. 사업 규모와 무관하게 철저한 준비와 연구 노력이 꼭 필요하다.

우즈베키스탄을 만만히 여기지 말아야 한다. 현지 언어나 문화, 법규, 비즈니스 환경 등에 대한 사전 지식과 분석이 반드시 필요하다. 언어는 필수 조건인데 한국인 사업가들은 대부분 언어를 모른다. 이것은 총알 없이 전쟁터에 나가는 것과 같다.

그리고 현지인들과 그들의 문화를 사랑해야 한다. 이들을 폄하하고 멸시하는 마음은 파트너와의 교섭이나 사업방안 설정 시에 은연중에 반영이 된다. 한국인들이 큰 환영과 기대 속에서 우즈베키스탄에 들어왔음에도 불구하고 이들을 우습게 보고 속된 말로 등쳐먹고자 해서 신뢰관계가 구축되지 못했다.

일본의 경우, 자원분야에 대한 투자에 열심인데 현지인들에 대한 태도가 한국인들과는 좀 다르다. 그들은 현지직원들에게 기대와 신뢰감을 확인시켜주고 인격적으로 그들을 존중하며 귀하게 여긴다. 또한 자신들의 현지 경험이나 시행착오 등을 세세하게 기록해 다음 사람에게 전한다. 현지인들과의 접촉방법 등 다양한 성공과 실패 사례집을 만든다.

고려인들에 대해서

현지의 고려인들은 머리가 좋고 성실하고 근면하고 한국인 진출에 많은 도움이 될 수 있다. 그러나 지금도 우즈벡인들을 멸시하는 사고를 가지고 있어 문제다. 이제는 우즈벡 말을 배워야 이 나라 요직에 진출하는 등 사회적으로 성공할 수 있다. 시대 변화에 민첩하고 현명하게 대응해야 한다. 우즈벡어를 모르면 크게 성공하기 힘들다. 정부지원이나 관공서와 교섭할 때도 장애가 있고 결정적인 지원을 받기가 힘들다. 사실 소수민족인 고려인이 성장하는 데는 한계가 있는 것은 사실이다. 더욱이 사업체가 커지면 이들이 시샘을 하게 되니까 여러 가지로 장애요인이 많기는 하다.

(2) 박태운 사장

타슈켄트에서 가족들과 함께 웨딩숍 'UZ BLISS'를 운영하고 있다. 코트라 사이트에 우즈베키스탄에서 성공한 한국인 사업가로 소개되기도 한 박태운 사장을 만나 직접 성공과정에 대해 들었다.

진출 및 성장과정

박태운 사장이 경영하는 웨딩숍 외관

한국에서도 웨딩숍을 운영했다. 한국에서는 이미 사양산업이지만 우즈베키스탄에서는 유망하다는 소문만 듣고 이를 믿고 들어왔다. 지금 생각하면 참 무모하기 짝이 없는 이주였다. 집사람과 나, 아이들 둘, 이렇게 우리 가족 네 명과 처형 등 처가댁 식구들까지 총 일곱 명이 한국생활을 청산하고 우즈베키스탄 드림을 꿈꾸며 들어왔다. 그런데 막상 와보니 약속된 것들이 아무것도 준비되어 있지 않았다. 회사등록도 되어 있지 않았고 현지 사정도 말도 모르니 어떻게 대처해야 할지 몰라서 아무 일도 못하고 넋을 잃고 있었다. 7명의 식구가 3개월 만에 4만 달러를 썼다. 한 사람당 비자 갱신 비용이 3천 달러가 들었다. 나는 말할 것도 없고 처며 처형이며 매일 집에서 한숨만 쉬면서 술로 마음을 달래고 있었다.

이곳에 온 지 6개월부터 정신을 차리고 움직이기 시작했다. 아마도 가족들과 함께 오지 않았다면 포기하고 여기까지 오지도 못했을 것이다. 한국의 생활을 다 청산하고 왔으니 돌아갈 곳도 없고 아이들 밥은 굶기지 않아야겠고. 그래서 죽을 힘을 다해 뛰어왔다.

경험에 의하면, 기술이 있고 발로 직접 뛰어다니면 살 수 있다. 크게 성공했다고 하기에는 부끄럽지만 현지에 정착기반은 다진 것 같다. 그동안 일해서 집도 장만하고 약 170평의 숍도 구입해 운영하고 있으니 나쁘지는 않다.

영업은 웨딩드레스 대여와 사진앨범 제작이다. 이런 사업을 하는 곳은 타슈켄트에서 처음이자 유일하다. 고객의 98%는 우즈벡인들이다. 사진촬영과 앨범제작비가 500달러 이상이다. 그러니 부유층이 아니면 올 수

박태운 사장이 경영하는 웨딩 숍 내부. 손님들이 상품을 고르고 있다

가 없다. 우즈벡인들은 남의 이목을 중요시 여기고 경쟁심이 많고 잔치를 성대하게 치르는 관습이 있어 이런 사업이 가능하다.

종업원은 카메라맨까지 합쳐 15명이고 연간매출액은 10만 달러 정도다.

경영상의 어려움은 문화의 차이 때문에 초래되는 것들이 많다. 예를 들면 1년의 두 달은 라마단 주간으로 숍이 파리를 날린다. 또 선호하는 드레스 디자인도 다르다. 이들은 화려하고 노출이 심한 드레스를 좋아한다. 처음에는 한국에서 제작한 드레스를 가지고 와서 대여했지만 지금은 여기서 직접 제작하거나 구입한 것들을 대여하고 있다. 현재 유럽에서 디자인 공부를 하고 온 현지인들이 이들의 선호에 맞는 고급 드레스를 제작하거나 대여하기 시작해 경쟁이 점점 심해지고 있다. 프랑스에서 공부를 하고 돌아온 유명한 우즈벡인이 운영하는 드레스 숍에는 1000달러 이상의 고가 상품들만 취급하는데 부유층들은 이런 곳들을 선호한다. 또 이들은 추억보다는 남들에게 멋지게 보이는 것을 더 중요하게 여긴다. 그래서 드레스에는 돈을 아끼지 않는데 사진촬영이나 앨범에는 큰 돈을 들이려 하지 않는다.

사업상의 애로점

직원들 교육이 힘들다. 지금 직원들은 대부분이 5년간 함께 일해 온 장기근무자들인데 공을 들여 하나부터 가르친 사람들이다. 야단도 심하게 치면서 가르쳤는데 지금도 힘들다. 이들은 알아서 움직이는 법이 없다. 늘 시키는 일만 한다. 그리고 직원들이 자기들 마음대로 아주 세밀하게 서로 역할 분담을 하고는 본인 일이 아니면 꿈쩍도 않고 무관심한 태도를 보인다. 한국에서는 월급쟁이라도 손님이 없으면 주인 눈치도 살피게 되고 걱정도 하곤 하는데 여기서는 완전히 남의 일처럼 태연하다.

그동안 위기가 있었다. 우즈베키스탄이 외화부족으로 수입을 금지시킨 기간이 약 1년 정도 되는데 그 여파로 3년 정도를 고생했다. 작년부터 조금씩 풀리는 것 같은데 수입품에는 관세를 100~120%를 부과하기 때문에 여전히 어렵다. 우리가 사용하고 있는 앨범은 모두 한국제품인데 정식으로 가지고 들어오면 도저히 수익을 낼 수가 없다. 제도가 범죄를 유도하는 셈이다.

작년부터는 부동산 가격이 폭등하고 있다. 작년 여름에 비해 30~40%정도 올랐다. 전체적으로 물가가 비싸져서 점점 창업이나 생활이 어려워지고 있다.

후발자들을 위한 어드바이스

현지진출을 꾀하는 한국인들에게 해줄 수 있는 말은 1년 정도는 아무 일도 하지 않고 가능한 언어만 배우는 기간으로 하라는 것이다. 언어나 현지의 문화나 관습, 제도 등에 대해 공부하는 기간이 절대 필요하다. 언어는 필수조건이다. 사업을 시작하면 언어는 배우기 힘들다. 미리 배워두는 것이 좋다. 그리고 현지문화를 이해하고 나를 바꾸어 나가도록 노력해야 한다. 한국사람들은 성격이 급해서 금방 화내고 큰소리 치는데 여기서는 그러지 않는다. 기본적으로 여기 방식을 따라야 한다.

(3) 이경호 사장

타슈켄트 시내에서 한국식 레스토랑 '아리랑'을 부인과 함께 경영하고 있다.

진출 및 성장과정

CIS지역에 온 지 11년째다. 우크라이나에서 2년 근무한 경험이 있고

97년부터 2003년까지 6년간 우즈베키스탄 대우전자에서 일을 했다. 대우가 철수한 후 아이들 교육문제 등으로 귀국하지 못하고 현지에 남기로 했다. 2003년 10월에 이 식당을 인수해 경영하고 있다.

영업시간은 오전 10시부터 밤 10시까지이며 종업원은 16명이다. 한국과 비교하면 식당 규모에 비해 종업원 수가 많은 편이다. 이유는 병이나 휴가 등 여러 가지 이유로 결원이 늘 생기기 때문에 대기조가 필요하기 때문이다.

저녁 8시 이후에는 손님이 거의 없다. 고객의 70%가 한국인들인데 이들은 점심이나 저녁 식사를 하기 위해 오는 사람들이기 때문에 저녁 6시경에 와서 밥만 먹고 노래방 등으로 2차를 간다. 그 후로는 식당이 거의 빈다.

식당은 임대인데 계약기간이 1년이고 임대료는 2,000달러 정도다.

경영상의 애로점

경영상의 어려움은 크게 두 가지다.

예전에 비해 가족들과 함께 할 수 있는 시간이 너무 적다는 것이다. 1년 중 1월 1일 하루만 식당 문을 닫는다. 처가 주방 일을 맡고 있는데 귀가하면 서로가 피곤하니까 대화할 시간도 없고 아이들을 챙길 여유도 없다.

또 재료조달이 어렵다. 통관비나 물류비용이 너무 들어서 한국으로부터 직수입을 하면 원가가 너무 비싸진다. 가능한 현지생산물을 이용하고 현지조달이 어려운 경우 카자흐스탄이나 러시아에서 구입하고 있다. 즉 고등어 등 일부 생선은 이들 지역에서 조달이 가능하다.

우즈베키스탄에서는 정말 사업하기 힘들다. 부정부패가 심해 돈벌이가 좀 된다 하면 뜯으러 오거나 뺏으려 한다. 그리고 무엇보다도 환전문제가 가장 큰 어려움이다. 사업하기 힘드니까 외국인들이 안 들어오고 그러다 보니 식당 경영도 어렵다.

환경이 이렇다 보니 한국기업은 진출을 않고 영세한 자영업자 또는 문제가 있는 한국인들만 몰려든다.

교민 잔치를 하면 보통 600명 정도는 모이니 이 정도의 교민이 살고 있다고 추정할 수 있을 것이다.

(4) 박양균 사장

타슈켄트 시내에서 약 40km, 차로는 1시간 거리에 있는 '양기바자르'는 목화와 밀농사를 주로 하는 농촌이다. 이곳에서 '페이퍼 콘(PAPER CONE)'과 방직, 봉제 공장을 경영하고 있는 (주)금성인터네셔널의 박양균 사장을 만나보았다.

진출 및 성장과정

본인은 우즈베키스탄에 온 지 8년째다. 코이카 단원으로 파견되어 이곳에서 근무하는 한의사 친구가 있어 한 번 놀러왔다가 인연이 되어 이곳에 오게 되었다.

금성지관 건물 외관

한국에서는 화장품 제조업체에서 연구원으로 일했는데 이곳에서도 처음엔 화장품 제조업을 했다. 그러나 회사를 설립한 지 1년 반만에 환전쿼터제로 고생만 하다가 공장 문을 닫고 말았다. 그 후 3년간은 감초를 가공해서 한국으로 수출하는 일을 했다. 한때는 한 달에 100톤가량을 수출을 하는 등 순조로웠는데 감초가 돈이 된다는 소문이 돌면서 이 사람 저 사람이 손을 대기 시작하더니 점점 경쟁이 치열해서 수익성이 없게 떨어졌다. 그래서 결국은 이 공장도 문을 닫았다.

금성지관에서 생산하고 있는 페이퍼 콘과 비닐봉지

그 후 2002년도에 '금성지관'이라는 이름으로 페이퍼 콘(PAPER CONE) 제조업을 시작하게 되었다. 한국에 '금성지관'이란 회사가 있는데 이 회사와 합자해서 현지에 설립한 것이다. 현재 공장 겸 사무실로 사용하고 있는 이곳은 본인이 예전에 구입해 둔 건물이다. 소련시대 국영공장이었는데 면적이 2만1천 평으로 상당히 넓다. 금성지관으로 시작해 지금은 방직과 봉제까지 사업을 확대해 나가고 있는데 방직은 이미 시작했고 봉제는 다음달 3월부터 생산라인을 가동시킬 준비를 하고 있다. 봉제품은 전량 미국으로 수출할 계획이다. 무관세로 보낼 수 있다. 방직, 봉제를 하게 되면서 회사명도 '금성지관'에서 '금성 인터네셔널'로 바꾸었다.

주요생산품은 paper corn, bobbin이고 이제 막 시작한 편직은 환편직으로 메리야스나 속옷, T셔츠 제조에 사용된다. 봉제는 공장을 건설 중이다. 3월 1일부터 봉제 공장을 가동시켜야 하는데 건설이 예정대로 진행이 안 돼서 애가 탄다. 이제 곧 봄이 온다. 그럼 사람들이 다 밭에 나가 일을 하게 되니 인부 구하기가 쉽지 않다. 그들이 밭에 나가기 전에 일을 끝내려고 하는데 일을 더디게 하니까 답답하고 화만 날 뿐이다. 공장 가동에 차질이 생겨서는 절대 안 된다. 이미 주문까지 다 받아놓은 상태인데 납기를 지키지 못하면 큰일이다.

초기 투자 자본은 200만 달러였다. 한국의 금성지관과 본인이 50%씩 투자해서 현지 법인을 세웠다.

현재 종업원 수는 500명인데 그 중 사무실 직원은 14명이다. 고려인은 5% 내외인데 주로 사무실 직원이다. 한국인 직원은 7명으로 생산라인 각 공정을 책임지고 있다. 현지직원은 지역주민을 우선적으로, 능력

위주로 채용한다. 채용광고는 전단지를 뿌리거나 회사 입구에 써 붙이거나 하는데 직원들을 통해 소문을 듣고 오는 사람들도 적지 않다. 공급은 넘친다. 매일 아침 회사 문 앞에 줄을 설 정도다.

최근에 시작한 방직업무

직원관리는 엄격히 하는 편이다. 3번 지각하면 1번 결근한 것으로 추산하고 3번 결근이면 퇴사 처분을 내린다. 일요일도 없이 아침 8시 30분부터 5시 30분까지 근무한다. 1일 2교대로 야근조가 있다. 야근 근무에 불만이 있는 것 같지는 않다. 잔업을 반기는 분위기이기도 하다. 돈벌이가 되기 때문이다. '양기바자르'는 전통적인 농업지역이다. 지금 지역주민들은 달리 일자리가 없기 때문에 이곳에서 일하고 싶어 하는 사람들이 많다. 사원복지 차원에서 통근 버스를 운행하고 있고 식사를 무료로 제공한다.

종업원 월급은 30~50달러 정도인데 연금 등 사회보장비로 월급의 40%를 추가지출하기 때문에 실제 회사가 지불하는 인건비는 실제임금의 2배 정도로 봐야 한다.

기계나 원료는 100% 한국에서 수입한다. 그리고 이곳은 페이퍼 콘 제조 기술이나 기술자가 없다. 여기서도 콘 제조는 하고 있으나 여기는 종이가 아니고 플라스틱이라 기계나 방식이 다르다. 기술자는 일반적으로 자신이 다뤄본 기계를 사용하려고 고집하는데 기계라 해도 모두 같은 것이 아니니까 새 기계가 나오면 학습을 해야 한다. 여기서는 한국 기계를 다뤄본 기술자가 없어 한국의 금성지관으로 연수를 보내 배워 오게 한다.

한국에서는 해외에서 동일한 업종에 투자한 중소기업에게는 본사 전 종업원 수의 14%에 한해서 해외직원을 한국 본사에 불러 연수를 시킬 수 있는 제도가 있다. 이 제도를 통해 해외 지사가 필요로 하는 기술자를 양성할 수 있었다. 그런데 1년 전부터 이 제도가 없어지면서 일반 산업연수생으로 직원연수를 보내고 있다. 한국이 중소기업을 지원해 주는 것이 아니라 오히려 더 어렵게 하는 것이 현실이다.

이제는 직원들을 한국본사에 보내 연수를 받게 하려면 한국어인증시험에 합격해야만 보낼 수 있다. 그런데 직원들 한국어 실력이 그렇게 빠른 시간에 향상되는 것이 아니다. 한국어 시험이 한국인인 본인도 어려울 정도로 까다롭다. 연수후보생들에게 하루에 2시간씩 본인이 직접 한 달 반을 업무 후에 한국어를 가르쳐보기도 했다. 8명 중에 가장 좋은 성적을 받아온 직원이 90점이었다. 200점 만점에 120점 커트라인인데 이런 상황이니 어떻게 연수생으로 보낼 수 있겠는가?

또 KLPT(한국어인증시험) 교재가 30달러에 응시료가 30달러다. 이 나라 물가로 보면 상당히 비싼 수준이다. 직원 8명이면 응시료만 240달러다. 합격이라도 해 주면 보상 받을 수 있다. 그런데 모두 불합격이다. 한국어인증시험제도가 도입된 후 우리 중소기업은 더 힘들다. 하는 수 없이 지금은 3개월 관광비자로 연수를 보내고 있다. 3개월에 3~4명, 1년에 12~13명 정도를 보내고 있는데 연수기간이 3개월이니 그 동안에 뭘 제대로 배워오겠는가? 3개월에 한 번씩 보내야 하니 항공료 등 부대비용이 예전보다 더 많이 든다. 돈은 돈대로 쓰고 효과는 떨어지고. 제발 한국에 돌아가면 이런 사정을 제대로 좀 전해 달라. 중소기업들의 해외진출을 지원한다면서 이렇게 해서야 말이 되는가? 답답한 현실이다.

동일업종의 업체는 이곳에 여섯 곳 정도가 있다. 그러나 우리 회사가 압도적으로 시장점유율이 높다. 93% 정도다. 공급처는 99%가 우즈베키스탄 현지회사이고 대우텍스타일에 소량을 공급하고 있다. 한국인과는 거래하고 싶지 않다. 골치만 아프다.

회사 설립 후 2년간은 법인세를 면제해 준다지만 큰 도움이 안 된다. 이 시기에는 이익이 창출되지 않는 시기인데 면제가 의미가 있겠는가?

지금까지는 연간 30만 달러 정도의 매출을 올려왔는데 올해부터는 1000만 달러 정도는 예상하고 있다. 방직도 시작했고 봉제공장에서 완제품이 나가게 되니까 매출액이 많이 커질 것으로 예상한다.

사업상의 어려움

첫째, 언어문제가 가장 크다. 현지인들과 의사소통이 안 된다. 이쪽의 의도가 전달이 제대로 안 된다. 그러니 자연히 시행착오도 많고 오해도 많다. 둘째, 데리바리(원료공급) 문제다. 물류비가 원가의 80%를 차지한다. 그리고 데리바리 사고가 많아서 적정재고량의 2배를 확보해 놓아야 하니 그 만큼 자금이 묶이는 셈이다. 원료를 평택에서 선적을 해서 중국, 카자흐스탄을 거쳐 들어오는데 보통 1주일이면 도착하는데 최근 카자흐스탄으로 들어오는 물류가 급증해서 한 달 이상 걸리곤 한다. 15만 달러 상당의 원료 재고를 확보해 놓는 것이 적정수준인데 최근에는 30만 달러 상당의 재고를 준비해 두어야 생산에 차질이 없다. 자금 부담이 크다. 셋째, 정부의 부정부패가 성행해 어렵다. 넷째, 환전 문제가 골치 아프다. 한 달, 두 달씩 결재가 늦어지는 것이 일상적이 되었다. 하루가 급한데 한두 달씩 자금이 묶여 있으니 속이 탄다.

진출을 꾀하는 한국인들에게 어드바이스

첫째, 투자하기 전에 시장 조사를 철저히 해라. 둘째, 투자는 완벽하게 하라. 돈 아끼지 말고 필요한 건 다 투자해야 한다. 엉성하게 투자하면 돈만 날린다. 셋째, 여유자금을 확보해라. 환전 등의 문제가 있으니 여유자금을 꼭 확보해 둬야 한다.

우즈베키스탄 시장에 대해서

한국에서는 우즈베키스탄을 너무 과소 평가하는 경향이 있다. 자원도 풍부하고 유망한 업종도 많다. 예를들면 농업관련 분야도 유망하다. 부정부패가 심하고 경영이 불투명하는 등 장애요인들이 분명 존재한다. 그러나 이러한 환경이 중소기업에게는 오히려 긍정적으로 작용할 수도 있다. 대기업들은 불확실성, 불투명성이 존재하는 환경에서는 기업 활동이 어렵다. 소자본의 순발력 있는 사업가, 즉 중소기업 수준이 이러한 환경에 민첩하게 대응할 수 있다. 우리 같은 사람들에게는 '찬스'다.

그리고 법대로 하고 성실하게 하면 살 수 있다. 환전문제가 있기는 하지만 사전에 이런 사실을 알고 나름대로 대처 방안을 마련하면 된다. 또 직원들의 근무태도도 여기는 큰 문제없다. 야근도 하고 휴가도 반납하면서까지 일하려고 한다. 일하고 벌어야 먹고 살 수 있으니까.

한상네트워크에 대해서

네트워킹은 어렵다. 왜냐하면 한국사람들이 남의 말을 안 듣기 때문이다. 선발자들이 똑같은 실패를 되풀이 하지 말라고 어드바이스를 하지만 절대 말을 안 듣는다. 서로 사기치는 일도 허다하다. 그래서 제 일에 만 충실하려고 하고 있고 업종도 다른데 정보 교류할 일도 없지 않는가? 신뢰할 수 없어서 한국인과의 거래를 기피한다.

(5) 정기호 사장

타슈켄트에서 가장 성공한 한국인 사업가라는 평가를 받고 있다. 현재 타이어와 전자제품 수입을 주업무로 하는 무역업체 '토우(TOW Co, Ltd)'의 사장이다. 그러나 현지에서 성공아이템으로 손꼽히는 양파망 제조업체인 '보우(BOW)'를 일으켰으며 초대 우즈베키스탄 교민회장도 역임한 인물로 주위로부터의 신임이 두텁다.

진출 및 성장과정

본인은 94년에 우즈베키스탄에 들어왔다. 대우의 기세가 하늘을 찌르고 있을 때다. 대우자동차는 물론이고 대우통신, 대우방직, 대우전자 등 대우그룹의 모든 계열사가 진출해 있었다.

'토우'가 사무실 겸 매장으로 사용하고 있는 건물 외관

1991에 우즈베키스탄이 독립하고 그 다음해인 1992년부터 한국인들이 들어오기 시작했다. 가장 먼저 들어온 사람들은 선교사다. 그 다음이 광주한글학교(지금 세종한글학교)가 들어왔다. 기업은 1992년 대우가 처음이다. 대우가 들어온 후에 공관이 들어왔다. 교육원이 먼저 들어오고, 그 다음해에 대사관이 설치된 걸로 기억한다. 현재 우즈베키스탄 교민인구는 약 1000명인데 그 중 3분의 1은 선교사들이다.

'토우'의 정기호 사장

대우가 들어오면서 그 협력업체들이 따라 들어와 한국인이 급속히 증가했다. 대기업이 진출하는 지역이라는 이유로 세상에 관심을 끌었다. 뭐가 되는 곳이라는 생각들을 했다.

사실 1994년에서 96년까지는 전 세계에서 가장 비즈니스하기 좋은 곳이란 소리를 들었고 실제로 그랬다. 통관세도 없고 100% 환전도 되지, 100% 과실송금 되지.

그런데 당시 공식 환율과 블랙마켓 환율이 2배 정도 차이가 있었다. 그래서 달러 장사로도 돈을 많이 번 사람들이 있다. 96년 8월로 기억하는데 파키스탄 사람이 환율차를 이용해 거액의 돈을 번 것이 알려졌다. 이를 계기로 정부가 수입쿼터제와 환전쿼터제를 동시에 실시하게 되었다.

본인이 95년도에 삼성전자 매장을 오픈했는데 환전문제가 발생할 때까지 그야말로 돈을 쓸었다. 딜러들이 연일 매장 앞에 줄을 이었다. 지방에서 온 딜러 한 사람이 한 번에 TV를 200대씩 사가곤 했다.

그런데 환전문제가 발생하면서 3개월 간 환전 가능한 금액이 150만 달러로 제한이 되더니 점차 75만 달러, 30만 달러, 나중에 15만 달러로까지 줄어들었다.

1997년 10월에는 은행예치금을 1달러 42숨에서 85숨으로 계산하겠다고 선언을 했다. 당시 국제여론이 이에 대해 강하게 반발했다. 당시 우리들도 날마다 대사관에 모여 대책 회의를 갖는 등 상황이 아주 심각했다.

삼성전자가 1998년에 우즈베키스탄에 조립공장을 설립했는데 이 직후에 환전문제가 터졌다. 2002년까지 견디다 결국 정부 방침대로 예치금을 되돌려 받고 철수를 해 엄청난 손해를 봤다. 그러나 실제로 손해를 본 것은 삼성이 아니고 수출보험사가 손해를 본 것이다. 당시는 앞날을 예측하기 힘드니 철수 결정을 내리는 사업가들이 적지 않았다.

그러다 정부가 은행예치금 환율을 97년 8월 말 수준으로 되돌리겠다고 양보를 해서 예치금을 찾지 않고 그대로 두고 버텨온 본인 같은 사람들은 구제가 되었다.

지금도 생각만 해도 손에 땀이 베인다. 하루하루가 초조와 불안의 연속이었다.

이 때문에 2년간 고생을 했다. 차차 규제가 완화되면서 숨통이 좀 트이고 있다. 그러나 환전하는 데 소요되는 시간은 여전히 길다. 분야별로 차이가 좀 있는데 제조업의 경우는 1개월 정도, 무역업은 2개월 정도다. 최근 정부가 은행에 자율권을 허용하는 등 완화 무드로 변해간다는 소문이 있다.

토우는 무역업체다. 주로 타이어와 전자 제품을 수입해 판매하고 있는데 8대 3의 비율로 타이어가 주력상품이다. 토우는 금호타이어의 우즈베키스탄 에이전트다. 독점 판매권이 있다. 연간 매출액은 350만 달러 정도다. 효자상품은 금호타이어다. 전자제품은 완제품 수입이라서 마진이 적다. 금호타이어는 인지도가 높다. 대우자동차가 금호타이어를 썼기 때문에 여기서는 금호타이어 선호도가 매우 높다.

제품은 TSR로 러시아로 들어오는 루트와 TCR로 중국을 거쳐 들어오는 2개의 루트가 있다.

딜러들은 대부분 우즈벡인들이다.

우즈베키스탄 전자시장의 40%는 한국의 삼성이나 LG가 점유하고 있다. 현지 공장은 없다.

양파망 제조업으로 나름대로 자리를 잡았다는 소리를 들었는데 지금은 50%의 지분만 가지고 있고 경영은 다른 사람에게 넘겼다. 양파망은 매출액이 250만 달러 정도 수준이다. 작년에 현지에 동일업체가 2곳이 생겨났는데 아직은 큰 타격은 없는 것 같다.

교민사회에 대해서

교민사회는 대우그룹에 의해 형성되었다고 해도 과언이 아니다. 한국인들이 급속히 늘기 시작한 것은 1996년경부터다. 대우 계열사들이 대거 진출했고, 대우 직원이나 계열사 사람들을 상대로 한 비즈니스(유흥업소나 식당)가 생겨나기 시작했다.

한창 때는 가라오케만 10군데 이상이었다.

그런데 대우가 철수하면서 초창기에 들어온 사람들은 대부분 나갔다. 지금 있는 사람들은 그 후 소문만 듣고 들어온 사람들이 대부분이다. 현재 교민인구에 비해 유흥업소나 식당 수가 너무 많다. 한국식당만 해도 10여 곳 이상인데 대기업 직원들이 귀국하지 않고 남아 생계를 위해 가장 진입하기 수월한 한국식당 등을 운영하기 때문이기도 하다. 달리 비즈니스가 없기 때문이다. 호황기 전부터 있던 식당은 한국관 정도이고 그 외는 계열사 직원들이 인수하거나 새로 오픈한 식당들이다. 아리랑 레스토랑, 미가, 가마솥이 그 대표적인 예다.

우즈베키스탄 시장에 대해서

어둡기만 한 것은 아니다. 유망한 업종도 있다. 건설, 부동산, 임대업, 리모델링 등이 최근 유망한 업종으로 떠오르고 있고 자동차 부품을 현지 생산하겠다는 방침이니까 자동차 부품 생산도 전망이 있다. 그 외 우즈벡 주생산품인 원면가공이나 농산물 재배, 특히 온실재배 등도 유망하다. 특히 한국에서 농산물을 생산하는 것보다 우즈베키스탄에서 생산하는 것이 인건비 면에서나 농업환경 면에서 경쟁력이 있다. 콩 생산은 매우 유망하다.

한국은 '해외영농시대'가 도래했다. 현재는 물류비용도 비싸고 수송시간도 40여일 정도로 길다. 그러나 경의선이 복원되고 40일이 15일 정도로 단축될 것으로 추측한다. 그러니 부정적인 시각으로만 볼 것은 아니다.

한때 우즈베키스탄 정부는 한국정부나 기업에 대해 매우 우호적이었다. 그러나 대우사건이 터지고 갑을방직도 나가는 과정에서 한국에게 실망을 많이 했다. 한국정부에 대해 서운하게 여기는 점도 있다. 첫째는 김우중 회장 건이다. 김 회장이 우즈베키스탄에 올 때면 카리모프 대통령이 직접 마중을 나갈 정도도 극빈 대접을 받았고 신임하고 있었다. 아주 사이가 좋았다. 그래서 우즈베키스탄 대통령이 한국을 방문했을 때 국회연설 석상에서까지 김우중 회장의 선처를 부탁했다고 한다. 그런데 그 바람이 거부당했다. 또 우즈베키스탄 대통령이 방한했을 때, 김대중 대통령이 답방을 약속하고는 그 약속을 지키지 않았다. 한국기업, 정부에 대해 서운한 감정이 많음에도 불구하고 정부나 국민들은 아직도 우호적이긴 하다. 내달 3월에 대통령의 방한도 예정되어 있고. 좋은 관계로 갈 수 있는 기반이 다져져 있는 곳이다.

한국인들에게 기후 맞고 대우 받고 인건비 싸고 이런 나라가 많지 않다. 여기 역시 기회의 나라이다. 가능성은 얼마든지 있다.

고려인과 한상네트워크에 대해서

첫째, 통역으로 고려인 직원을 고용하고 있다. 그러나 일반 고려인이나 고려인 사업가들과의 교류는 거의 없다. 공동의 관심사가 있는 것도 아니고, 서로 신뢰감도 낮다. 서로 신뢰하지 않는 것은 다 이유가 있다. 그동안 한국인과 고려인 사이의 트러블이 적지 않았다. 큰 사건을 하나 소개하자면, 정비소를 하던 한국인을 현지고려인 파트너가 장난(사기)을 쳐서 추방까지 당하게 한 사실이 있다. 이 고려인은 아주 악질적인 인간이다. 오해가 아니다. 의도적으로 계획적으로 사기를 친 것이다. 그 한국인이 추방당할 때, 한국인들이 공항에 나가 데모까지 했다. 이런 사건들이 있었으니 서로 믿고 일하기가 쉽지 않다.

둘째, 1차 한상대회에 참가한 경험이 있다. 그런데 썩 좋은 인상을 받지 못했다. 미국이나 일본, 중국에 사는 교포들 판이더라. 우즈베키스탄에 대해서는 관심도 없고.

그곳에서 미국교포가 다가와서 고추를 사고 싶다고 해서 돌아와서 상세한 정보를 제공했다. 그런데 답변이 없었다. 저쪽에서 먼저 제안을 해 오고서는 말이다. 목적은 좋으나 별 도움이 안 된다. 그래서 그 후로는 안내장이 와도 참가하지 않고 있다.

(6) 강필희 사장

타슈켄트 시내 번화가에 패스트푸드점 ‘브로드웨이’를 경영하고 있다. 현재 상점은 처가댁 식구들에게 맡기고 강 사장은 한국 등을 오가며 다른 사업에 열심이다. 고려인돕기운동본부의 우즈베키스탄 및 카자흐스탄 고문위원이기도 하다.

진출 및 성장과정

강 필희 사장이 운영하는 페스트푸드 점 '브로드웨이'

1999년 8월에 방직업으로 우즈베키스탄에 들어왔다. 방직업을 그만두고 2002년 3월에 피자와 햄버거 등을 파는 패스트푸드 레스토랑 '브로드웨이'를 오픈했다. 타슈켄트 최고의 상업요지에 위치하고 있다. 종업원은 30명이고 고려인이 3분의 1을 차지한다.

본인은 우즈베키스탄에서는 농업부문이 전망이 있다고 생각한다. 특히 하우스 재배를 적극 추천하고 싶다. 종자 판매도 유망업종 중의 하나다. 여름과 겨울철 채소 값이 엄청나게 차이가 난다. 예를 들면, 농산물이 쏟아져 나오는 여름철에는 피망 1kg에 50숨이다. 그런데 겨울엔 4천 숨에 팔린다. 200배 차이가 있다. 꽃재배도 전망이 있는데 3월 8일 여성의 날 같은 성수기에는 장미 한 송이가 8천 숨까지 오르기도 한다.

유명한 고려인 농장들이 있었다. 김병화나 뽈리따젤 같은. 김병화 농장은 목화재배를 전문으로 하다가 결국 망했다. 목화는 정부 전매품목이라 시장원리에 따르지 않는다. 그러나 뽈리따젤은 하우스재배로 독립 후에 큰돈을 벌었다. 재배만 하면 모스크바에서 사러 오니까 넘기기만 해서 수익을 올렸다.

물류비 때문에 한국으로 실어나가기가 힘들다면 주변 인근 국가를 대상으로 판로를 개척하면 된다. 특히 러시아로. 뽈리따젤은 1kg에 50숨 하는 토마토를 500숨에 거래했다고 들었다.

우즈베키스탄은 자연재해가 없어 농작물을 재배하기에는 천혜지역이다. 기후 조건이 너무 좋다. 태풍 같은 것도 없다.

농업 전문가나 새마을 지도자들의 실태조사가 필요하다. 대체에너지로 유채 꽃 재배도 생각할 수 있다.

'브로드웨이'의 내부

고려인들이 농사를 안 한다고 하는데 이유는 돈벌이가 안 되기 때문이다. 하우스재배해서 돈을 벌면 다시 농사를 지을 것이다. 지방으로 가면 정말 가난한 고려인들이 많다. 자본이 없는 이들에게 자본을 지원해주고 영농기술을 전수해서 돈을 벌게 하면 이들도 살고 한국도 산다.

조국이 고려인들에게 뭘 해주었는가? 독일이나 타타르 민족들과 비교해보자. 이들은 자기 민족들을 본국에서 다 받아주었다. 고려인들은 어떤가? 자유롭게 모국을 드나들 수도 없고 여기에 남아있는 한국사람들은 좀 산다고 고려인들 얕보고 막말하고. 고려인들 한국정부나 한국인들에게 섭섭한 마음이 많다.

일본인들과 비교해 보자. 우즈베키스탄에 일본인들이 있는가? 없다. 그런데도 대사관 직원이 15명이나 된다. 이들이 각자 지역을 나눠서 정보를 수집하고 있다. 발로 직접 뛰어다니면서 아주 상세한 정보들을 얻어내고 있다.

동포가 20만 명이나 있는 한국은 대사관 직원이 고작 3명에 불과하다. 일본은 교민도 없는데 타슈켄트 시내 공원에 일본 정원까지 만들어 홍보하고 있다.

우리는 도대체 뭘 하고 있는가?

(7) 이춘식 사장

방직회사 '신동' 대표. 1963년에 한국에서 일본을 경유해 우즈베키스탄으로 들어와 43년째 이곳에서 생활하고 있다.

진출 및 성장과정

신동의 건설 사업 홍보 사진들

신동(新東)은 100% 한국인 투자 기업이다. 1994년 9월에 설립했다. 본인은 현지경영을 맡고 있는 월급사장이다. 한국에 '신동'이라는 회사가 있다. 이 회사 사장이 1992년에 'NEWEAST CORPORATION'이라는 이름으로 합작회사를 설립했다. 이 회사는 무역업이 주업무였다. 한국으로 원면을 수입해 팔고 한국에서는 자동차를 가져다가 우즈베키스탄에 팔았다. 당시 원면은 한국 외 미국, 호주에도 팔고 있었다. 한때는 한국원면 수입의 30%를 차지하기도 했다.

그러나 수출입 규제가 심해지면서 장사만 하는 기업들은 내쫓으려 했다. 대신 생산이나 제조업체에는 특혜를 주고. 그래서 생산업체로 전환하기로 하고 1996년에 'NEW EAST CORPORATION'은 문을 닫고 '신동'이라는 방직 회사를 설립하게 된 것이다. 신동은 메리야스를 짜서 수출하고 있다. 우즈베키스탄에서는 수출을 권장하니까.

생산한 메리야스는 현지 기업에 납품한다. 수요가 불규칙해 재고가 많이 쌓여서 주문생산제로 전환했다.

그러나 99년부터는 건설업으로 현상유지를 하고 있다. 세계은행이나 개발은행 등의 외국 차관으로 추진 중인 노화된 급수파이프를 새 파이프로 교체하는 인프라 사업을 수주해서 맡아 하고 있다. 방직으로는 거의 돈을 못 번다. 주문량도 많지 않다. 3월부터 10월 사이에 주문이 들어와서 그때 공장이 좀 바쁘고 이 외에는 거의 쉬고 있는 형편이다. 공장 종업원은 80명 정도다. 사무실 직원은 15명인데 한국에서 파견된 직원은 4명으로 건설관련 일을 주로 한다.

노화된 파이프를 교체하고 있는 신동의 건설 현장 사진

건설 이외에도 폴리에틸렌 파이프(HDPE) 제조도 하고 있고 현재 식용면화기름제조공장도 준비 중이다. 미국에서는 식용유의 3분의 1이 면화기름이다.

앞으로는 제조업이 아니면 여기서 견디기 힘들다.

기업환경에 대해서

우즈베키스탄에 들어와서 성공한 기업은 하나도 없다고 해도 과언이 아니다. 대우자동차도 갑을방직도 망해서 나갔고, 코카콜라사도 규모를 80분의 1로 줄이고 거의 손을 뗀 상태다. 자본금이 2억 5천만 달러였는데 수십만 달러로 줄였다.

97년까지는 외국기업이 많이 들어왔다. 그러나 97년 8월부터 환전문제로 돌아가기 시작해 지금은 남아 있는 기업이 거의 없다.

한창 때는 한국기업의 직원만도 3천 명에 달했다. 이 나라도 그렇고 카자흐스탄도 그렇고 처음에는 좋은 조건을 조성해서 외국기업을 유치하고는 후에는 뺏거나 추방해 버린다. 96년도에 합작기업에게는 10년간 재산세를 면세해 주겠다고 약속해 놓고는 지금 3%를 받아내고 있다. 약속을 지키지 않는다.

2005년의 안디잔 사태 이후에는 그나마 남아 있던 외국 기업도 나가는 추세다. '신동'도 현상유지 수준이다. 먼 훗날을 내다보고 견디고 있다.

터키인들의 진출은 상대적으로 활발한 편이다. 현지인과의 공동투자 사업도 원활히 잘 해나가고 있고 단독법인도 잘 꾸려나가고 있다.

공동투자의 경우 리스크가 크다. 단독법인이 안전하다.

현지인과의 공동투자인 경우, 현지인들은 전기, 물, 건물로 투자하고 외국인들은 기계, 설비, 유통 자본을 투자한다. 잘되면 욕심이 나서, 못되면 원금 생각이 나서 뺏거나 내쫓아 버리는데 현지인들은 크게 손해볼 것이 없다. 망한다고 건물이 없어지나? 이들이 투자한 부분은 고스란히 남아 있으니까 쉽게 나가라고 한다.

문제는 정치가들의 사고방식에 있다. 너무나 근시안적이다. 독재라고 하는 정치체제도 문제이다.

경영상의 어려움

첫째, 법적제도적 문제가 있다. 과중한 세금부담으로 수익을 내기 힘들다. 둘째, 부정부패가 너무 심하다. 뒷돈 챙겨주기 바쁘다. 외국 잡지에 실린 기사가 생각난다. 한국은 뇌물 주는데 세계 2위, 우즈베키스탄은 받는데 세계 5위라고 쓰였더라.

(8) 김정관 지점장

타슈켄트 LG전자 지점장이다.

기업환경에 대해서

비즈니스 조건은 아주 열악한 편이다. 환전에 제한이 있고 관세장벽이 높아 외국업체 특히 수입업체에게는 최악의 조건이다. 전자제품의 경우 수입세가 128%다. 전 세계 어디에서도 이렇게 높은 관세를 물리는 나라는 없다. 그러니 밀수가 성행할 수 밖에 없다.

타슈켄트 LG전자의 쇼룸

타슈켄트 지사는 1994년에 설립됐다. LG전자의 시장점유율은 50% 정도다. 비보도인지도나 브랜드 선호도는 최고다. 삼성은 고가전략으로 나가고 있는데 어려움이 좀 있다. 그러나 핸드폰은 브랜드 인지도도 높고 경쟁력도 있다.

우즈베키스탄 전자제품 내수시장의 70%는 밀수상품으로 추산하고 있다. 두바이에서 들어오는데 이런 제품들까지 계산한 시장점유율이다. 밀수시장이 이렇게 큰 것은 국가정책이 비합리적이기 때문이다.

한국인 직원 2명을 포함해서 직원은 총 8명이다. 현지직원 중 3명은 고려인이다. 고려인이 책임감이 강하고 유능하다. 같은 민족이니까 더 채용하고 싶어도 한국회사라서 오히려 눈치가 보여서 자제해야 하는 어려움도 있다. 딜러들이 우즈벡인이라서 의도적으로 우즈벡인을 채용하려고 하고 있다.

최근 한국에서 세계화와 현지화를 강조한다. 현지화는 중요하다. 지역사회에 환원도 해야 하고 민족이나 국가 이익만 앞세워서는 안 된다. 그래서 LG브랜드를 앞세우고 굳이 국적을 안 비치려고 한다.

카자흐스탄과는 달리 우즈베키스탄에서는 딜러들이 우즈벡인들이다. 타민족에 대한 견제가 심해서 고려인이 진입하기가 어렵다. 정부의 제도적 지원이 있어야 큰 기업으로 성장할 수 있는데 고려인들은 이런 면에서 크기가 힘든 환경이다.

고려인 동포들이 우수하고 그들이 한국기업에 대한 이미지도 좋아서 현지진출 시 제휴가 가능한데 우즈베키스탄에서는 좀 어려운 것 같다. 우즈벡인들의 견제가 심하기 때문이다. 반면 카자흐스탄에서는 좋은 사례들이 많이 있다. 최유리 같은 역할을 해 줄 기업인이 우즈베키스탄에 없는 것도 아쉬운 점이다.

(9) 이경환 사장

'보우' 사무실 겸 공장 건물 외관

양파와 양배추망과 비닐끈 제조업체 보우('BOW Co, Ltd' BOW)의 사장이다. 현지실정에 맞는 아이템을 개발해 진출에 성공한 기업으로 소개되고 있다. 타슈켄트 시내에서 차로 40분 거리에 위치한 농촌지역 '기부라이'에 공장과 사무실이 있다.

진출 및 성장과정

한국에서 건설업을 하다가 1998년 6월에 가족들과 함께 우즈베키스탄에 들어왔다. 정기호 사장과 양파망 제조공장을 할 계획으로 들어온 것이다.

1999년 3월에 'BOW'를 설립하고 전라도 무안에 있는 양파망 공장에서 중고 기계를 구입해 와서 현지에서 제조하기 시작했다. 'TOW'의 정기호 사장과 함께 시작했고 한동안 같이 하다가 지금은 본인이 경영을 맡고 있다. 회사 지분은 지금도 50%씩 가지고 있다.

종업원은 100명이고 사장과 공장장 두 사람만 한국인이다. 고려인은 생산직에는 전혀 없고 사무직 직원의 30%는 고려인이다. 주로 통역 일을 맡아 본다. 고려인들은 유능하지만 임금이 높다. 그리고 이들은 단순노동은 기피한다.

직원들은 대부분 5년 이상의 장기근무자들이다. 공장은 3교대로 24

시간 가동을 하고 있으며 사무실 근무시간은 8시 30분부터 5시 30분까지다.

종업원 관리는 힘들다. 스스로 해결하려는 마인드가 없고 시키는 일 이외에는 움직이지 않는다. 공장직원들의 경우, 한국수준까지 끌어올리는데 2년이 걸렸다. 한국에서는 A급 기술자가 하루에 양파망을 1만 장을 생산한다. 여기에서는 3개월에 3천 장을 만들어 내는 수준이었다. 그 후 숙련이 돼서 지금은 한국수준에 달했다.

비닐 끈이며 양파망이며 이런 상품은 우리 회사가 시장을 개척한 셈이다. 이곳은 농사철이 되면 엄청난 양의 양파와 양배추가 쏟아진다. 이걸 보고 양파망이 팔리겠구나 하고 판단했다.

농사철인 5월에서 10월까지가 성수기인데 소비자들은 장 당 100숨 정도에 구입하는 걸로 알고 있다. 비수기 때는 재고를 줄이기 위해 원가 이하의 싼 값에 넘긴다.

연간 매출액은 200~300만 달러 수준인데 국내 뿐 아니라 인근 주변국가로 수출도 하고 있다. 주변국가에는 이런 공장이 없어서다. 특히 타지키스탄으로 많이 나간다.

작년에 생산라인을 하나 더 증가시켰는데 요즘 경쟁업체가 생겨 향후 전망이 다소 불안하다. 점점 경쟁이 늘어가고 있다. 중국이나 터키, 우크라이나에 동일제품을 만들고 있는데 중국산을 밀수로 들여와 시세

'보우'의 망 공장

'보우'의 망을 집는 직원들의 모습

보다 싸게 팔고 있다. 또 한국제품은 1회용인데 다른 나라 제품은 재사용이 가능하다.

비닐망이나 끈의 원재료인 폴리에틸렌 재료값이 2배로 올라 경쟁력이 떨어지고 있는 상황에서 경쟁사들이 점점 늘어나서 가격 면에서나 매출규모 면에서나 불안한 시기다.

작년에 생겨난 현지 경쟁업체는 한국인들이 현지인을 앞세워 만든 회사다. 기술이나 규모 면에서 우리에게 뒤지지만 지켜봐야 한다. 올해가 고비인 것 같다.

고려인들과의 관계에 대해서

고려인들과의 관계는 좋지 않다. 일반적으로 한국인들이 현지에서 부동산 구입이 어렵다. 개인 자격으로는 불가능하고 법인자격으로 구입해야 하는데 절차도 복잡하고 해서 고려인 명의를 빌려 부동산을 취득하는 경우가 많다. 이런 경우 반드시 트러블이 생긴다. 마음대로 처분을 해버리거나 한국인이 처분을 하려고 할 때 동의하지 않고 애를 먹이거나. 이런 트러블이 헤아릴 수 없이 많았다. 의도적으로 한국인에게 사기를 치는 이들도 있다. 그래서 우리들은 고려인들은 믿지 않는다.

한상네트워크에 대해서

긍정적이지 않다. 그러나 한국교민들 간의 관계는 좋은 편이다. 우연인지 이곳은 전남 광주 사람들이 많다. 그래서인지 단합도 잘되고 사이도 좋다.

우즈베키스탄 시장은

어렵지만 열심히 하면 살 수 있다. 법 지키고 성실하게 하면 살 수 있다. 유망한 업종이라 할까 꼭 필요한 업종이라 할까. 염색공장이 필요하다. 본인도 봉제업에 손을 뻗쳤다가 얼마 전에 문을 닫고 말았는데 우즈베키스탄에서는 제대로 된 염색공장이 없다. T셔츠를 생산해서 미국으로 수출할 계획으로 봉제업계에 진출을 했는데 염색과정에 불량이 쏟아져 결국 수출길이 막혔다. 한국 정부 관계자가 와서 중소기업을 지원하겠다며 안을 내놓으라고 해서 이런 얘기를 했다. 그런데 예산이 3억이라고 하더라. 이 돈으로 뭘 하나? 장난치냐는 생각이 들었다. 그 이후로는 대사관에서 한국에서 손님이 와서 어드바이스를 요청해도 응하지 않고 있다. 위에서 우즈베키스탄이나 중소기업 해외진출에 신경 쓰라는 지시가 떨어지니까 마지못해 생색거리를 찾는 모양새로 밖에는 해석이 안 된다. 죽어가고 있는 한국의 중소기업을 살릴 생각이 정말 있는지 의심스러울 따름이다.

2. 고려인 기업가[2)]

고려인 기업가들에 대한 정보제공 차원에서 국가별로 성공한 고려인 기업가를 발굴하고 이들의 창업과정과 성공요인을 분석해 현지이해에 도움을 주고자 한다. 또 성공한 고려인 기업가들에 대한 정보는 한상네트워크 구축의 중요한 정보로 활용될 것이다.

사례조사는 고려인들이 집중해 있는 러시아와 우즈베키스탄, 카자흐스탄을 대상으로, 인터뷰 조사 중심으로 이루어졌으며 현지나 한국에서 발행된 잡지나 신문기사, 기업홍보 등 각종자료를 참고로 했다.

본론에 들어가기에 앞서 몇 가지의 개념을 정리할 필요가 있겠다.

첫째, 고려인 기업의 개념이다. 현재 구소련 지역에는 크게 네 부류의 한민족이 거주하고 있다. 도항시기에 따라 이들을 분류한다면 페레스트로이카 혹은 소연방해체 전후로 나누어 볼 수 있다. 즉 19세기 말 한반

2) 우즈베키스탄과 카자흐스탄 기업가를 대상으로 한 인터뷰는 2006년 2월에 실시한 것이다.

도에서 연해주로 이주한 이후, 1937년 스탈린의 강제이주로 중앙아시아로 재이주한 원주민들과 소연방 해체 이후 한국에서 진출한 한인, 그리고 중국 등 제3국에서 진출한 한민족, 북한의 파견노동자들이다. 원주민 격의 한민족은 일반적으로 '고려인'이라고 불린다. 그리고 본 연구팀의 연구대상인 고려인 기업이란 기업의 오너 또는 대표가 고려인인 기업을 지칭한다.

둘째, 성공의 개념이다. 구소련 지역에서는 여전히 기업정보가 절대적으로 부족한 상황이다. 이는 자본주의 시장경제로의 과도기에 처해 있는 지역 특성상, 기업정보를 공개함으로써 초래될 불이익 때문에 대부분의 기업들이 정보공개를 꺼려하고 있으며 불합리한 법제도로 실제로 적지 않은 기업들이 불법적인 방법으로 기업을 운영하고 있기 때문이다. 따라서 성공의 선정기준으로 삼을 만한 객관적인 정보가 현재는 부재한 상황이다. 이러한 이유로 본 연구팀은 현지 고려인협회나 사업가, 한국 공관들이 성공했다고 인정하는 고려인 기업가들을 중심으로 사례연구를 실시했다. 본 연구팀은 2005년 러시아와 중앙아시아 3개국(카자흐스탄, 우즈베키스탄, 키르기스탄)의 86개 고려인 기업을 대상으로 기업경영 실태 조사를 실시한 바 있는데 당시 설문조사에 협조해 준 기업들은 대부분 현지에서 안정적이고 성공적으로 기업활동을 하고 있다는 평가를 받고 있는 회사들로 이들의 평균 종업원 수는 50여 명의 수준이었다. 그런데 본 연구의 성공한 고려인 기업들의 종업원 수는 100여 명~1,000명 수준으로, 고용자 현황으로 보아 현지인들의 평가나 추천이 타당성이 있는 것으로 판단되었다.

본 연구팀이 소개하는 고려인 기업가들은 성공한 기업가의 일부에 지나지 않는다. 재벌로 불리는 기업가들이 있지만 기업 정보 유출 방지 또는 개인의 신변보호, 민족문제에 대한 의식의 차이, 바쁜 업무상의 일정 등으로 인터뷰 조사가 어려운 기업가들이 있었다. 이러한 기업가들이나 그들이 운영하는 기업의 경우는 국내 및 현지의 잡지나 영상자료,

기업이나 단체의 홍보자료 등을 참고로 연구했음을 밝혀둔다.

1) 러시아

2002년 인구조사 결과, 공식적인 고려인 인구는 14만8천 명이다. 그러나 모스크바를 비롯해 러시아 남부지역, 극동지역에 상당수의 불법체류자들이 존재하며 이들은 주로 중앙아시아에서 90년대 이후 이주해온 사람들이다. 본 연구팀의 조사에 의하면 우즈베키스탄으로부터의 이주자가 가장 많고 현재도 이주는 계속되고 있는 것으로 알려져 있다. 즉, 러시아 지역 고려인들의 상당수는 정신적으로 경제적으로 매우 불안한 상황에 처해 있음을 알 수 있다. 이러한 환경적 요인 탓으로 러시아의 고려인들은 본 연구에 매우 비협조적인 태도를 보였다.

우선 각 지역의 고려인협회가 조사에 비협조적이었다. 이는 본 연구의 목적이 세계한상네트워크 구축을 위한 기업조사라는 것이 가장 큰 장애요인이었다. 사실 러시아는 소연방이 해체된 이후 구소련 지역 각지에서 이주들이 몰려오고 있다. 상대적으로 경제적으로 여유가 있는 이들이 러시아 지역으로 이주를 하고 있다지만 삶의 기반을 내던지고 새롭게 삶의 터전을 일구고 있기 때문에 상호간의 적지 않은 갈등요인이 있다. 특히 비즈니스 세계에서의 경쟁은 그 어떤 분야보다도 치열한 인상은 받는다. 그리고 스킨헤드족들로 인한 피해가 대변하듯이 이주민들에 대한 슬라브계 주민들의 경계나 반발 또한 심한 상황이다. 이러한 지역적 특성 때문에 이들은 '민족'이라는 단어에 매우 민감하게 반응을 하며 '민족끼리'라고 하는 의식에는 경계심마저 나타낸다. 다양한 민족과 어우러져 함께 공동의 이익을 추구해야 하는 소수민족의 입장에서 자민족 중심주의는 타민족과의 갈등과 반목을 초래해 오히려 고려인 사회에 폐가 될 수 있다는 우려에서이다.

또한 구소련 지역에서 한국인들의 진출이 비교적 활발한 모스크바나 연해주 지역에서 과거 한국인들과의 관계가 상호불신을 낳고 한국정부의 고려인 사회에 대한 지원이 미비하고 고려인들의 자존심을 건드리는 한국인들의 무례한 태도 등이 러시아 고려인 사회에 한국 또는 한국인들에 대한 반감을 초래해 고려인협회나 일부 동포들 간에 한국정부에 대한 매우 비판적인 분위기가 조성되어 있다. 기업인들의 경우 또한 예외가 아니다. 중앙아시아에 비해 고려인들의 입지가 불안하고 법제상의 문제로 기업경영이 합법을 가장한 불법이 필요악인 환경에서 기업을 운영하다 보니 정보공개를 매우 꺼려한다.

따라서 모스크바를 중심으로 대도시에는 고려인 기업가들이 상당히 많고 또 성공한 비즈니스맨들도 많다는 소문은 있으나 실체 파악이 극히 어렵다. 고려인들 간에도 기업이나 수입원에 대한 정보는 서로 감추려고 하는 상황이다.

비슬라브계 이주자들에 대한 편견과 차별 속에서 지금도 정착 과정에 있는 고려인들은 중앙아시아 지역에 비해 정재계 요직과의 인맥도 약해 사업가들의 긴장감이나 위기감도 중앙아시아보다 더 강한 인상이다. 이러한 문제로 러시아에서 성공한 고려인 기업가들과의 만남은 거의 불가능했고 연구는 한국이나 현지 언론에 소개된 기사나 영상물을 참고로 했다.

(1) 대기업

① 장 류보밀 사장[3]

현재 러시아에서 유일한 고려인 하원의원이다. 니즈니노브고로드에 위치한 제분제빵 회사 '린덱(LINDEK)'의 대표로 '린덱'은 러시아 3대 제분제빵회사로 알려져 있다.

장 류보밀 사장은 1959년에 우즈베키스탄에서 출생했다. 농사를 짓

3) 월간『FORBES(러어)』2004.12, 한민족리포트 (KBS 1TV) 2003년 6월 2일 방송분.

는 부모님 밑에서 9남매 중 여덟 번째로 태어나 경제적으로 매우 어렵게 자랐다. 어린 시절에는 배불리 빵을 한번 먹어 보는 것이 소원이었다고 한다. 그는 초·중·고를 카자흐스탄에서 다녔고 대학은 러시아의 타타르스탄에서 마쳤다.

대학을 졸업하고 1981년에 일자리를 찾아 니즈니노브고로드로 이주했다. 군수산업 도시인 니즈니노브고로드에서 소연방 시절에는 공장이나 군 캠프에서 일을 한 경험이 있다. 그는 직장에서는 책임자로까지 승진을 했으나 상관의 부정을 폭로했다는 이유로 매번 회사에서 해고를 당했다. 한때는 지하도에서 거리의 악사로, 택시 기사로 생계를 이어가기도 했다. 손님이 강도질을 하는 사례가 빈번해 택시 영업도 계속할 수 없어 끝내는 고본질(원거리 이동 농경방식)에 나서게 되었다. 이미 페레스트로이카는 시작되었고 공장들의 도산이 일상적이 되어 버린 상황에서 그는 먹고 살기 위해서는 무엇이든 해야 했다. 사실, 그는 죽어도 농사만큼은 하고 싶지 않았다. 스탈린 강제이주 이후 고려인들은 농업부문에서 괄목할 만한 성과를 낳았고 국가 농업 발전에 대단한 기여를 했다. 그러나 농사는 늘 힘들고 농민은 늘 천시 받았다. 고려인들은 농사밖에 모르는 천한 민족으로 각인되었고 고려인들은 차별 받으며 살아야 했다. 그는 고려인임을 부정하고 싶었고 그래서 고려인이 아닌 타민족 여성과 결혼도 했다.

그런데 아이러니하게도 죽기보다 싫었던 농사로 부의 기반을 구축했고 고려인의 강한 생활력으로 기업을 키워 나갔다.

처음 그는 양파 농사를 지어 처음으로 볼가 승용차를 살 정도의 돈을 벌었다. 농사를 짓고 이를 판매하는 과정에서 그는 돈을 벌고 굴리는 지혜를 터득했다고 한다. 상술을 터득한 그는 본격적으로 돈을 불리는 작업에 들어갔다. 먼저 수중에 있는 돈을 다 털어 검은색 양복과 검은색 가방과 좋은 차를 샀다. 최고급 승용차 볼가를 타고 그는 돈을 잘버는 비즈니스맨 모습으로 로스토프의 고려인 농장을 찾았다. 그 곳에서 신뢰를 담보로 감자를 얻어내고 그 감자를 레닌그라드에서 팔아 거액을 손에 쥐었다. 약속한 감자 대금을 100%로 지급하고도 그의 수중에는 41만6천 루블이라는 거금과 현물로 받은 승용차 '모스크비치' 2대가 남았다고 한다.

이 수익금을 기반으로 다른 사업에 뛰어들었다. 당시는 식량난이 심각했던 시절이다. 군수산업 도시인 니즈니노보그라드 주민들은 타지역보다도 격심한 식량난을 겪고 있었다. 이를 목격한 그는 니즈니노보그라드의 자동차를 밀과 물물교환하는 비즈니스를 시작했다. '설악산'이라는 유통업체를 설립해 식료품을 공급하면서 더욱 사업을 키워나갔다. 1991년부터는 정치개혁가 보리스 넴쵸브(Borisy Nemthoby)를 도와 민영화 작업에도 참가했다.

1994년에 그는 재정난에 빠진 제분회사를 인수해 대기업의 경영자로 성장했다. 회사 이름은 부친의 이름 장인덕의 러시아식 발음인 '린덱'을 딴 것이다. 그 후 도산 위기에 처한 또 다른 제분회사와 제빵회사를 거듭 인수해 현재는 업계 3위의 기업으로 발전시켰다.

2003년에 하원의원에 당선되어 현재에 이르고 있다. 소속 정당은 푸틴 대통령이 이끌고 있는 여당 '레지나야 러시아'이다.

② 故 텐 유리 사장4)

과거 러시아 3선 국회의원으로 사할린 출신이다. 그는 1951년에 사할린에서 출생해 이르크츠크 공업대학을 졸업했다. 당시 사할린 출신 동포들은 교육이나 취업에 많은 차별이 따랐다. 어렵게 대륙의 대학에서 공부를 해도 졸업 후에는 다시 사할린으로 돌려보내는 상황이었다. 당시 대륙에 남아 일을 하기 위해서는 아주 우수한 성적으로 졸업을 하거나 타민족과 결혼하거나 했어야 했다. 또 유능한 젊은이가 아니면 타

4) 조선일보, 2003.8.19

민족과의 결혼도 쉽지 않았다고 한다.

텐 유리 사장은 졸업 후 사할린으로 다시 돌아가지 않고 이르크츠크에 남을 수 있었다. 그는 광산기사로 일하다가 1982년에 이르크츠크 주(州) 도로공사에 입사했으며 후에 책임기사, 부사장의 자리에까지 올랐다.

1988년에 도로건설 협동조합 '뜨루드'의 설립을 계기로 도로공사를 퇴직했다. 그 후 1991년에는 토목건설 주식회사 '뜨루드'를 창립해 건축업자로 성장발전해 나갔고 1993년도에는 하원의원에 당선되었고 그 후 3선 의원까지 지냈다.

한·러 수교 이후 텐 의원은 러시아의 한국 창구 역할을 담당했고 사망 직전까지 가장 주목받는 동포정치인, 사업가였다. 불행히도 2003년 7월 4선을 준비하던 도중에 암 선고를 받고 수술 중에 사망하였다. 그의 사업을 아들이 이어받고 저널리스트 출신의 부인 류드밀라가 남편의 정치적 야망을 대신하고자 선거 출마 의사를 밝힌 적이 있으나 정계 진출의 꿈은 이루어지지 않았다.

사실 기업가 텐 유리에 대한 정보는 거의 찾아볼 수 없다. 기업가로서보다는 정치가로서 한국에서 주목을 받아 왔기 때문이다. 그러나 사할린 출신으로 이르크츠크 지역 주민의 지지를 받아 하원의원으로 당선되기까지는 적지 않은 자금이 필요했을 것이며 이러한 주변상황을 감안했을 때, 사업가로서 성공하지 못했다면 정치가 텐 유리도 있을 수 없었을 것이다.

③ 텐 알렉산드르 회장[5)]

연해주 우수리스크를 거점으로 한 '우수리스크 서비스 그룹'의 회장으로 유통업과 건설업 등 10여 개 회사를 경영하고 있는 연해주 우수리

5) 연합뉴스, 2005.11.20

스크 지역 제일의 고려인 갑부로 알려져 있다. 주변인들이 추정하는 그룹의 연매출액은 6천만 달러이며 순이익은 300만 달러 수준이다. 그의 가정배경에 대해서는 거의 알려져 있지 않으나 스탈린 사후 중앙아시아에서 연해주로 재이주해 온 것으로 추측된다.

연해주에서 고등학교를 졸업하고 한국의 육군사관학교 격인 군인양성학교에 입학했다. 그 후 직업군인으로 생활을 하다가 소령으로 예편하였다. 예편 후 군인극장 간부로 일하기도 했으며 임대업으로 기반을 잡을 때까지는 돈이 되는 일이라면 뭐든지 했다고 한다. 1990년 이후 시작한 임대업이 현재 대그룹의 발판이 되었다고 하는데 중국과의 국경무역을 담당하는 우수리스크 시장을 비롯해 많은 사업체를 가지고 있는 것으로 알려져 있다.

2000년도에는 '우수리 텔레서비스'를 설립하여 연해주 지역을 대상으로 한 IT사업에도 진출했다.

④ 박 발렌틴 사장6)

블라디보스토크에서 건축업과 언론, 수산업, 임가공업, 농업 관련의 20개 회사를 운영하고 있는 고려인 재벌로 알려져 있다. 1937년 중앙아시아로 강제이주 당한 부모들이 1949년에 연해주로 다시 돌아왔고 그 이듬해인 1950년에 연해주에서 출생했다. 극동기술대학을 졸업한 후 광산기사로 일한 경험이 있고 그 후 지질관련 기관에서 일을 했다. 1989년에 건축업을 시작하면서 사업가로 변신했다. 한국의 기자가 각 사업체를 그룹화하지 않는 이유를 묻자 "타인으로부터 주목을 받아서는 안 되기 때문"이라고 답했다. 이는 타 기업가들 모두에게도 해당되는 답변이다.

6) 중앙일보,2005.9.28, 연합뉴스,2005.11.28

(2) 중소기업

① 문 드미트리 사장 - 컴퓨터 프로그램회사 운영(모스크바)

문 드미트리 사장은 1977년 우즈베키스탄에서 출생하여, 1997년 우수리스크시로 이주하였다. 우수리스크에서 한국산 및 일본산 중고자동차 매매상으로 돈을 벌은 후 모스크바로 이주하여 모스크바 경제대학을 졸업하였다. 2005년 10월 고려인 친구 5명과 러시아인 친구 7명과 함께 투자하여 컴퓨터 프로그램 개발 및 대형 청소기 수입회사를 설립하였다. 회사의 주요 업무는 수입 대형 청소기 프로그램의 러시아화 및 판매이다.

경영상 가장 큰 어려움은 재정적인 문제이며, 한국기업과의 네트워크는 아는 기업이 없는 이유로 전혀 없다. 문 드미트리 사장은 현재 사할린 고려인협회의 청년사업가 중 대표주자로 박노영 회장 및 권경석 부회장 주변인들로부터 주목을 받고 있다.

② 한창수 사장 - (주)향원스파이스, 'Black Hole'(모스크바) 대표

한창수 사장은 1949년 사할린에서 태어났으며, 1980년대 중반 사할린주 주지사가 뜨베리주 주지사로 전근될 때 함께 이주한 고려인이다. 1992년 대사관을 통해 서울대학교에서 한국어 교육을 받았으며, 이후 약 9년간 안기부 일도 도왔으며, 북한과 관계된 일도 하였다.

사업은 1995년부터 시작하였으며 사업 초기에는 한국기업의 약속불이행으로 사기도 당하였으나, 현재에는 사업의 기반을 잡았다. 초기의 사업은 중국에 있는 한국기업체로부터 원단을 수입하여 판매했다가 2000년 이후부터는 라면 스프를 제조하는 (주)향원스파이스의 러시아 지사장으로 한국의 라면스프를 5개의 러시아 라면제조 회사에 공급하는 업무를 대행하고 있으며, 'Black Hole'이라는 낚시용품제조회사의 러시아 지사장으로 근무하고 있다. 이외에도 영동제약으로부터 소변테

스트기를 수입해서 러시아 병원 및 의료기회사에 판매하고 있으며, 중국으로부터는 의사 가운용 흰색 원단을 수입하고 있다. 이처럼 한창수 사장은 여러 개의 직업을 가짐으로써 고소득을 올리고 있는 대표적인 고려인이다.

③ 정 드미트리 사장 - 레스토랑 'Korea House' 경영(아무르주)

'한국식당'의 간판

정 드미트리는 사할린 출신으로 1990년대 초에 아무르로 이주하여 현재 레스토랑 'Korea House'와 '서울(Сеул)'이란 브랜드로 샐러드가공업을 하고 있다.

식당 직원은 50명으로 러시아인 80%, 고려인 15%, 중국인 5%로 종업원들의 성실성은 고려인, 중국인, 러시아인의 순이다. 특히, 고려인들은 사장인 정 드미트리와 인척관계로 근무성실도가 아주 높다.

식당의 메뉴는 한식, 중식, 러시아식이다. 이를 위해 고려인 요리사 4명, 중식 요리사 3명, 러시아식 요리사 3명을 고용하고 있다. 특히, 한식요리를 위해 한국 건설회사의 중동 건설현장에서 주방장으로 3년간 근무한 한식요리 전문가인 중국 조선족 요리사를 초빙하여 일반요리사 월급의 3배와 아파트를 제공하고 있다. 식당의 고객 분포를 살펴보면 러시아인이 80%, 고려인 10%, 중국인 10%로 구성되어 있다. 아무르주의 주도인 블라고베쉔스크시는 중국의 흑하와 아무르강(흑룡강)이 접하는 국경도시로 흑룡강성과 아무르주가 상호협정을 맺어 자유로운 통행이 이루어지고 있다. 이런 이유로 중국인 여행객과 장사꾼이 많아 전망이 매우 밝고 식당은 중국과 한국식을 결합한 형태의 인테리어로 꾸며져 있다.

식당의 경영상 문제점은 첫째, 직원관리이다. 러시아인 종업원들의 근무형태가 비연속적이다. 둘째, 직원교육이다. 식당이 한국식이니만큼 종업원들의 동양식 예절교육이 어렵다.

'한국식당'의 내부

정 드미트리 사장은 식당 이외에도 2001년부터 식당에 필요한 샐러드를 만드는 것을 계기로 현재 농산물가공공장을 하고 있다. 주 가공품은 채소를 이용한 샐러드로 상표는 "서울(Сеул)"이며, 생산된 가공품은 아무르주 주도인 블라고붸쉔스크시의 주요 식당의 식자재와 소매상에게 판매되고 있다.

④ 김로자 사장 - 농장경영(하바롭스크)

김로자·강 안드레이 씨 부부는 1946년과 1948년에 핫산 지역에서 태어났다. 20세기 초 함경북도에서 할아버지에 의해 가족 전체가 핫산으로 이주하여 농사를 지었으며, 그 후 고려인 강제이주에 의해 중앙아시아로 이주된 후 1980년대에 현재의 하바로브스크주로 재 이주하였다.

A. **아무르주 '김 로자' 농장**

'김 로자 농장'은 하바로브스크시에 거주하는 김 로자 씨가 경영하는 농장으로 아무르주에 위치하고 있다. 2004년 농장의 규모는 2,500ha이

김 로자, 강 안드레이 부부(자택에서)

며, 농장에는 트렉터 8대, 콤바인 4대, 파종기 3대, 곡물수송트럭 8대, 농약수송탱크 1대, 수확기 3대, 농장운영차량 2대, 농기계수리소 1개, 돼지 500마리가 있었다.

그러나 비료[7], 농약, 씨앗[8], 유류가격의 상승, 그리고 하바로브스크주 정부의 특혜에도 불구하고 높은 대출 금리[9]로 인하여 농장경영이 어려워지고 있다. 파종에 필요한 콩과 밀의 종자는 자가 생산한 밀과 콩을 이용하면 비용이 절감되나, 선별기계가 없기 때문에 종자 선별이 되지 않아 이용하지 못하고 있다.

이러한 어려움으로 2005년도에는 경작면적을 대폭 축소시켰고 트렉터 2대, 콤바인 2대, 돼지 480마리를 판매하여 적자를 매웠다. 현재는 1,500ha의 농장을 경영하였다. 그리고 돼지 및 가축의 감소로 건초지 800ha가 이용되지 않고 있는 실정이며, 이러한 상태가 3년간 지속되면 2008년에는 정부에 의해 몰수될 위기에 처해 있다.

아무르주의 러시아인 농장 및 '김 로자 농장'에서는 법적 및 불법으로 북한 노동자들도 고용하고 있는데 이렇게 불법으로 북한 노동자를 고용하는 편이 노동자 초빙에 따르는 많은 서류와 인건비를 줄일 수 있기 때문이다. 법적으로 북한 노동자를 고용할 경우 노동자 월평균 임금은 2,200~2,800루블[10] 수준이다.

---

7) 1ha당 250kg이 필요, 1kg당 8루블
8) 콩 1kg은 15루블, 콩 1kg는 6-7루블
9) 연평균 18%
10) 2004년 8월

B. 하바로브스크주 농장

하바로브스크주 정부의 간곡한 부탁에 의하여 하바로브스크시 인근 600ha의 농장을 아주 저렴하게 임대하여 노지에서 수박, 오이, 호박 등을 재배하고 있다. 수박과 오이는 주정부의 도움으로 직접 도매시장에서 소매상들에게 판매를 하고 있으며, 호박은 식용이 아닌 돼지 및 소 등의 가축 사료용으로 계약재배를 하고 있다.

현재 아무르주의 김 로자 농장은 적자 상태에 있으나, 하바로브스크 농장에서 얻은 수익을 이용하여 경영하고 있는 상태이다.

⑤ 유한회사 '아뉴쓰카' (연해주)

유한회사 '아뉴쓰카' 는 연해주 우수리스크시에 위치한 가장 규모가 큰 농산물가공회사이다. '아뉴쓰카'는 사업 초기에는 순수한 샐러드만을 가공하여 소매 및 도매 판매를 하였으나 최근에는 경영 다각화를 위하여, 채소를 이용한 샐러드, 빵 이외에 밀가루와 축산물가공품을 이용한 튀김류 가공 등으로 매출을 크게 올리고 있다.

'아뉴쓰카'의 주방

사업의 다각화를 위하여 새로운 기계의 도입과 가공품의 위생 안전을 위해 종업원들의 정신 및 위생교육을 철저히 하고 있다. 현재 종업원은 약 40여 명이다.

'아뉴쓰카' 회사 복도. 공간이 부족해 복도까지 활용하고 있다.

'아뉴쓰카'의 직원들(포장작업)

2) 카자흐스탄

(1) 호경기의 카자흐스탄

나자르바예프 대통령이 이끄는 현 정권은 출범 당시부터 'Kazakhstan2030'이라는 슬로건을 내걸고 2030년까지 국가경제나 국민생활수준을 선진국 대열에 올려놓겠다고 국민들과 약속을 했다. 카자흐스탄 전국에 왼쪽 사진과 같은 대형 포스터와 간판들이 즐비하게 설치되어있다.

나자르바예프 대통령이 이끄는 현정부가 내건 슬로건. 2030년까지 선진국대열에 올려놓겠다는 뜻이다.

작년 12월 대통령 선거를 통해 나자르바예프 대통령의 이러한 약속에 대한 국민들의 평가는 긍정적이었다. 그는 90% 이상의 지지를 받고 재선되었다. 이제 카자흐스탄 정부는 2030년까지 기다릴 필요가 없다고 한다. 독립 초기의 예상보다 국내경제는 훨씬 빠른 속도로 회복되고 있고 오일머니나 해외투자 유치로 카자흐스탄은 거품 경제를 걱정할 정도로 호경기를 누리고 있다.

알마티 시내의 고가 아파트

카자흐스탄 제1의 도시 알마티에는 고가 아파트가 즐비하게 늘어서 있고 시내 전체가 아파트 건축과 재개발 붐으로 떠들썩하다. 공기가 좋은 산기슭에는 '비버리 힐즈'라고 이름 붙여진 시가 수십억의 주택단지가 조성되어 있다. 골프장을 겸한 주택단지 건설부터 시작해 고소득층의 새로운 요구에 부응하는 다양한 고가 상품들이 개발되고 있는 중이다. 이러한 고급주택 건설 붐은 아스타나에도 일어나고 있다. 1996년에 수도가 알마티에서 아스타나로 이전하면서 공공건물 건축은 물론이고 알마티 못지 않은 고급주택 건설과 사회인프라 사업이 활발히 진행 중이다. 이러한 건축붐을 타고 고려인들 역시 적극적으로 이 분야에 참여하고 있다. 대표적인 예가 'KUAT사(社)'이다. 일반 국민들의 소득증대는 시내를 달리는 자동차와 유통업체를 통해

알마티에서는 아파트 건축 붐이다.

시내에는 디지털 대형 광고판은 물론이고 건축회사나 고가 상품들의 대형 광고판이 즐비하다. 광고업계의 성장이 괄목할 만하다.

교통체증, 주차 공간 부족에 시달리는 알마티

쉽게 체감할 수 있다.

급증하는 개인 승용차에 도로 사정이 따르지 못해 시내는 늘 교통체증이 끊이지 않고 주차장 공간의 부족도 심각하다. 또 중산층의 증가로 현대식 쇼핑몰과 재래시장이 활기에 차 있다. 유통업계는 터키와 중국인들이 장악하고 있는데 재래시장은 저가의 중국상품이, 중저가 또는 고가 상품들은 터키 자본의 현대식 대형 슈퍼마켓이나 백화점에서 주로 팔리고 있다. 바라오카는 4Km 정도의 도로 양편으로 아카이트를 형성하고 있는데 인간에게 필요한 것은 무엇이든 있다는 평을 들을 정도로 다양한 상품을 취급하고 있다. 가게 수는 정확하지 않지만 수천 개가 넘을 것이라고 한다. 일반소비자들은 자주 길을 잃을 정도다.

카자흐스탄은 구소련지역에서 가장 시장경제체제가 선진화되었다는 평가를 받고 있다. 이러한 기업환경 아래서 카자흐스탄 고려인들은 구소련지역에서 가장 왕성하게 기업활동을 벌이고 있다. 카자흐스탄을 대표하는 건축회사를 비롯해 국내시장의 90%를 장악하고 있는 3대 가전대형마트(슐팍, 쁘라넷, 테크노 돔)의 오너 또한 고려인들이다. 대기업

알마티 시내 고급 쇼핑센터 '람스토르'

1년 내내 도소매업 상인들로 북적거리는 알마티의 제1의 재래시장 '바라오카'

또는 중소기업 분야에서 고려인들 사업가들이 두각을 나타내고 있으며 권투선수에서 카자흐스탄의 재벌로 성장한 최유리 회장은 한국에서도 이미 잘 알려져 있다. 최 회장은 나자르바예프 현직 대통령과 친분이 두터우며 고려인 기업가와 정계를 잇는 파이프 역할을 담당하고 있다. 또 일반 고려인들의 경제사정도 최근 개선되어 한때 러시아로 이주했던 고려인들이 다시 돌아오고 있는 추세다. 금융대출사업의 활성화로 일반인이 비즈니스에 참가할 기회가 대폭 확대되고 있고 고려인 젊은이들 사이에 창업 붐이 일고 있다.

재래시장 '바라오카'의 내부(의류코너)

'바라오카' 입구. 이런 입구가 곳곳에 있다.

(2) 성공한 고려인 기업

① 강 이반 사장

컴퓨터 조립과 판매, 비디오카메라 및 영상 편집기 판매와 수리업을 하고 있는 '디아스(www. Dias. kz)'의 대표로 '디아스'는 동일업계에서는 탄탄하게 자리매김을 했다는 주변의 평가를 받고 있다. 강 이반 사장은 1961년생(46세)으로 카자흐스탄에서 태어나 러시아에서 대학을 다녔다. 대학 졸업 후 카자흐스탄으로 돌아와 83년부터 89년까지 대학에서 수학교수로 일을 했다. 1989년에 광고 회사를 차려 사업을 시작했다. 그리고 1997년에 컴퓨터 판매회사인 '디아스'를 설립했고 당시는 4

매장에서 선 '디아스'의 강 이반 사장(왼편)

디아스의 컴퓨터 조립실

디아스의 업무내용이나 직원 소개등이 실린 회사 소개 팸플릿

명의 종업원으로 출발했다. 그 후 컴퓨터 조립도 하게 되었고 현재는 종업원 수가 35명으로 증가했다. 컴퓨터 부품은 싱가폴이나 홍콩, 타이완 제품을 수입하고 있다. 컴퓨터 조립판매 이외에 일본의 JVC, SONY, PANASONIC의 비디오 카메라와 영상 편집기 판매도 겸하고 있다. 카자흐스탄에서는 유일하게 위 3사의 서비스 센터를 운영하고 있다. 제품은 주로 국내에서 판매가 되고 있고 키르기즈스탄이나 우즈베키스탄으로 수출을 하고 있기는 하지만 극히 소량에 불과하다.

연간 매출액은 1천만 달러이며 순수익은 매출의 4~5% 수준이다. 현재 광케이블 등 인터넷 인프라 구축사업도 추진 중이다.

종업원 35명 중에 고려인은 7명인데 모두 책임자급이다. 종업원 채용은 철저히 능력 위주로 하고 있으며 민족은 고려치 않는다. 종업원 평균 임금은 400달러 정도이다.

기술협력업체는 미국이나 싱가폴, 독일 회사들이다. 한국회사와는 3~4년 전에 교섭이 있었으나 가격이나 조건이 맞지 않아 거래가 성립되지 않았다.

사업상의 어려움은 크게 없다. 민족은행의 필요성도 느끼지 못한다. 카자흐스탄은 민족차별이 없기 때문에 민족은행이 굳이 필요치 않다. 한상네트워크의 필요성도 느끼지 못한다.

② 이 세르게이 사장

'릭크'의 이 세르게이 사장

창문 새시 제조회사 '릭크'(LIK) 외에 가구제조 회사 '카스콜메빌(브랜드 명-CLACK&BOSS)', 광고회사 (주간 광고지 풀루스(+) 발간) 등 3개 회사를 운영하고 있는 카자흐스탄의 신세대 고려인 기업가이다. '릭크'라는 사명(社名)는 '리씨의 콤파니(회사)'의 머리글자를 따서 지은 것이다.

'릭크' 회사 외관

1969년생(38세)이며 카자흐스탄에서 출생했다. 대학에서 마케팅을 전공했으며 모스크바 대학에서 MBA를 취득한 경영전문가이기도 하다. 카자흐스탄 경제가 불투명한 시기에 대학을 졸업했다. 졸업 후 당시 가장 손쉽게 돈을 벌 수 있다고 판단한 장사에 뛰어들었다. 외국에서 타일이나 인스턴트 보조식품 등을 수입해 판매했다. 이렇게 번 돈 15만 달러를 초기자본으로 사전시장조사를 철저히 거친 후 97년에 광고업계에 뛰어들었다.

2000년도에는 창문 새시 제조업체인 'LIK'를 설립했다. 회사 설립 당

릭크의 연역 및 업무내용, 공장, 실적 등을 소개한 회사소개 팸플릿과 상품을 소개하는 소책자(가운데). 유리컵 등 다양한 사은품도 제작배포하고 있다.

'릭크'가 생산하고 있는 창문 틀

시 카자흐스탄의 경기는 아직 불투명했고 이미 적지 않은 회사들이 창문제조를 하고 있었다. 본인은 이들이 하기 어려운 것이 무엇인지, 하고 있지 않은 것이 무엇인지를 조사해 보았다. 조사 결과 승부할만 하다고 판단했고 창문제조업에 뛰어들었다. 본사는 주문생산이며 도매업도 겸하고 있다. 한국과 달리 여기는 실내장식은 개인이 자신의 취향에 따라 개별적으로 꾸미기 때문에 대량생산은 어렵고 이러한 현지건축 문화로 인해 주문생산을 할 수밖에 없는 상황이다.

제품들은 기업이나 고급 아파트 건축용으로 나가고 있으며 재료는 독일이나 터키 산(産)을 쓰고 있다.

'LIK'의 연간 매출액은 800만 달러 정도이고 종업원 수는 700명이다. 관리직의 90%는 고려인이다. 고려인들은 일을 잘하고 또 같은 민족이니까 고용하기도 한다.

2004년에는 오피스용 가구제조회사 '카즈꼴메빌'을 설립하여 'CLACK&BOSS'라는 브랜드로 시판 중이다. 카자흐스탄의 경제가 호전되면서 수리나 신축 건물이 늘어가고 있고 이에 따라 가구수요도 증가하고 있다. '카스꼴 메빌'의 연간 매출액은 500만 달러 수준이다.

사업성공의 비결은 소비패턴, 시장동향에 대한 철저한 조사분석이다. 또 대학에서 경제나 경영을 배울 수 있는 시대에 태어난 것을 행운으로 생각한다. 우리 젊은이들은 소련 해체 이후의 새로운 사회에 빨리 적응할 수 있었다. 그러나 기성세대는 사고 전환이 쉽지 않았을 것이다. 그래서 이들은 자유시장경제체제에서 성공하기가 쉽지 않다.

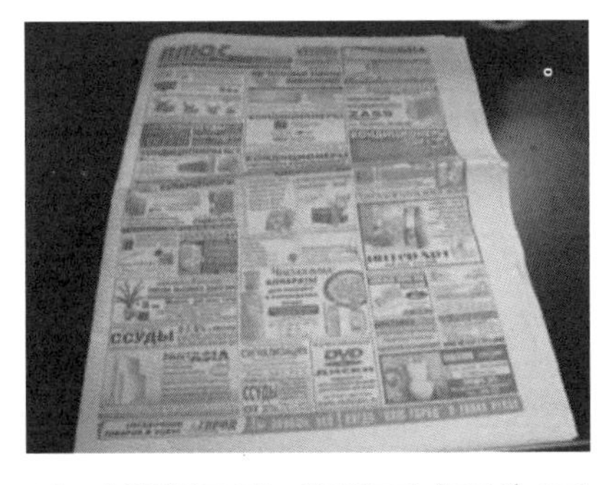

릭크가 발행하고 있는 상품광고지 '풀류스'. 주간이며 A3 사이즈 40면. 인테리어나 전자전기 제품을 중심으로 1000여개의 상품과 관련업체들이 소개되고 있다.

시내 중심가에 있는 '카즈꼴메빌'의 옥외간판

카자흐스탄에서는 고려인들의 기업활동이 활발하고 또 성공한 기업가들이 많다. 이는 카자흐스탄의 고려인들이 37년에 강제이주를 당한 이후 생존을 위해 일해왔고 우리 부모들의 근면성과 생존력이 체화되어 자식들에게도 이어져 내려오고 있기 때문이다. 그리고 공부를 많이 한 것도 요인으로 들 수 있으며 최유리 회장과 같은 인물들의 역할도 크다.

경영상의 어려움은 자금부족이다. 돈을 벌자고 목적을 정했으니 돈을 벌어야 한다. 그런데 자본이 부족해 은행융자를 이용하거나 지인들로부터 빌리고 있다. 카스피 은행과의 거래는 활발하고 사업에 도움이 되고 있다.

한상대회에 참가해 본 일이 있다. 장기적으로는 이러한 네트워크가 필요하겠지만 현재는 크게 필요성을 못 느낀다. 대회에 참가했을 때 영어나 한국어 통역이 있어서 언어문제는 느끼지 못했다. 문제는 대회의 목적성이 희박하다는 것이다.

본인은 성공하기 위해서는 늘 깨어 있어야 한다고 생각한다. 늘 앞서 가야만 한다. 그리고 사업은 혼자 하는 것이 아니다. 사람이 하는 것이다. 따라서 직원들에 대한 배려에 늘 신경 쓰고 있다. 직원들을 위해 출퇴근 버스를 운행하고 있으며, 아침, 점심, 저녁 세 끼 식사를 무료로 제공하고 있다. 또 의료보험료를 지원하고 있고 무이자 대출도 해 주고 있다.

한국은 자주 가지 않는다. 그러나 유럽이나 중국, 동남아시아를 자주 돌면서 배우기도 하고 새로운 아이템을 구상하기도 한다.

③ 윤 세르게이 회장

'학 그룹'의 윤 세르게이 사장

기계, 타이어 수입 판매와 금속 수출 및 의료사업체 등 12개의 기업을 운영하고 있는 '학 그룹(Hak Group)' 대표. 1960년생(47세)이며 카자흐스탄에서 출생했다. 대학에서 벌률학을 공부했고 경찰 간부로 재직하다가 건강상의 문제로 1990년에 퇴직했다. 95년에 남들보다 늦게 비즈니스 세계에 발을 들였다. 처음에는 돈이 되는 것은 무엇이든 했다. 만성적인 물자부족에 시달리던 시절에 쵸코파이에서 배터리까지 돈이 되는 것은 뭐든 팔았다. 이런저런 사업을 하다가 상품을 전문화시켜야 한다는 생각을 하게 되었다. 자동차 관련 제품을 전문적으로 취급하기로 하고 초기에는 물물교환으로 자본을 키워나갔다. 재정난으로 현금결재 능력이 없는 트럭제조공장에 배터리를 공급하고 타이어로 대금결재를 받았다. 이 타이어를 탄광회사에 공급해 석

'학 그룹' 산하의 병원

학 그룹의 홍보물인 달력. 이 외에도 볼펜 등 다양한 사은품을 제작배포하고 있다.

탄과 현금으로 대금을 지불 받았다. 이 현금을 은행에 저축한 것이 초기 자본이 되어 1998년에 '학그룹'을 설립했다. 그 후 점차 사업이 커나갔고 지금은 러시아에도 2개의 회사를 설립했다. 또 최근에는 의료사업에 관심을 가지게 되어 알마티 시내에 종합병원을 설립했다. 카자흐스탄에서도 민간병원 운영이 가능한 시기가 도래했다고 판단되기 때문이다. 병원 사업에 작년까지 많은 자본이 투자되었다. 올해부터는 수익을 창출하게 될 것이다. 작년의 그룹 전체 연간 매출액은 2800만 달러 정도였으나 올해부터는 2배 정도를 예상하고 있다. 또 최근에는 기계나 자동화 부품 아웃소싱에 전력하고 있다. 도매업이 주 업종이기 때문에 종업원 수는 많지 않다. 병원 직원 100명을 포함해 전체 종업원 수는 400명이다. '학'이라는 회사명은 부친의 이름을 딴 것이다. 부친은 카자흐스탄 최고의 농장 '우슈토베 고려인 농장'의 총책임자였다.

성공한 기업가라는 소리를 듣는 것은 부끄럽다. 더 성공한 고려인 기업가들이 얼마든지 있다. 본인은 그저 장사꾼에 지나지 않는다.

한국인들과의 네트워크 구축에는 크게 관심이 없다. 한상대회에도 참가한 경험이 있으나 언어상의 문제도 있고 대회의 목적성이 뚜렷하지 못해 도움이 된다는 생각을 하지 못했다.

이곳으로 진출하고자 하는 한국인들에게 개인적으로 충고해 주고 싶은 말이 많다. 원한다면 후에 글로 적어 보낼 수도 있는데 일단 한국인들은 생각을 바꾸어야 한다. 시장환경 분석을 정확히 해야 한다. 지금의 카자흐스탄은 예전의 카자흐스탄이 아니다. 지금은 뭐든 있다. 물건을 가지고 들어와서 팔겠다는 생각보다는 현지 제조 쪽으로 고관심을 돌릴 때다. 카자흐스탄 정부의 해외기업 진출을 원하는 분야가 제품제조업이다. 기계나 설비 등을 가지고 들어와서 2~3년 해보고 나가 버리는 것이 과거 한국인들의 행태였으나 앞으로는 장기적인 안목으로 장기투자 방식으로 전환해야 한다. 서두르지 말고 기초부터 단단히 다져나가면서 천천히 사업하는 방식을 배워야 한다.

※ 윤 알렉산드르 사장은 인터뷰 이후에 본 연구팀 앞으로 이메일을 보내왔다. '학 그룹'에 대한 소개와 함께 카자흐스탄 진출을 원하는 한국인들에게 현지정보를 제공할 시스템을 갖추고 있으며 또 신뢰성 있는 서비스를 제공할 수 있다는 내용이었다. 그는 한국인들의 가장 큰 실패요인은 현지에 대한 사전조사가 부족하다는 점을 강조했다.

④ 최 알렉산드르 소장

회계사무소 'Partner KZ'의 최 알렉산드르 소장

현재 회계사무소 'Partner KZ'의 소장이며 카자흐스탄 중소기업개발협회에서 사업기획개발을 담당하고 있다.

1973년 딸띠꾸르간에서 태어나 대학에서는 공학과 재정회계학을 전공했다. 대학 졸업 후 고향인 딸띠꾸르간에서 친구들과 함께 1995년에 '아라이 TV'라는 소규모 민영방송국을 설립해 광고사업을 주로 했다. TV나 라디오 광고방송 이외에 신문도 발행했고 삼성 전자제품 판매도 겸했다. 2년 정도는 돈벌이도 좋았으며 사업은 매우 순조롭게 진행되고 있었다. 그런데 96년부터 딸띠꾸르간에 정전(停電)이 잦아지더니 97년부터 98년 두 해 동안 전기와 수돗물 공급이 완전히 중단되고 말았다. 당시 주민들은 정말 돈이 없었다. 주민들이 전기와 수도요금을 지불하지 못하니 전기 회사나 발전소가 운영을 할 수 없어 도산한 것이다. 악순환의 연속이었다. 99년부터 중앙정부의 지원이 시작되어 점차 상황이 개선되기 시작했지만 당시에는 앞날을 예측할 수 없어, 2년을 버티다가 결국 98년 말에 회사 문을 닫고 말았다. 그리곤 알마티로 이사를 나오려고 방이 4개가 딸린 아파트를 매매 시장에 내놓았는데 300달러에도 사려는 사람이 없었다. 상황이 이렇다보니 집을 버리고 떠나는 사람들도 많았다.

가족들을 고향에 두고 함께 사업을 하던 친구들과 함께 우선 남자들만 알마티로 나왔다. 우리는 모두 5명이었는데 절친한 친구들이다. 3명은 카작인이고 2명은 고려인이다. 우리는 당장 먹고 살 돈 만 쥐고 알마티로 나왔는데 우연히 고철을 사러 온 중국인 2명을 알게 되었다. 이들과 손을 잡고 알루미늄이나 구리 등 비금속 고철을 카자흐스탄 전국에서 모아서 이들에게 넘기는 중개상을 하게 되었다. 우리는 알마티 변두리에 2헥타르의 폐허가 된 공장부지를 매입하여 창고와 철을 녹이는 설비를 갖추었다. 그리곤 카자흐스탄에서 철이 많이 나기로 유명한 끄즐오르다나 바이카누르를 포함해 전국을 돌면서 고철을 수집했다. 매달 5400톤을 중국으로 수출했다. 고철 수집과 운반을 위해 운송회사까지도 차렸을 정도였다. 당시 운송회사 규모도 카자흐스탄의 열 손가락 안에 들 정도로 사업은 승승장구였다. 그 동안에 알마티에 집도 장만하고 차도 사고 가족들도 모두 알마티로 불러들였다. 알마티로 진출한 지 2년 만에 완전히 재기했던 것이다. 그런데 2003년도에 고철 수출길이 막혀버렸다. 고철 도둑질이 성행하면서 이것이 큰 사회문제가 되어 정부가 수출을 금지시키고 말았다.

본인의 부친은 집단농장에서 큰 일을 하시던 분인데 고철 수출로 번 돈으로 고향에 3천 헥타르의 토지를 구입하고 기계나 설비를 장만해서 아버님이 농사를 지으시도록 해드렸다. 부친은 '추파밀'이라는 밀 농사를 지으시는데 10월 가을에 씨를 뿌려서 6월 봄에 추수를 하는 밀이다. 2005년에 헥타 당 4톤 600kg정도를 수확했는데 이 수치는 기록적인 것으로 나자르바에브 대통령으로부터 상도 받았다.

본인은 부친 사업을 도우면서 알마티에서 국가공무원으로 일을 했다. 보건성 산하의 의료관련 국영기업인데 러시아나 국내제조업체에서 의약품이나 의료관련 기구나 설비를 구입해 국공립 병원에 조달하는 기업이었다. 이곳에서 부사장으로 일을 했는데 이 자리는 장관이 임명한다. 그런데 2004년에 장관이 바뀌었다. 그 후 자리를 내놓으라는 압력이 강하게 들어왔고 한동안 버티다가 결국은 압력을 이기지 못하고 2005년 4월에 자리를 내주고 말았다. 카자흐스탄에서는 윗사람이 바뀌면 아래 사람들 전부를 자기 사람들로 교체하는 것이 관례이기 때문에 어쩔수 없는 일이다.

국영기업에서 쫓겨난 후, 고려인협회의 제안으로 중소기업개발협회에서 일을 하면서 회계사무소를 설립해 사업도 겸하고 있다. 대학에서 재정경제학을 공부했고 회계사 자격증을 소지하고 있다. 현재 고객은 100여개 사(社) 정도이다.

중소기업협회에서는 사업 기획 및 개발 업무를 맡고 있는데 주로 제조업 분야로의 해외자본 유치나 기술도입에 주력하고 있다. 한국안산공단에 위치해 있는 제약회사의 기술지원을 받아 카자흐스탄에 제약회사를 설립했고, 녹화사업을 하는 한국기업이 신도시 아스타나의 전체 녹화사업의 5분의 1을 수주하는 데 다리 역할을 했고 지금은 한국의 건설회사 진출을 도와주고 있다.

한국인들과는 일하기 어렵다. 지금 카자흐스탄은 '기회의 나라'이다. 그런데 한국인들은 과감한 투자나 진출을 꺼려한다. 교섭을 해도 결론을 내리기까지 시간이 너무 걸린다. 한다, 안 한다는 분명한 대답을 자꾸 미룬다. 지금 접촉 중인 회사도 그렇다. 중국인들의 경우, 결과적으로 손해를 보더라도 일단 과감하게 덤벼든다.

⑤ 김 알렉산드르 사장

Security Solutions Software 개발 및 판매 회사 'Aladdin'의 사장이다.

1972년 알마티에서 출생했고 러시아의 명문 '모스크바 바우만 기술대학'에서 전자공학을 전공했다.

'알라딘'의 김 알렉산드르 사장과 제품(왼편)

대학졸업 후 알마티로 돌아와 97년부터 2년 간 대우통신 알마티 지사에서 일한 경험이 있다. IMF로 대우통신이 98년에 철수하게 되어 현대상사 알마티 지사로 직장을 옮겼다. 그러나 이 회사도 2000년도에는 문을 닫고 철수해버렸다.

현대상사가 철수한 이후에 모스크바에 진출해 있는 LOTTE와 계약해 카자흐스탄 판매 담당자로 월급을 받으면서 KP Chemical(PTA병 원료, Lotte 계열사 제조품) 카자흐스탄 시장에 판매하고 있다. 물품은 부산에서 선적해 블라디스톡으로 들어와 열차편으로 알마티에 보내온다. 그런데 최근 현대가 재진출을 검토 중이며 작년에 이 문제로 다녀가면서 '같이 뭔가 하자'하는 말을 하고 갔다.

PTA병 원료판매 업무를 하면서 2000년에 알라딘을 설립했다. 보안 소프트웨어(information protection, Electric keys, HASP Hardlock)를 개발하고 판매하는 회사다. 관련업체들이 카자흐스탄에 20여개 사가 있는데 현재는 시장이 별로 크지 않지만 점점 빠르게 성장해가고 있는 추세다.

직원은 4명인데 주로 프로그램 개발을 담당하고 있고 생산은 다른 곳에서 한다. 하드웨어는 이스라엘 제품을 쓰고 있는데 품질이 좋다. 상품은 '알라딘'이란 브랜드로 나가고 있다.

알라딘 설립 후 자금난으로 1년 정도 고생을 심하게 했다. 수익은 창출이 안 되고 사무실 임대료나 인건비 등 유지비 부담이 컸다. 과거 5년간 두 번의 세무조사를 받았는데 그 역시 힘든 일 중의 하나였다. 매출액은 비공개 사항이지만 현재는 운영은 그런대로 순조로운 편이다.

지금의 고민은 어떻게하면 능력 있고 싼 전문가를 찾는가 하는 점이다. 능력이 있는 사람은 보수를 많이 줘야하니 사람 구하는 것이 쉽지 않다. 한국인들과의 사업을 하면서 큰 문제가 발생하거나 특별히 불만 같은 것은 없다. 약속을 잘 지키고 신뢰할 만한 상대다.

현지 진출을 꾀하는 한국기업들에게 어드바이스를 한다면, 첫째는 믿을 만한 현지 파트너를 찾아야 하고 둘째는 법률가를 잘 둬야 한다는 점을 지적하고 싶다. 회사 설립이나 운영 면에서 법률가의 역할을 한국에서는 상상하기 힘들 정도로 중요하다. 따라서 능력 있는 법률전문가를 고용해 도움을 받아야만 한다.

카자흐스탄에서는 중소기업에 대한 국가의 제도적 지원이 미약하고 창업환경이 한국과는 다르다.

한상네트워크의 필요성은 크게 느끼지 못하고 있다. 현지에 중소기업개발협회가 있고 본인도 회원으로 가입되어 있다. 3개월에 한 번씩 정기적으로 모임을 갖기도 하는데 별 관심이 없다. 사업에 크게 도움이 되지도 않기 때문이다. 사업 내용이 서로 다르고 관심사도 다르다 보니 공통의 화제도 없고 사업에 도움이 별로 안 되니 자연히 소원해지게 된다.

관련업계 사람들이나 거래처 사람들은 개인적으로 만난다. 하지만 이들은 대부분이 카작인이다. 학교 동창도 지인들도 대부분이 카작인들이다. 본인은 어릴 적부터 카작인들 속에서 살았다. 고려인 수가 적은 마을에 살았기 때문에 친구들은 대부분이 카작인들이다.

⑥ 정 에미리야 사장

알마티에서 350Km, 차로 3시간 거리에 있는 카자흐스탄 3대 도시 딸띠꾸르간에서 의약품 유통업체 'Dapem'을 운영하고 있다.

나자르바예프 대통령으로부터 받은 감사장을 손에 들고 있는 'Dapem' 의 정 에미리야 사장

딸띠꾸르간은 고려인들의 강제 이주지 우수토베로 들어가는 길목에 위치해 있다. 수도가 알마티에서 아스타나로 수도를 이전하면서 주지사 청사는 딸띠꾸르간으로 이전했다. 정치 중심지의 하나로 부상하게 되면서 최근 경제에도 긍정적인 영향을 미치고 있다는 평가를 받고 있는 지역이다.

시내에 위치한 정 에미리야 사장의 약국

고려인들이 많기로 유명한 지역이지만 현재는 7천명 정도에 불과하다. 카자흐스탄 독립 이후 고려인들의 유출현상이 계속되어 고려인 인구가 반 이상으로 줄었다. 그러나 나가는 고려인을 대신해서 잠블과 같은 지방에서 이곳으로 이주하는 고려인들이 있어 이 정도 수준에 머물러 있는 것이다. 부동산 가격이나 물가가 비싼 알마티로 나갈 경제능력이 안 되는 고려인들이 경유지로 이 지역을 선호한다.

정 사장은 딸띠꾸르간 고려인협회나 고려인 지원사업도 적극적으로 하고 있는 지역 대표격이며, 작년에 실시된 대통령 선거에서 나자르바예프 대통령의 당선을 도운 공로로 대통령으로부터 감사장을 받았고 유럽아시아지역 여성대표 세미나(EWS)에 카자흐스탄 대표로 선발되어 참석한 경력도 있다.

정 에미리야 사장의 약국 조제실

정 사장은 1948년 우슈토베에서 출생했다. 1937년에 연해주에서 강제이주 당한 부모님들의 고향은 원동의 수창이다.

어머니는 1936년에 모스크바 의과대학을 졸업한 인텔리이다. 당시 딸의 진학을 반대하는 부모님의 뜻을 거역하고 가출을 하다시피해 모스크바로 유학을 떠난 어머니였다. 졸업 후 카프카스로 발령을 받아 그곳에서 2년간 근무를 한 후 부모님이 계신 카자흐스탄 우슈토베로 왔다. 아버지는 수창에서 우체국장으로 일을 하신 분이다. 스탈린의 이주 명령은 "고려인들을 죽이려고 하는 짓이다"라는 말을 아무 생각 없이 직원들 앞에서 했는데 그 한 마디가 화근이 되어 8년간 징역살이를 하셨다. 부하 직원이 이 말을 듣고 밀고를 했기 때문이다.

후에 가족들이 있는 우슈토베로 돌아와 함께 살게 되었는데 그 후 평생을 알콜 중독자로 사셨다.

어머니는 우슈토베에서 50년 간 의사로 일하셨다. 우슈토베에서는 모르는 사람이 없는 유명인사다. 언니도 어머니의 길을 이어 의사가 되었다. 현재 정신과 의사로 일하고 있다.

정 사장은 학교 졸업 후 병원에서 약제사로 일하다가 92년에 사직을 하고 약국 경영을 시작했다. 당시는 병원들이 재정난으로 약품을 환자들에게 제공할 수가 없었다. 환자들은 처방전을 들고 개인 약국에서 약을 구입해야만 했다.

병원에서 일한 경력이 있었기 때문에 정 사장은 병원 내에 약국을 열었다. 현재 10개의 약국을 운영하고 있는데 병원 내에 있는 약국은 4곳이며 전부 시내 중심가에 위치하고 있다.

종업원 수는 38명으로 대부분이 약사다. 직원들 월급은 200달러에서 600달러 수준이다. 약사들은 월급 수준이 높다.

취급하고 있는 약품은 주로 외국산이다. 카자흐스탄 산은 10% 정도이며 나머니는 한국, 러시아 등으로부터 수입한 것들이다. 최근에 고려인이 제약회사를 설립했는데 그 회사 약품도 쓰고 있다.

최근까지는 매출이 상당했다. 그러나 최근 3년간은 점점 매출이 줄어들고 있는 상황이다. 약국 수가 늘어나 경쟁이 치열해졌다. 또 카자흐스탄 경제가 호전되면서 병원의 재정도 좋아져 병원이 직접 약국을 운영하기 시작한 것도 원인이다. 지금 병원 안에 있는 약국을 내놓으라는 통보를 받고 다른 자리를 물색 중이다.

그러나 올해는 좀 좋아질 것 같다. 왜냐하면 딸띠꾸르간 지역정부로부터 의약품 공급업체로 선정을 받았기 때문이다. 정부에서 10만 달러의 예산을 투입해 3세 미만 어린이와 상급 장애자, 연금생활자, 암 환자들에게 무료로 약품을 제공하기로 했는데 3개의 공급처 중 하나로 선정이 되어 3만 달러의 매출을 확보해 놓았기 때문이다.

다른 사업도 구상 중이다. 최근의 유망업종이 자동차 판매나 수리업, 건축업 등이다. 그러나 이 분야에 대한 전문지식이 전혀 없어 선뜻 손을 댈 용기가 안 생긴다.

미국에서 유학하고 돌아온 아들에게 사업을 맡겨 보려고 하는데 아들 역시 이 분야에는 경험이 없다. 딸띠꾸르간 시내에 1헥타르의 땅을 가지고 있다. 이곳에 자동차 수리 공장을 세울까 하는데 아직 구체적인 계획은 못 세웠다. 지금 기존의 상점을 수리하느라 뛰어 다니기 때문에 새로운 사업을 본격적으로 구상할 여유가 없다.

딸띠꾸르간에서도 건설이나 건물수리가 붐인데 상점도 점점 대형화, 현대화 되어 가는 추세다. 그래서 우리도 기존의 약국이나 사무실을 현

카스피 은행 광고판. 시내 곳곳에 이런 대형 옥외 간판이 있다.

대식으로 수리하고 확장시키는 사업을 진행 중이다. 그런데 수리나 재건축에 따르는 법적 절차가 너무 까다로워 이 문제로 상당한 시일을 뛰어다니고 있다. 많이 좋아졌지만 한국에 비하면 사업하기가 너무너무 힘든 나라다.

한국인과 거래를 하거나 사업을 해 본 경험은 없다. 독립 후 북한에서 파견 온 선생님 밑에서 2년간 열심히 한국어를 공부했다. 그 때 배운 한국말로 여기에 오신 한국목사님 통역으로 잠깐 일을 한 경험은 있으나 사업상의 교류는 없다.

딸띠꾸르간에는 한국인이 거의 없다. 목사님이 2~3분 정도다. 목사님 사모님들이 운영하는 자그마한 한국식당이 2곳 있는 정도로 이렇다 할 사업체는 전혀 없다. 한때 한국인이 사업을 하겠다고 들어온 적이 있었다. 4년 전에 5만 달러를 들고 들어왔는데 당시에는 아주 큰 돈이었다. 감초 장사를 한다고 돌아다니면서 술만 마시다가 결국 1년 만에 돈 다 잃고 나갔다. 그 돈이면 당시에는 큰 공장도 살 수 있는 거액이었다.

⑦ 최유리 회장[11]

카자흐스탄을 대표하는 재벌이며, 종업원 1만2천 명에 달하는 '카스

11) 조선일보, 2006.2.2, YTN 2005.1.18 방영분, 제2차 한상대회 자료, 2004.10.

피스키 그룹(Caspiski Group)'의 총수이다. 카스피 은행을 인수하면서 기업가로서 급격히 성장했다는 평가를 받고 있는데 대기업 건설업체와 농기구 제조 및 제분, 제약회사 등 수많은 기업에 지분을 가지고 있다. 58세로 카자흐스탄에서 출생했고 권투선수로 국가대표로 활약한 스포츠엘리트 출신이다. 바로셀로나 올림픽을 위해 한국대표 선수들의 트레이너로 초빙되어 2년간 한국에 체재한 경력이 있다. 주변사람들은 이때 그가 시장경제에 대해 눈을 떴다고 한다. 1995년부터 카자흐스탄 고려인 협회장직을 맡고 있으며 한국의 삼성이나 LG의 현지진출에 적지 않은 도움을 준 것으로 알려져 있다. 1997년 한국수출입 은행의 지원을 받아 카스피 은행을 인수하면서 최유리 회장은 급성장했다고 주변사람들이 전한다. 최유리 회장은 2004년 10월 서울에서 개최된 제2회 세계한상대회에 참가해 카자흐스탄 투자 설명회를 직접 개최한 바 있다. 당시 배포한 자료에 의하면 카스피 은행의 총자본은 2003년 9월 현재 3억4천4백 달러이며 종업원 수는 950명, 은행지점은 전국에 18개를 두고 있다. 2004년에 이미 최유리 회장은 재벌 수준이었다. 한상대회에서 만난 해외교포 기업가들을 카자흐스탄에 초대해 교류를 넓히는가 하면 현지에 진출해 있는 한국 대기업과의 교류협력체제도 탄탄히 갖추고 있다. 나자르바예프 현직 대통령으로부터 세 차례에 걸쳐 훈장을 받았다. 세 차례에 걸친 훈장 수여는 매우 드문 사례로 대통령의 신임도가 어느 정도인지를 가늠할 수 있는 일이라며 고려인 사회 전체의 자랑거리다. 작년 12월 대통령 선거에서는 고려인 사회 전체를 동원해 나자르바예프 대통령을 도왔고 이에 대한 공로로 올해 2월에 세번째 국가훈장을 받았다.

알마티 시내 번화가를 도배해 버린 한국의 LG와 고려인이 경영하는 KUAT와 카tm피 은행의 광고판들

선거를 도운 고려인 인사들 각자에게 대통령이 감사장을 전달했다. 최유리 회장의 사업가로서의 성공과 정치적 영향력은 고려인 기업가들에게 매우 긍정적인 영향을 미치고 있는 것으로 알려져 있다. 최근 최유리 회장은 젊고 참신한 두뇌의 차세대 전문경영인에게 기업운영을 맡기는 추세로 경영방식을 전환하고 있다는 소문이다. 유능한 고려인 젊은이들을 발굴하고 지원하면서 이들과 함께 기업을 키워나가고 있다.

⑧ 카자흐스탄을 대표하는 고려인 기업[12]

위에 열거한 성공한 고려인 기업가들 외에 카자흐스탄을 대표하는 고려인 기업, 즉 건설회사 'KUAT'와 전기전자제품 대형유통업체 3사—'ATG'와 'Techno-dom Plus LTD', 'Sulpark'—를 소개하고자 한다. 위의 고려인들이 경영하는 전기전자제품 대형유통업체 3사는 카자흐스탄 시장의 90%를 장악하고 있고, 이제는 제조업에도 진출하고 있다. 'Sulpark' 이외의 기업은 최유리 회장이 상당한 지분을 가지고 있는 것으로 추측이 된다. 이 기업대표들과의 인터뷰가 이루어지지 않아 주변 사람들이 제공하는 정보나 회사 홍보자료 등을 중심으로 소개하겠다.

A. **건설회사 – KUAT**

사장은 고려인 남 알렉이다. 한국에는 별로 알려져 있지 않으나 현지 공관이나 고려인 사업가들 사이에서는 유명한 인물이다.

'KUAT'는 1992년에 설립되었고 알마티, 아스타나, 악타우, 아트라우에 지사를 두고 있다. 이들 지역은 행정수도 이전 또는 자원개발 사업으로 부동산 개발이 활발한 지역이다. 카자흐스탄 고려인협회나 중소기업개발연합회의 중핵기업이다.

종업원 수는 2,150명이며 2003년에 신수도 아스타나의 대형 행정수

12) 2004년 10월 한상대회자료와 2005년, 2006년 두 해에 걸친 현지방문 시에 입수한 정보들을 중심으로 정리했음.

'KUAT'의 옥외간판(시내곳곳에 있다)

카자흐스탄 중소기업개발연합회 복도에 걸린 'KUAT'의 홍보판. 'KUAT'가 건설한 건물들의 사진과 업적을 소개하는 내용이다.

'KUAT'의 사보(社報)와 홍보물

도건설 프로젝트를 따냈다. 과거 5년간 건설수주 실적이 57배의 성장을 이루어냈고, 2003년 건설수주 규모는 27만 7,886평방미터이다. 알마티, 아스타나를 비롯해 굵직한 건설사업을 맡아 하고 있다. 비즈니스 센터는 물론이고 아파트 건축에도 적극적으로 참가하고 있다.

B. 전기전자 대형유통업체 - 'ATG(Asa Technics Group)', 'Techno-dom Plus LTD', 'Sulpark'

현지 관계자들은 카자흐스탄 가전제품 시장규모를 구매자 기준으로 6억 달러 정도로 추정한다. 그리고 이 중 90%의 시장을 위의 고려인 기업 3사가 점유하고 있다. 국내시장에서 한국제품이 차지하는 비율은 60~70%이며, 한국제품을 가장 많이 취급하는 회사는 '슐팍(Sulpark)'

으로 매출의 약 70%를 차지한다. 이들 업체들은 과거 도매 위주의 경영을 하다가 국민들의 소득증가에 따른 소매시장의 급격한 성장을 예측하고 최근 소매 위주로 전환했다. 전국에 10개 이상의 대형 매장을 오픈하고 있고 홍보나 광고에도 매우 적극적이다. 시내 곳곳에 대형 옥외광고판을 걸고 있고 A3 사이즈의 광고지도 무료배포하고 있다. 또 각 업체들의 자신들만의 기업컬라를 정해 사용하고 있는데 파랑, 오렌지, 빨강이다. 이들은 시장 질서를 혼란시키는 영세업자들에 대해 공동대처하는 등 경쟁보다는 상호협력자의 전략을 펴고 있는 것 같다.

현지 관련업체가 추정하는 각 사의 국내시장 점유율은 '쁘라넷(Planet)'이 약 40%, '테크노돔(Techno-dom)'과 '슐팍(Sulpark)'이 각각 20~25% 수준이며, 2005년 각사의 매출액은 '쁘라넷'이 2억 2천, '테크노돔'과 '슐팍'이 동일한 수준의 1억2천 달러 정도 규모이다.

ⓐ ATG (Asa Technics Group)

ATG의 체인점 '쁘라넷'.

1993년에 설립되었고, 전기전자제품 시장의 선두주자다. 중앙아시아 지역 최대의 전기전자제품 유통업체로 2002년에서 2003년 사이의 1년간 매출이 84.2%를 증가했으며 2003년 말 총 매출액은 1억 7000천만 달러다. '쁘라넷(Planet)'이라는 브랜드의 대형매장은 전국에 11개의 체인점을 보유하고 있다. 알마티에는 6곳이 있다. 알마티에 국내 최대 규모의 서비스 센터를 운영하고 있다. 직원은 1,000명이다.

ⓑ 'Techno-dom Plus LTD'

2002년에 설립된 후발주자로 종업원 200명으로 출발한 비교적 작은 규모의 업체이지만 카자흐스탄의 시장확대와 함께 활발하게 성장하고

'테크노 돔'의 옥외광고판

'테크노 돔'과 '숄팍'의 상품광고지

있는 기업이다. 2003년도 예상 매출은 7천만 달러였다. 'Techno-Dom'이라는 브랜드의 대형매장은 2006년 2월 현재 전국에 9개의 체인점을 보유하고 있고 알마티 시내에는 4개가 있다.

ⓒ 'Sulpark'

'Sulpark'은 1992년에 모회사가 설립되었으나 한때 사업이 부진하다가 최근에 다시 재기한 업체이다.

재도전은 'Technodom-Plus사'와 비슷한 4~5년 전이다. 체인점은 전국에 17곳이 있고 알마티에는 7곳이 있다. 후발주자이지만 최고를 목표로 공격적인 경영을 하고 있다.

'숄팍' 매장

'Sulpark'은 고려인과 카작인 두 명이 공동투자해서 설립된 회사로 각

'슐팍'의 옥외광고판

자의 성(姓)– 슐과 팍–을 따서 회사명을 지었다고 한다.

그러나 고려인인 박씨는 한 때 카자흐스탄에서 부친과 관련업종의 일을 하다가 사업을 그만두고 미국으로 이민을 갔다고 한다. 카자흐스탄의 경제가 살아나고 매해 30~40%의 규모로 급성장하는 전기전자시장의 미래를 보고 다시 돌아와 재도전했다는 소문이다. 슐팍은 대우전자 초대 알마티 지점장을 지낸 후 귀국해 한국 하이마트 업계에서 7년간 근무한 한국인을 경영전문가로 초빙해 2004년 3월부터 경영을 맡기고 있다.

3) 우즈베키스탄

우즈베키스탄은 유리한 경제발전 요소를 지니고 있으면서도 시장경제에 대한 정부의 과도한 개입이나 통제로 나날이 기업환경이 악화되고 있다는 평가를 받고 있다. 특히 안디잔 사태 이후 해외투자기업이 속속 빠져나가 일반시민들의 경제상황은 더욱 악화되고 있다. 따라서 러시아와 카자흐스탄과 비교해 볼 때 고려인들의 경제생활이나, 기업활동도 크게 위축되어 있다. 특히 자민족우선 정책이나 우즈벡어의 공용화로 인해 고려인들이 큰 기업가로 성공하기에는 한계가 있다는 지적이다.

(1) 김 세르게이 사장

타슈켄트의 건축자재 생산업체 'BT(Bulding Technologies)'의 대표이다. 우즈베키스탄 안디잔 출신으로 연령은 40대 후반이다. 고려인 아버지와 러시아인 어머니 사이에서 태어났으나 어린 나이에 양친을 잃고 고모님 밑에서 자랐다. 고향에는 고려인 세대가 30세대 정도로 매우 적었고 이들이 흩어져 살고 있어서 민족언어를 배울 기회는 거의 없었다. 다만 집안에서 어른들이 민족언어를 썼기 때문에 조금 알아듣기는 하지만 이곳 말과 한국말이 많이 달라서 한국말은 거의 알아 듣지 못한다. 어른들이 양파 농사를 지으셨는데 우즈벡인들을 고용해 쓰셨다. 그래서 우즈벡 언어나 풍습도 잘 알고 있다.

'BT(Bulding Technologies)' 의 김 세르게이 사장

BT의 제품소개 팸플릿

고향에서 고등학교를 마치고 타슈켄트에서 군복무를 했다. 군복무를 마치고 스무 살 때 타슈켄트의 건축자재 제조 콤비나트에 취직했다. 취직한 지 2년 만에 타슈켄트에 아파트를 배급 받을 정도로 능력을 인정받았고 일하면서 대학도 마쳤다. 고모님은 늘 '머리를 써야 사람구실을 할 수 있다'고 가르치셨다. 아마도 이런 교육을 받으면서 자랐기 때문에 열심히 살 수 있는 것 같다.

콤비나트에서 12년간을 근무했고 부사장까지 올랐으나 소련해체와 우즈베키스탄 독립을 계기로 콤비나트가 재정난에 부딪혀 살길을 찾아야 했기 때문에 퇴사했다. 그 후 4년간 갑을방직과 대우방직의 주문을 받아 원자재와 제품을 운반하는 운송업체를 경영하면서 건축업도 했다. 그러던 중에 우연히 소련해체 이후 미국으로 이주한 우즈베키스탄인이 찾아와 합작회사를 설립하자는 제안을 해왔다. 50%씩 지분을 갖기로 하고

'BT'의 쇼룸 외관

'BT'의 쇼룸 내부

그와 함께 96년에 'BT'를 설립했다. 올해로 창립 10주년을 맞이한다.

주요 생산품은 외벽건축자재와 천정재, 목재 도어 등 6개 품목이며 접착촉진제를 독일로부터 수입해 팔고도 있다. 매출액은 기업비밀이지만 관련업계 1위로 평가받고 있는 수준이다.

현재 3.6헥타르의 제조공장이 있고 제품 홍보를 위한 150평의 쇼룸이 있다.

종업원 수는 임시직을 포함해 200명이며 그 중 사무실 직원은 60명이다. 급여는 비공개 사항이다. 종업원들 간에도 극비사항이다. 나와 당사자만의 비밀이다. 이렇게 하는 이유는 종업원 관리 차원에서다. 능력 있고 열심히 일하는 종업원들은 평가해서 인센티브를 제공한다.

고려인 종업원은 전체의 13% 정도인데 모두 책임자들이다. 직원들은 양극화되어 있다. 아주 능력이 뛰어나거나 엉망인 사람. 물론 엉망인 사람들은 결국 쫓겨나게 된다. 능력 있고 부지런한 직원들이 고려인들이다.

생산품은 주로 국내시장에서 판매된다. 카자흐스탄이나 키르기스탄으로 수출되는 양은 10~15% 정도에 불과하다.

수입을 해서는 이익이 크지 않다. 수입규제가 심하고 통관세가 비싸기 때문이다. 수입을 한다면 같은 CIS지역이 유리하다. 예를 들면 중국에서 수입하게 되면 통관세가 원가의 60%, 부가가치세가 30%, 소득세 20%를 지불해야 한다. 러시아에서 수입하면 무관세이기 때문에 부가가치세와 소득세만 지불하면 된다.

경영상의 어려움은 직원 관리다. 사고방식을 바꾸는 일이 쉽지 않다. 인센티브나 연수제도 등을 통해 동기부여를 하는 등 끊임없이 노력 중이다.

기업이 성장하면서 경영에 대한 전문지식의 필요성을 느껴 현재 우즈베키스탄 일본대사관이 주관하는 장기경영교육 프로그램에 참가하고 있다. 이 교육프로그램에는 우즈베키스탄을 대표하는 기업가들이 대부분 참가하고 있어 인맥쌓기에도 도움이 된다. 사업 파트너와의 약속으로 공장은 공개할 수 없으나 내년에는 그의 지분을 100%로 인수할 계획이며 그 이후에는 공장공개도 가능하다.

우즈베키스탄에서는 정부요직을 우즈벡인들이 장악하고 있기 때문에 타민족이 큰 기업가로 성장하기가 쉽지 않다. 기업을 크게 키워나가고 싶다면 그들과 좋은 관계를 유지해야 하며 이를 위해서는 우즈벡 민족의 문화나 관습, 언어를 알아야 한다. 본인은 어릴 때 시골에서 우즈벡인들과 함께 자랐기 때문에 이들의 언어나 관습을 잘 알았기 때문에 사업에 도움이 많이 됐다.

외자유치나 한국인과의 네트워크를 구축하기란 쉽지 않다. 구축의 장애요인을 들자면 이런 것들이다.

첫째, 서로 간에 신뢰감이 없다. 둘째, 법률이 다르다. 예를 들면 합작이나 합자투자의 경우, 이곳에서는 필요로 하는 서류가 너무 많고 절차도 복잡하다. 시간이 많이 걸린다. 외국인 회사들은 이를 기다리지 못한다. 셋째, 우즈베키스탄 관료들의 사회주의식 사고방식이 문제다. 우즈베키스탄 정부가 외자유치에 소극적인 이유는 부익부빈익빈 현상의 심화를 반대하기 때문이다. 혼자만 잘 사는 것은 윤리에 어긋난다고 생각한다. 그래서 좀 벌면 세무조사가 들어온다. 넷째, 소수민족이 사업을 하기 힘들다. 정부고위직은 대부분 우즈벡 사람들이 차지하고 있는데 이들의 도움이나 지원 없이는 크게 성공하기 힘들다.

(2) 김 게오르기 사장

'프로그레스'의 김 게오르기 사장

타슈켄트에서 사무용가구와 주방가구, 목재 창문, 목재 바닥재를 제조하는 '프로그레스(Progress)' 를 운영하고 있고 독일산 도어나 철재 주방기기 등의 수입판매도 겸하고 있다.

현재 4개의 회사를 운영하고 있는데 이탈리아나 독일, 영국인과의 합자 또는 합작회사다. 합자율은 회사에 따라 다소 차이가 나지만 25%~60% 수준이다. 외국회사는 기술이나 설비제공의 형태로 투자했다.

1955년 타슈켄트에서 출생이다. 대학에서는 전기공학을 전공했고 졸업 후 전기관련 일을 했었다. 1985년에 개인적으로 기계수리업을 시작했다. 그리고 85년부터 2년간 국영제지공장에 책임자로 스카웃 되어 경영을 맡기도 했다.

사업은 머리만으로 시작한 셈이다. 93년에 가구제조 회사를 설립했는게 계기가 된 것은 모스크바에서 만난 외국인의 제안이었다. 박람회에 참석했다가 우연히 그곳에서 만난 외국인들과 손을 잡게 된 것이다. 그들이 먼저 내게 제안을 해 왔다.

현재 종업원 수는 250명이고 제조공장과 제품홍보 쇼룸을 운영하고 있다.

주로 러시아에서 목재를 수입해 현지 공장에서 제조하고 있다. 사무용가구나 주방가구 제조가 주류를 이루고 있다.

연간 매출액이 100만 달러 정도이며 순수익은 매출의 15~20% 정도이다. 이외에 세계적인 브랜드 독일의 주방기기 'HAFE' 대리점도 겸하고 있다.

'프로그레스'의 목재도어 제조품들

현재 상황에 만족한다. 현상유지 만으로도 문제없다고 생각한다. 같은 업종의 회사가 약 40여 곳 있는데 대부분 아주 영세한 업체다.

본사는 국내의 부유층을 타깃으로 하고 있다. 우즈베키스탄 경제가 좋지 않지만 월수입 100만 숨(약 천 달러) 이상의 소득층이 전체 인구의 3~5% 정도를 차지한다. 중앙아시아에서는 우즈베키스탄이 인구가 가장 많다. 2,500만 명이니까 100만 명 정도는 본사의 타깃이 될 수 있다.

'프로그레스'의 쇼룸에 전시된 주방가구

경영상의 어려움은 크게 없다. 예전에는 제조업의 경우 은행에서 저리(연 8%)로 대출을 해주는 등의 지원책이 있었으나 지금은 이런 지원이 없어졌다. 그러나 본인은 은행 부채도 없고 운영은 순조롭다.

'프로그레스' 쇼룸의 독일제 주방기기 전시코너

비즈니스에 왕도는 없다. 성실하고 솔직하게 비즈니스를 하면 성공할 수 있다.

한국인과 사업하는 일은 생각해 본 적이 없다. 한국인들을 신뢰하지 않는다. 유럽인들은 일단 함께 일을 하게 되면 믿고 맡긴다. 그런데 한국인들은 사람을 믿지 않는다. 그래서 함께 일하기 어렵다.

외국어를 배워야 겠다는 생각은 별로 안 한다. 왜냐하면 그들이 먼저 러시아어를 배우고 있고 먼저 다가온다.

고려인 직원들은 많지는 않지만 모두 관리직이다. 그리고 부인이나 조카 등 가족들이나 친척들이 회사 일을 도와주고 있다.

딸은 미국으로 아들은 한국으로 유학을 보냈다. 한국에는 매년 3번 정도 방문하지만 아들을 만난다든가 하는 일과는 상관없는 개인적인 이유로 방문을 한다.

③ 텐 게나지

'텐겐'의 홍보 포스터

육류가공업체 '텐겐(TENGEN)' 대표로 아직은 시작에 불과하다고 생각해 성공한 고려인 기업가로 불리는 것을 부담스러워 한다. 그래서인지 연구진의 방문을 당황스러워하는 기색이었다.

50대 중반으로 우즈베키스탄 출생이다.

'텐겐'이란 회사명은 사장이 본인의 이름을 따서 지은 것이다. 소련시대에는 엔지니어로 건축일을 했다. 소련이 해체된 후 생계를 위해 모스크바를 다니면서 보따리 장사를 하다가 1997년에 소시지 공장을 설립했다. 현재 타슈켄트 시외 고려인 집거지에 4개의 공장이 있다. 전체 종업원 수는 약 100명이고 고려인 종업원은 그 중에 60명을 차지한다. 공장에는 50%, 사무실에는 90%의 직원이 고려인이다.

주요 생산품은 소시지, 햄이지만 3년 전부터 케찹과 마요네스 생산도 시작했다. 직판장은 타슈켄트 공장 내 한 곳이고 대부분 시장이나 상점의 도·소매상들에게 공급하고 있다.

경영상의 어려움은 판촉이다. 경쟁이 심해서 어떻게 하면 매출을 올릴 수 있을까 하는 고민을 늘 하고 있다. 회사 광고 포스터를 제작해 배포하기도 한다.

부인과 아들이 함께 사업을 도와주고 있다.

한국 또는 한국인과의 거래에는 별 관심이 없다. 한국에는 가 본 적도 없다.

'텐겐'의 공장 내부

'텐겐'의 타슈켄트 공장에 있는 직판장 코너

④ 황 스타니슬라브 사장

농업기업 '황만금'의 대표이다. 소련을 대표하는 농장 '뽈리따젤'의 총책임자였던 농업영웅 황 만금의 장남으로 기업명은 부친의 이름을 딴 것이다. 1943년생으로 지금까지 부친 덕분에 부족함 없이 살았다. 소련이 무너지고 농장이 해체되는 과정에서 200여 헥타르의 농지를 취득한 후 개인사업을 하고 있다. 목화와 밀 농사를 지으면서 하우스재배도 하고 있는데 수익성은 하우스재배가 월등히 우월하다. 네덜란드 회사로부터 좋은 종자를 수입해 재배한 토마토, 오이, 가지 등을 러시아에 비싼 값으로 수출하고 있다. 부친 황만금의 유

농업기업 '황만금'의 황 스타니슬라브 사장

비닐하우스 농장에서 관리자들과 함께 선 황 스타니블라브 사장

명세와 뽈리따젤의 높은 인지도가 사업에 큰 도움이 되었다. 국내는 물론이고 해외에서도 황 만금의 아들이라는 것만으로 신용과 시장을 얻을 수 있었다. 현재 비닐하우스의 설비개선에 적지 않은 투자가 필요한 실정이다. 그러나 딸은 미국 유학을 마치고 현재 영국에서 회계사로 일하고 있으며 아들은 모스크바에 사업을 하고 있는데 이들이 사업을 물려받을 생각을 않고 있고 본인도 무리하게 물려줄 생각이 없기 때문에 투자를 망설이고 있다. 농사는 다른 사업에 비해 너무 힘들다. 다르게 돈을 벌 수 있는 방법이 있다면 농사를 강요하고 싶지 않다.

4) 고려인 기업가들의 성공요인

구소련지역 인민들은 70여 년간 사회주의 계획경제체제 하에서 침묵의 대가로 국가와 당으로부터 생계를 보장받아 왔다. 주체적으로 미래를 준비하고 생계수단을 찾는 일을 해 본 적도 없는 이들에게 있어 자신들의 생계를 스스로 해결해야 한다는 자본주의 시장경제체제로의 전환 선언은 어두운 암흑 속으로 이들을 내몰아치는 것과 다름이 없었다. 물론 이들이 자본주의와 시장경제 개념을 이해하는 데 많은 시간이 필요하지는 않았다. 국영자산의 민영화 과정에서 공장들의 잇따른 도산, 임금체불 등으로 생계위협을 느낀 사람들이 거리에 나와 물물교환이나 행상 등으로 당장의 경제난을 해결하고자 했고 이런 과정 속에서 조금씩 시장경제를 이해해 나가기 시작했다. 고려인 동포들 역시 예외가 아니었다. 교사나 의사, 공무원 등 인텔리 계층들까지도 보따리 장사에 뛰어들었고 이들이 점차 자본을 축적해 현재는 민간경제를 리드해 나가는 집단으로까지 성장했다. 그러나 모든 사람들이 성공한 것은 아니다. 빈번한 제도변화와 모라토리엄 등으로 적지 않은 이들이 도산을 했고, 크게 성공하지 못한 고려인들은 경제가 안정되어 가면서 본래의 전공을 살려 새로운 직장을 찾아 예전의 생활로 돌아가기도 했다.

이러한 환경 속에서 지역이나 국가를 대표할 만한 기업가로 성장하는 데는 남다른 성공요인이 있었을 것으로 추측된다. 따라서 여기서는 앞에서 소개한 성공한 고려인 기업가들의 사례를 참고로 고려인기업가들의 성공요인에 대해 살펴보고자 한다. 선진자본주의 사회와는 많이 다른 구소련 지역에서 사업에 성공하기 위해서는 어떠한 노력이 필요한지, 또 어떠한 자격을 갖추어야하는지 등에 대한 제반 정보들이 구소

소련시대 때 제작된 집단농장 '뽈리따젤'의 홍보 팸플릿. 러시아, 영어, 프랑스어 3개 국어로 제작되어 있으며 총 18면으로 구성되어 있다. 농장의 역사와 사회, 경제, 교육, 문화, 의료 사업 등을 소개하는 텍스트와 컬라사진들이 풍부하게 실려 있다. 왼편 사진은 책임자 황만금을 둘러싸고 농장 주민들이 회의를 하고 있는 모습이다.
이 팸플릿을 펼쳐서 당시를 설명하는 아들 스타니슬라브 사장에게서 농장운영이 활기를 띄던 과거에 대한 그리움과 아버지를 자랑스럽게 생각하는 모습이 역력했다.

련 지역 경제환경 및 고려인사회를 이해하는 데 도움이 되길 바라며 고려인기업가들과의 교류활성화를 위한 기본정보로 활용되기를 바란다.

(1) 명석한 두뇌

성공한 기업가들을 직접 만나 면담을 하는 과정에서 느끼는 공통점의 하나는 두뇌의 명석함이다. 이들의 학력이 대변하고 있듯이 성공한 기업가들 중에는 유명대학 출신이거나 소수민족의 신분으로 국영기업의 책임자라는 높은 지위에까지 오른 사람들이 적지 않다. 또한 두뇌의 명석함은 뛰어난 현실감각과 변화에 대한 민첩한 대응능력으로 가름할 수 있다. 계획경제에서 시장경제체제로 이행하는 과도기에 많은 사람들이 생계를 위해 불안감을 안고 미지의 세계인 상업에 뛰어들었다. 이들 대부분은 극심한 물자부족 현상이란 혼란기를 이용해 갑작스럽게 많은 돈을 벌었다. 그러나 그 후 러시아의 디폴트 선언, 루블 급락, 재·개정을 거듭하는 일관성이 결여된 법률이나 정부정책 등으로 적지 않은 사람들이 피해를 보고 자본을 잃은 것도 사실이다. 그러나 성공한 기업가들은 이러한 위기를 기회로 돈을 더 크게 불릴 수 있는 방법을 터득한 사람들이며 이는 과도기라는 현상을 인식하고 정치·사회·경제의 변화를 주시하면서 앞날을 예견하고 이에 대한 적절한 대응책을 강구해 왔기 때문에 가능한 일이었다고 본다.

수년간 「비즈니스위크誌」 모스크바 편집장을 지냈고 러시아의 급진적인 경제개혁 과정, 즉 사유화 과정을 면밀히 취재해 온 로즈 브래디는 기업가들의 초기 자본축적 과정을 다음과 같이 설명하고 있다 (2000:78).

> 가격의 자유화는 대부분의 평범한 사람들을 충격으로 몰아넣었다. 그러나 일단의 러시아인들은 침착하게 그것을 이용했다. 그들에게 경제적

자유는 사업을 시작하고 확장할 수 있는 기회, 돈을 벌고 쓸 수 있는 기회를 의미했다. 그리고 음울하고 침침한 소비에트 삶의 단조로움으로부터 벗어날 수 있는 기회를 의미했다. 초창기의 러시아 기업가들은 구 암시장 상인과 지식인 및 공산주의자들이었다. 그 중 일부는 1980년 후반 고르바초프가 협동조합의 설립을 허용했을 때, 소규모 사적기업인 협동조합을 설립하는 데 뛰어들었던 이데올로기적인 전향자였다. 또 다른 사람들은 청년공산주의 조직인 콤소몰 출신의 학생 및 연구자였다. 그 밖에 다른 사람들은 소비에트 경제가 쇠퇴하고 소연방이 분열되면서 사태의 변화를 인지하고 비즈니스에 뛰어들었던 투철한 공산주의자였다. 그들의 공통점은 러시아인들이 얘기하듯이 '돈을 굴리는 능력'이었다. 즉 그들은 중앙계획 경제체제에서 시장경제체제로의 이행해 수반하는 혼란을 이용하여 부를 축적하는 능력을 가졌던 것이다. 이들 덕분에 보드카에서 컴퓨터에 이르는 모든 물자의 만성적인 부족이 야기하는 고통을 덜 수 있었다. 그들은 부채시장에서 돈을 빌리거나 외환시장에서 루블과 달러를 거래하여 돈을 벌었다. 또한 그들은 보조금이 지급된 국가가격으로 물자와 자원을 사들여 훨씬 높은 시장가격으로 재판매하기도 했다.

또 로즈 브래디는 다음과 같은 러시아인의 말을 인용하고 있다(2000:232).

러시아 사람들은 변화의 첫 단계에 그대로 머물러 있다. 그들은 자본주의가 사회주의보다 훨씬 더 복잡하다는 것을 알고 있다. 돈을 벌기 위해서는 그리고 정당하게 돈을 벌기 위해서는 강한 성격과 스마트한 머리를 가져야 한다. 그러나 대다수의 소비에트 사람들은 소비에트 역사가 지속되는 동안 그러한 머리를 상실했다. 정직한 머리를 가진 사람들은 피살당하거나 침묵해야 했으며 혹은 추방되었다.

위의 인용문은 구소련 지역에서 비즈니스로 성공하기 위해서 어떤 조건이 필요한지, 그리고 고려인 기업가들의 성장을 이해하는 데도 많은 도움을 주고 있다.

(2) 용 기

70여 년간의 계획경제 하에서 시민들은 영리를 목적으로 하는 비즈니스를 '악'으로 세뇌교육 받아왔으며 개인의 상행위는 사기와 같은 범죄행위로 인식되어 형사처벌의 대상이었다. 따라서 갑작스러운 위로부터의 개혁은 아무런 준비가 되어 있지 않은 평범한 사람들을 혼란에 빠뜨리게 할 뿐이었다. 사유화 또는 자유시장경제를 이해하지 못하는 대부분의 사람들은 여전히 구소련시대의 이데올로기에 발목이 잡혀 임금도 지급하지 못하는 빚더미에 오른 직장을 지키고 있었을 뿐이다. 그리고 국영자산을 무상으로 불하 받기 위해 은행가들과 정치인들이 권력과 부를 둘러싸고 투쟁을 벌이는 과정을 보면서 비즈니스를 범죄행위로 보는 시각은 더욱 굳어졌고 자유시장경제란 무법의 사기행위를 합법화 시킨 시스템으로 이해하기도 했다.

대부분의 점잖고 교양 있는 사람들은 생활고에 시달리면서도 수치스러운 상행위 따위에는 발을 들일 수 없다고 생각하고 있었다.

이런 사고가 지배적인 시절에 '협잡꾼, 사기꾼'이라는 불명예스러운 꼬리표를 뒤에 달고 개인사업에 뛰어들자면 대단한 용기가 필요했을 것으로 추측이 된다. 이들에게는 자본주의 체제 하에서 살아온 사람들의 상상을 초월하는 강한 동기와 용기가 필요로 했을 것이다.

(3) 헝그리 정신

러시아나 중앙아시아에는 중소기업 분야에서 고려인들이 능력을 발휘하고 있다. 최고 권력층과의 결탁이 전제 조건인 대기업이나 국영기업과 같은 대규모의 기업경영보다는 중소기업 분야에서 성공한 고려인이 많은데 이는 소수민족의 한계라고도 할 수 있다. 고려인들이 짧은 기간에 자유시장경제에 민첩하게 대응해 성공할 수 있었던 비결은 무엇일까? 고려인기업가들은 자신들의 성공비결은 자신들에게 체화된 강한 생활력이라고 말한다. 즉 헝그리 정신이다. 굶주림 때문에 고향을 등졌던 경험, 스탈린의 강제이주로 황무지에서 살 길을 찾아 밤낮으로 허리를 펼 여유도 없이 일해온 경험, 이러한 선조들의 경험이 고려인들의 핏속에 살아 있다는 것이다. 그래서 고려인들은 어떠한 극한 상황에서도 굴복하지 않고 꿋꿋하게 살아남을 수 있다고 스스로를 평가하고 있다.

(4) 연 줄

중국에서 비즈니스로 성공하기 위해서는 관시(關係), 즉 인맥이 절대적으로 필요하다고 한다. 자유시장경제체제가 정착되지 못한 과도기에 특히 그 기능을 발휘하게 되는 인맥, 즉 연줄이 구소련지역에서도 사업을 키워나가는 데 있어서 매우 중요한 역할을 한다. 고려인 대기업이 다 수 존재하고 또 고려인들의 기업활동이 구소련지역에서 가장 활발한 카자흐스탄의 경우 그들은 자신들의 성공요인의 하나는 각계각층의 요직에 진출해 있는 고려인들이라고 한다. 그러나 민족적 차원이 아닌 개인적 차원에서도 성공한 기업가들은 인맥 만들기에 매우 유리한 위치에 있었던 것으로 추측이 된다. 국영기업 책임자나 관료로 일 할 때에 구축된 인맥, 그리고 과거에 국가적 영웅이었던 자신 또는 부모님들의 유명도, 일류대학에서 함께 공부한 우수하고 능력 있는 친구들 등 성공한 기업가들은 이러한 인맥을 갖추고 있었고 이를 적절히 잘 활용한 사람들로 추측이 된다.

로즈브래디(2000:52)는 이렇게 보고 있다.

러시아의 경제자유화는 모든 사람에게 동일한 경제적 기회를 부여하

> 지는 않았다. 새로운 시대에 부를 축적하기 위해 열심히 일하는 사람들의 진로는 공산주의 이후 그 어떤 때보다도 더욱 넓게 개방되었다. 그러나 모든 사람들이 동일한 출발점에 있었던 것은 아니었다. 공산당이나 KGB 혹은 정부관료기구나 정부공장에 연줄을 가진 사람들은 앞서 나갈 수 있는 보다 유리한 기회를 가지고 있었다. 연줄은 초기 자본의 역할을 했다.

또 러시아경제정치사 연구센터의 나탈리아 티호노바는 이렇게 말했다.

> 국가기구, 콤소몰, 공산당 등에 있었거나 무역을 담당했던 사람들은 보다 유리한 지위를 가졌는데 자본이 그 주변에 쉽게 축적될 수 있었기 때문이었다. 그러나 평범한 사람들은 자신의 경제적 자유를 이용할 수 있는 가능성은 훨씬 더 제한되어 있었다. 기껏해야 그들은 개인적인 관계를 통해 초기 자본의 일부를 차입해 '보따리 장수'가 될 수 있었다. 그러나 그러한 단계를 넘어서 지위를 이동시키기는 어려웠다(로즈 브래디, 2000:52).

물론 고려인들은 소수민족으로서, 사유화 과정에서 국가자산을 독점하는 등의 권력유착형 기업가 출신보다는 자수성가형 기업가들이 대부분이다. 그러나 그들 또한 매우 한정적이기는 하지만 가족이나 동료들을 중심으로 동원가능한 인맥을 사업에 활용해 왔을 것이라는 것은 짐작이 어렵지 않다. 제한적이기는 하지만 이러한 인맥의 유무가 기업의 성공을 좌우했을 것이다.

구소련 지역에서 오랫동안 생활한 경험이 있는 한국인들은 구소련 지역 사람들이 무뚝뚝해 보이지만 인정이 많고 가족과 친구들을 무엇보다도 중요시하는 민족성을 가지고 있으며 비즈니스에 있어서도 인간관계를 매우 중요시한다고 말한다. 비즈니스를 성공시키기 위해서는 인간적으로 접근하고 인맥을 잘 활용하는 것이 성공의 필수조건이라고 충고를 한다.

V
고려인기업 네트워크 현황

구소련 지역에서는 시민들의 단체 활동이 활발하지 못하다. 경제체제가 자본주의 시장경제로 전환되었다 할지라도 여전히 정치적으로는 소연방 시대의 권위주의적인 색채가 농후하게 남아 있다. 또 일부 국가에는 1인 장기 독재가 계속되고 있는 상황이다. 정부나 권력자에 의한 언론통제나 탄압 하에서 시민들의 표현의 자유는 극도로 제한되어 있다. 한편 시민의식의 미성숙도 단체활동에 장애요인으로 작용하고 있다. 스탈린의 억압정치를 기억하고 있는 이들은 여전히 권력층에 대한 두려움에서 벗어나지 못하는 경향이 있으며 민주주의를 경험해 보지 못해 자유로운 시민활동에 대한 개념도 희박한 실정이다.

사회단체라고 불리는 조직의 대부분이 정부 산하의 기관으로 수동적이고 복종적이다. 또 시민들의 자유로운 집회활동은 제한되어 있고 단체는 사회단체법에 의해 반드시 등록을 마쳐야만 활동이 가능하다. 집회에 대한 경찰이나 관계부처의 눈길은 여전히 날카롭다.

이러한 풍토 때문에 단체활동이 활발하지 못하고 사회주의 공포정치의 잔재로 활동내용이나 회원들 간의 결속력도 매우 미약하다. 경제분야 역시 예외일 수 없다.

더욱이 자유시장경제가 성숙되지 못한 상황에서 기업활동에 많은 제한이 따르는 현재 상황에서는 서구사회와 같이 경제인들이 이익단체를 조직해 활동하는 것도 쉬운 일이 아니다.

이러한 지역 특수성으로 인해 고려인 경제인들의 단체활동이나 공식적인 네트워크는 매우 미약하다. 물론 성공적인 비즈니스의 필수조건이라고 할 수 있는 인맥이라고 하는 네트워크가 작용하고 있으나 이는 지극히 사적인 차원에서 비밀리에 행해지기 때문에 그 실체를 파악하기가 어렵다.

본 연구팀은 고려인기업 간, 그리고 한국기업 또는 해외동포 간의 업무상의 거래와 세계한상네트워크에 대한 고려인기업가들의 의식을 중심으로 네트워크를 파악하고자 한다.

현지 한국공관이나 고려인협회를 통해 추천 받은 36개 기업(러시아 7개, 카자흐스탄 17개, 우즈베키스탄 12개)을 대상으로 설문조사를 실시했으며 이들 기업은 현지에서 탄탄하고 신뢰성 있는 기업이라는 평가를 받고 있다. 고려인기업을 대표할 수 있다는 평가를 받고 있는 기업들로 한상네트워크의 중추적 역할이 기대되는 기업가들이기도 하다. 러시아나 중앙아시아 동포기업가들이 전체적으로 한국 또는 한민족 간 경제네트워크 형성에 대한 관심도가 그다지 높지 못한 것이 현실이다. 그러나 한국공관이나 고려인협회 등과 우호적인 관계를 맺고 있으며 모국의 연구활동에 협조적인 점 등으로 보아 이들이 한상네트워크 구축의 견인차적인 역할을 할 수 있는 잠재집단으로 판단되며 이들의 의견은 매우 유의미한 것으로 판단한다.

1. 수출입 및 거래를 통한 업무상의 네트워크 현황

1) 수출부문

설문 조사에 응해준 36개 기업 중에서 해외 수출 업무를 하고 있는 기업은 6개 기업으로 17.7% 수준이었다. 수출 상대국을 보면 CIS지역,

중국, 한국과 일본 순으로 나타나 CIS지역권내 교역이 상대적으로 활발한 것을 알 수 있다. 이는 국가 전체 교역현황과 일치하는 결과로 고려인 기업에서도 그대로 반영되고 있음을 확인할 수 있었다. 수출품의 형태는 완제품과 반제품을 포함한 원자재가 각각 50%를 차지하고 있는 것으로 나타났고 거래업체 중에 한인기업도 있다고 응답한 기업이 3개사로 비율적으로는 매우 높은 것을 알 수 있다.

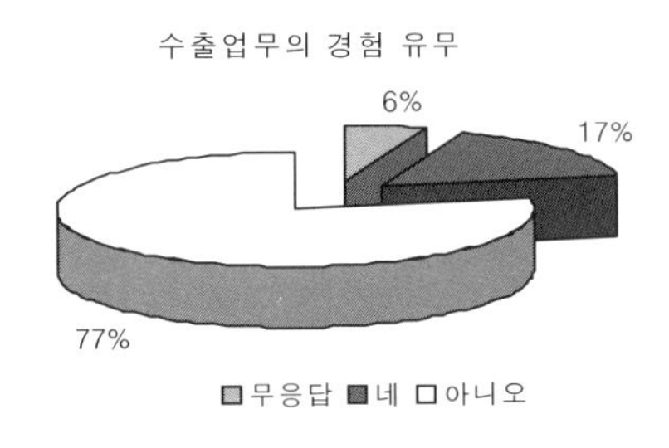

〈그림 V-1〉 수출업무의 경험유무

2) 수입부문

수출을 하는 기업이 6개 기업인데 반해 해외로부터 수입을 하고 있는 기업은 36개 기업 중 11개 기업으로 상대적으로 많게 나타났다. 수입대상국 역시 수출대상국과 동일하게 CIS권내가 1위로 가장 많고 그 다음

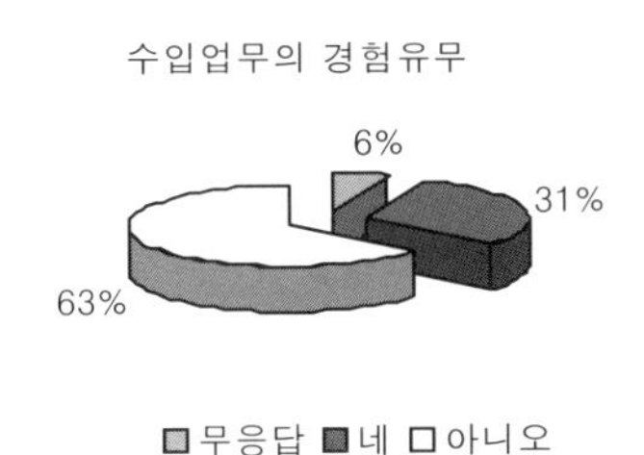

〈그림 V-2〉 수입업무의 경험유무

이 중국, 한국과 일본 순이다. 대상국의 비중도 동일하게 나타난 것이 눈길을 끈다. 완제품 형태의 상품을 수입하고 있는 기업이 11개 기업 중 6개 기업이고, 반제품을 포함한 원자재를 수입하고 있는 기업이 4개사, 그리고 기타 기계설비 등을 수입하고 있다고 답한 기업이 1개사를 차지한다. 수입한 상품의 유통과정을 묻는 질문(복수응답)에는 직접 소비자에게 판매하는 기업이 46.7%로, 타기업이나 중개상에게 납품하는 기업이 33.3%를 차지하고 기타 20%는 수입한 원자재나 설비 등을 기업이 직접 소비하고 있다고 답했다. 한인기업과 거래가 있는 기업은 11개 기업 중 2개에 불과해 수출부문보다 적게 나타났다.

2. 동포기업 간 거래 현황

전체적으로 고려인기업은 국내외 동포기업과의 업무상의 거래는 그리 활발하지 않은 것 같다. 대부분의 고려인들은 민족 문제에 매우 민감한 반응을 보인다. 이러한 반응은 단일민족만으로 구성된 사회에서 살아온 한국인들과 다민족 사회에서 살아온 이들과의 의식의 차이에서 기인하는 바가 큰 것으로 추측이 된다. 한국인들은 일반적으로 민족과 조국의 개념을 동일 선상에서 인식하는 반면 이들은 별개의 문제로 정리를 하고 있는 듯하다. 흔히 고려인들이 '우리의 조국은 러시아고, 민족은 카레이츠(한민족)'라고 표현한다. 즉 100개 이상의 다양한 민족들과의 공존 사회에서 민족성을 지나치게 강조하는 것은 오히려 타 민족의 견제와 박해를 초래할 수 있으며 과거 사회주의 체제 하에서 민족을 부정하는 교육을 받아온 것이 더해져 한국인들이 민족문제를 노골적으로 드러내는 일련의 행위들에 대해 거부반응을 느끼는 것으로 판단된다. 실제로 소연방 해체 이후 체첸 인들을 비롯한 소수민족들의 분리독립운동에 대한 러시아 정부의 강경한 대응을 목격하면서 생존을 위해서는 민족문제를 공개적으로 거론하지 않는 것이 도움이 된다는 생각을 하고 있다. 또 정부가 민족문제에 매우 민감하게 반응하는 것 역시 이들이 조심스러워질 수 밖에 없는 원인 중의 하나로 판단된다.

특히 러시아에서는 스킨헤드족들이 대표하듯이 비슬라브계 소수민족에 대한 주류민족 슬라브계 민족들의 차별과 견제가 심해 더욱 고려인들은 조심스럽게 만드는 것 같다. 또 중앙아시아에서도 타민족들과 함께 평화롭게 살아가는 것이 고려인들의 과제인 만큼 '우리 민족끼리'라고 하는 의식을 바탕에 둔 각종 연구는 부담스럽고 위험스러운 도전으로 여겨지는 것 같다.

또 비즈니스는 영리를 목적으로 하는 것으로 민족과는 무관하다고 하는 사고가 일반적이기 때문에 동포 기업 간 현황에 대한 질문에 대한 고려인기업가들의 반응은 상당히 냉소적이다. 본 연구팀이 만나본 36개 기업들은 어떠한지 구체적으로 살펴보자.

1) 고려인기업 간의 거래 현황

국내 고려인기업과 거래한 경험이 있는지에 대한 질문에 36개사 12개사가 거래 경험이 있다고 응답했다. 비율로 보면 33%를 차지하는데 구소련 지역 각국의 고려인 인구가 전체 인구의 약 1% 수준임에 비추어 볼 때 낮은 수준이라고는 보기 어렵다. 그러나 이 질문은 과거 경험을 묻는 차원의 것으로 교역의 내용이나 그 규모를 알 수가 없고 또 거래가 일시적이었는지 장기적인 거래였는지가 파악이 되지 않아 쉽게 판단내리기 힘든 부분이 있다.

국가별로 살펴보면 러시아 지역에서는 조사에 협조한 7개 기업이 고려인기업과의 거래 경험이 전혀 없다고 답한 반면, 중앙아시아 지역에서는 우즈베키스탄의 12개 기업 중 4개 기업이, 카자흐스탄에서는 17개 기업 중 8개 기업이 고려인기업과의 거래가 있다고 답해 상대적으로

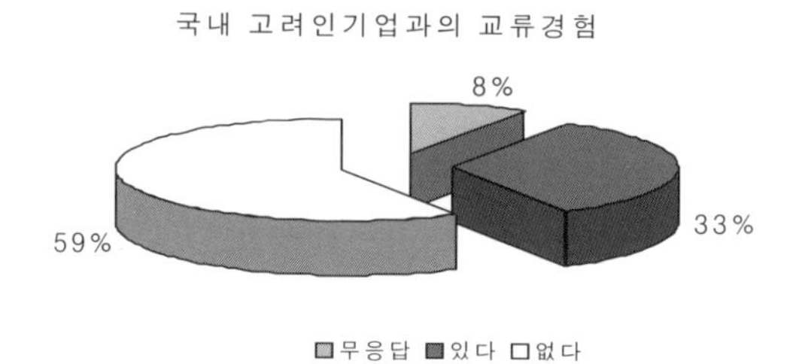

〈그림 V-3〉 국내 고려인기업과의 교류경험

중앙아시아 지역 고려인기업 간의 교류가 활발한 것을 알 수 있다. 이는 러시아의 고려인들이 서부나 동부의 대도시에 분산되어 있는 반면 중앙아시아 고려인들은 알마티나 타슈켄트 등 수도에 집중되어 있어 지리적으로 교류에 유리한 것도 요인으로 지적될 수 있다. 또 러시아의 고려인들은 소련시대부터 살아온 토박이와 소연방 해체 이후 구소련지역 각지에서 재이주해 온 이들로 구성되어 있어 출신지역이나 성장배경 등이 중앙아시아에 비해 다양해 오랫동안 터전을 쌓아온 중앙아시아의 고려인들보다 결속력이 미약한 것도 원인으로 작용하는 것이 아닌가 싶다. 그 외에 러시아보다는 중앙아시아 지역 고려인들이 기업활동도 활발하고 또 규모도 큰 것도 원인의 하나라고 본다.

2) 고려인기업과 해외동포기업 간 거래 현황

중국이나 일본을 비롯해 해외동포기업과 거래한 경험이 있는가라는 질문에 대해 36개사 중 7개사(19%)가 있다고 응답했다. 무응답도 8개사를 차지해 22%라는 매우 높은 수치를 나타낸다. 세부적인 질문을 기피하는 고려인기업의 성격상, 이러한 사항들이 파악이 되지 않는 것이 안타깝다. 그러나 일반적으로 한국 이외의 서구권 기업과의 교류는 지리적으로 가까운 중국이나 일본을 중심으로 이루어지고 있고 설문조사

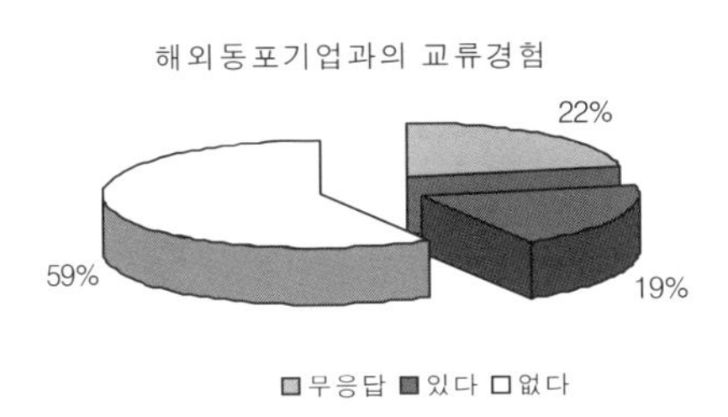

〈그림 V-4〉 해외동포기업과의 교류경험

결과, 수출입 업무를 하고 있는 기업들의 교역 상대국들이 주로 CIS지역이나 중국, 일본 등인 점으로 미루어보아 해외동포기업 간 거래가 이들 나라들과 이루어질 가능성이 높은 것으로 추측이 된다.

3) 한국기업과의 거래 현황

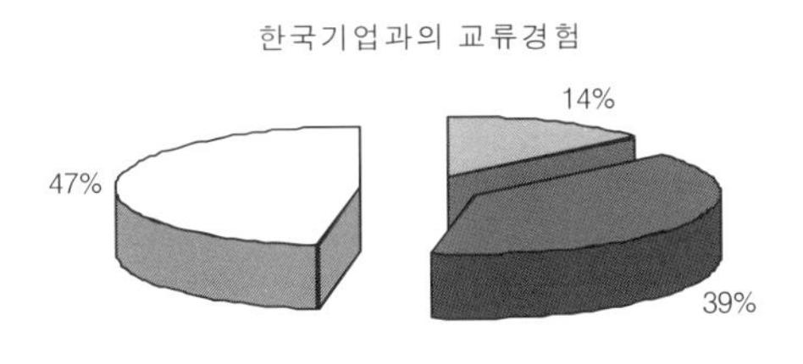

〈그림 V-5〉 한국기업과의 교류경험

한국기업과 거래한 경험이 있는가는 질문에는 36개 기업 중 14개 기업이 '있다'라고 답해, 고려인기업 간의 거래경험이 있다고 답한 12개사보다 다소 높게 나타났다. 러시아에서는 7개 기업 중 2개 기업이, 우즈베키스탄에서는 12개 기업 중 5개 기업이, 카자흐스탄에서는 17개 기업 중 7개 기업이 한국기업과의 거래 경험이 있다고 대답해 중앙아시아 지역'고려인기업들이 러시아보다 한국과의 교역을 상대적으로 활발히 하고 있는 것으로 나타났다. 이는 우즈베키스탄과 카자흐스탄이 한국의 경제발전모델을 벤치마킹하고 있고 한국의 삼성이나 LG 등의 가전제품이 시장을 석권하고 있는 등 러시아보다 한국의 영향력이 상대적으로 더 큰 것과 관련이 있는 것으로 본다.

4) 현지진출 한국기업과의 거래현황

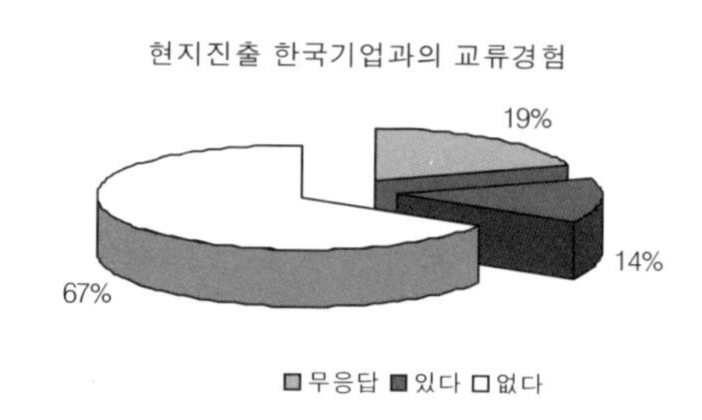

〈그림 V-6〉 현지진출 한국기업과의 거래현황

한국기업과의 거래 경험이 있다고 답한 기업이 36개사 중 14개 기업인데 반해 현지에 진출한 한국기업과 거래한 경험이 있는 기업은 36개 기업 중 5개 기업에 불과한 것으로 나타났다. 거리적으로 가까이 있는 현지 한국기업보다 멀리 있는 모국의 기업과의 거래가 더 활발함을 알 수 있다.

이러한 결과를 초래한 이유는 현지에 진출해 있는 한국기업이 적기 때문이다. 기술력이나 자본력을 지닌 기업의 진출이 거의 없고 대기업의 경우는 현지에 사무소를 설치해 놓은 정도의 수준이다. 따라서 고려인들이 수출입 또는 기술협력 대상으로 적당한 현지의 한국기업이 거의 없는 실정이다. 또 현지에 진출한 개인 사업가들은 자본 규모가 영세하고 대부분이 보따리장수 수준의 무역상이다. IMF 이후 도피성 진출이 많았던 관계로 현지에서 고려인기업과 한국인 개인사업가들의 신뢰관계가 구축되지 못한 점도 교류가 활발하지 못한 이유 중의 하나다.

고려인들은 한국에서도 잘 알려진 중소기업이나 대기업과의 거래를 선호하는데 이는 이들을 신뢰할 수 있기 때문이다. 현지에 진출한 무역상 등 한국회사 오너들은 그 실체를 파악하기 힘들고 과거 상호 간에 좋지 않은 거래가 있어 상호불신의 벽이 높은 것도 이유 중의 하나다.

고려인들은 한국의 견실하고 신뢰할 수 있는 기업들의 진출을 기다리고 있다. 특히 제조업분야로의 진출이나 투자 등에 관심이 많은데 한국인들이 과감한 진출을 꺼려하고 있는 상황이다. 그러나 경영의 불투명성이나 금융제도의 미비 등을 이유로 한국인들이 진출을 결심하기가 쉽지 않다. 그러나 작년부터 카자흐스탄에 대한 한국의 관심이 급속히 높아졌고 석유나 가스개발 사업분야에 대한 투자가 이루어졌고 금융권이나 건축업계의 진출도 줄을 잇고 있다. 카자흐스탄의 경제 성장력과 고려인들의 경제적 영향력 등을 감안할 때 향후 성과가 기대된다.

5) 거래 내용

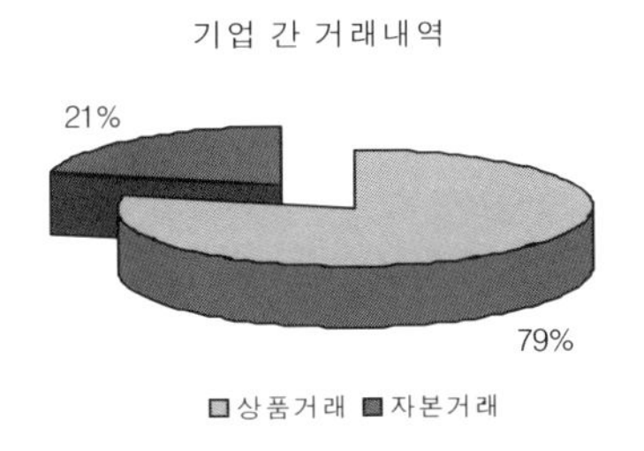

〈그림 V-7〉 기업 간 거래내역

고려인기업과 국내외 동포기업 간의 거래내용은 상품거래(78.6%)가 주류를 이루고 있는 것으로 나타났다. 즉, 해외동포 기업과 거래를 하고 있는 기업은 36개사 중 7개 기업인데 이들 중에서 상품거래를 하고 있는 기업이 4개사, 자본거래를 하고 있는 기업이 3개사로 나타났다. 상품거래와 함께 자본거래도 이루어지고 있는 지역은 카자흐스탄 지역

뿐이다. 타지역에서는 이루어지지 않고 있는 자본거래가 카자흐스탄에서 이루어지고 있는 이유는 카자흐스탄 경제 시스템에 기인하는 바가 크다. 카자흐스탄이 지금 구소련 지역 중에서 기업환경이 가장 선진화되었다는 평가를 받고 있다. 우즈베키스탄의 경우, 경제침체와 함께 빈약한 외환보유고로 인해 외국기업이나 외환이 필요한 기업들에게 태환을 잘 해주지 않아 외국기업의 진출을 날로 감소하고 있는 상황이다. 기업들은 급여, 출장비, 기타 소액현금 이외에는 현금을 인출할 수 없으며 예금 인출시 현금을 요청하더라도 자금이 제때 이루어지지 않고 현금 준비 시까지 기다려야 한다. 기업의 태환쿼터제나 업종에 따른 태환기간 제한(1개월에서 3개월) 등이 외자유치의 걸림돌이 되고 있는 반면, 카자흐스탄은 최근 5년간 10% 내외의 GDP 성장률을 보이고 있고 금융부문을 비롯해 제반 경제시스템이 CIS 국가 중 가장 선진화되었다는 평가를 받고 있다. 이러한 기업환경이 자본협력을 가능하게 하고 있는 것으로 판단된다.

6) 거래 이유

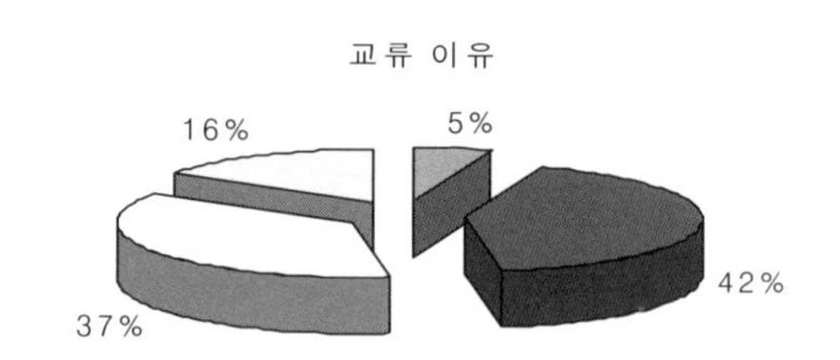

〈그림 V-8〉 교류이유

국내외 동포기업과 거래를 하고 있다고 응답한 기업들에게 거래의 이유를 물었다. 언어소통상의 편리함, 한인을 더 신뢰할 수 있어서, 또는 기업의 수익성 등 3개 요인을 제시했다. 이에 대해 동포기업을 더 신뢰할 수 있기 때문에 거래를 한다고 응답한 기업이 19개사 중 8개사로 가장 많고 기업의 수익성을 고려해서라는 응답자도 19개사 중 7개사를 차지해 비슷한 수준이었다. 의외로 언어 등 의사소통상의 편리함을 이유로 든 기업은 19개사 중 1개사로 매우 적었다.

지역적으로 보면 러시아에서는 응답자 모두가 수익성을 중요시 하고 있고 중앙아시아 지역 고려인기업가들이 수익성보다는 신뢰성을 더 중요시 하는 것으로 나타났다.

7) 거래 비중 및 성과도

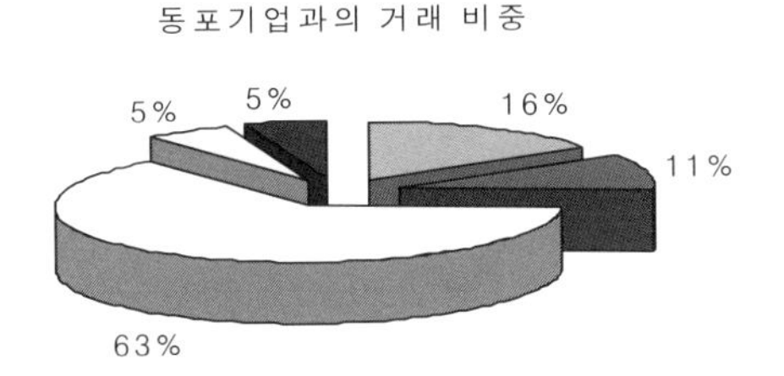

〈그림 V-9〉 동포기업과의 거래 비중

국내외 동포기업과 거래를 하고 있는 19개사 중 '거래 비중이 많다 또는 매우 많다'라고 응답한 기업은 각각 1개사로 2개사에 불과하며 보통 수준이라고 답한 기업이 12개사로 63.2%를 차지해 가장 많음을 알 수 있다. 즉 거래는 이루어지고 있지만 그다지 거래 규모가 크지 않음을 알 수 있다.

한편 한인기업과의 거래성과에 대해서는 19개 기업 중 11개 기업이 '만족스러운 수준'이라고 응답했고 '보통'이라고 답한 기업은 5개사로 26.3%를 차지한다. 응답을 회피한 3개 기업 15.8%는 성과가 만족스럽지 못한 것으로 추측이 된다. 전체적으로 성과에 대한 큰 불만은 없는 것으로 나타났으나 아주 만족한다고 응답한 기업은 1개사에 불과해 전체적으로 한인기업과의 거래가 회사 발전에 크게 기여하는 수준은 아닌 것으로 해석된다.

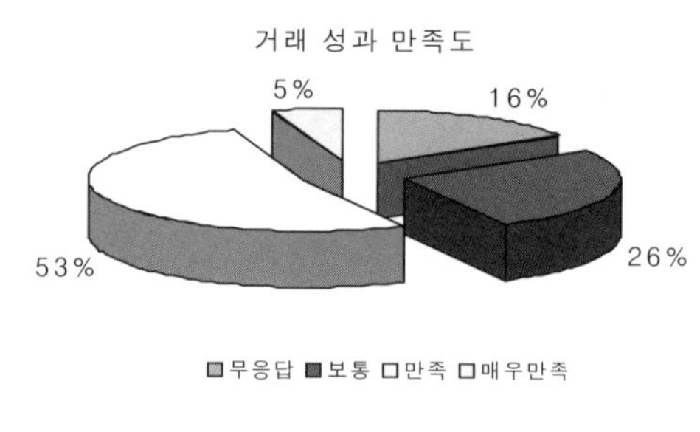

〈그림 V-10〉 거래 성과 만족도

3. 단체 네트워크 현황

여기에서는 각국의 고려인 경제단체 현황을 살펴보고 고려인기업들이 주로 어떠한 네트워크를 활용하고 있는지를 설문조사 결과를 중심으로 분석해 보고자 한다.

1) 경제단체 현황

러시아에는 'OKTA(Overseas Korean Traders Association)' 지부와 친북 성향의 고려인들이 중심이 되어 2004년 12월에 조직된 '전세계 비즈니스맨 협회'라는 경제단체가 있다. '전세계비즈니tm맨 협회'는 러시아를 비롯해 해외동포 기업가들을 북한경제개발에 적극적으로 참여하기 위해 결성한 단체로 구체적인 활동내용은 잘 알려져 있지 않다[13]. 이름 뿐인 조직으로 활동은 거의 없는 것으로 알려져 있다.

13) 「비즈니스 글로부스(러시아어)」. 2005.1

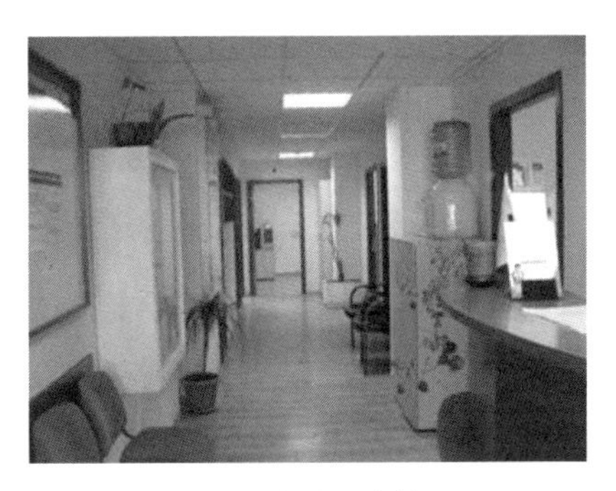
중소기업개발 연합회 사무실 복도

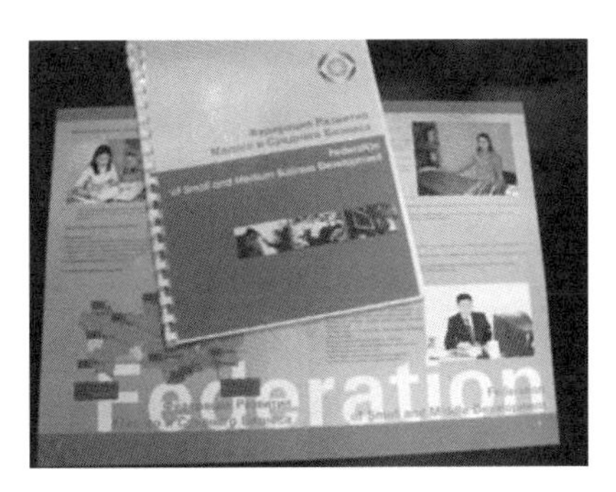

중소기업개발협회의 팸플릿과 현재 추진 중인 사업안 자료

우즈베키스탄에는 한국중소기업의 투자유치를 목적으로 현지에 진출한 한국인과 고려인 기업가들, 우즈베키스탄 정부관료들로 구성된 '우즈베키스탄 비즈니스맨회(Uzbekistan Businessman Society)'가 1993년에 조직된 바 있으나 한국기업의 투자나 진출부진 등의 이유로 유명무실한 단체에 불과하다.

카자흐스탄이 상대적으로 활발하다고 할 수 있지만 단체는 한 개에 불과하다.

'카자흐스탄 중소기업개발협회(Federation Of Small and Medium Business Develoment)'라는 조직이 있는데 이 연합회는 나자르바예프 대통령의 중소기업 진흥정책의 일환으로 조직된 단체로 카자흐스탄의 중소기업 분야를 주도하고 있는 고려인들이 주축이 되어 활동하고 있다. 2004년 2월에 조직되었고 연합회장은 고려인협회 부회장을 하고 있는 김 로만이 맡고 있다. 카자흐스탄을 동서부 지역으로 나누어 두 곳에 본부를 두고 있고 16개 지역에 지부를 설치해 놓은 상황이다. 또 경제 중심지인 알마티에 '비즈니스 센터'를 개설한 상태이다. 이 단체의 실질적인 지도자는 최유리 회장이며 그는 젊고 능력 있는 고려인 청년들을 적극적으로 단체활동에 참여시키고 있다. 카자흐스탄을 대표하는 고려인기업은 대부분이 회원사로 가입해 있으며 '비즈니스 센터'는 고려인 청년들이 중심이 되어 운영하고 있다. '비즈니스 센터'의 주

중소기업개발협회 활동을 소개한 사진들이 복도 벽에 걸려 있다. 나자르바예프 대통령의 방한 때에 사진도 있다. 이때 최유리 회장이 동행했었다.

요활동내용은 창업 및 경영 컨설팅과 경영지도, 자금지원, 국내외 기업 및 투자관련 정보제공 등이다.

우즈베키스탄이나 카자흐스탄의 경우 이러한 단체들이 고려인기업들만으로 이루어진 조직은 아니지만 실질적으로 현지국의 중소기업 분야를 주도하고 있는 기업들이 고려인기업들이다 보니 자연스럽게 고려인들 중심으로 조직 운영되고 있다.

2) 경제단체 외 네트워크 현황

고려인기업가들 간의 정기적인 모임이나 골프 등과 같은 취미생활을 통한 교류 또한 활발하지 않은 것으로 보인다. 그들은 매우 친숙하고 신뢰성이 높은 소수의 지인들과의 만남을 중요시하며 정보교류나 인맥활용 등이 매우 비밀스럽게 이루어지고 있는 인상을 받는다. 고려인기업가 간 또는 고려인 유력인사와 기업가 간의 네트워크(느슨하든 강하든 이런 밀도는 불문하고)가 존재하지만 그 내부는 네트워크의 일원이 아니면 파악이 힘든 상황이다.

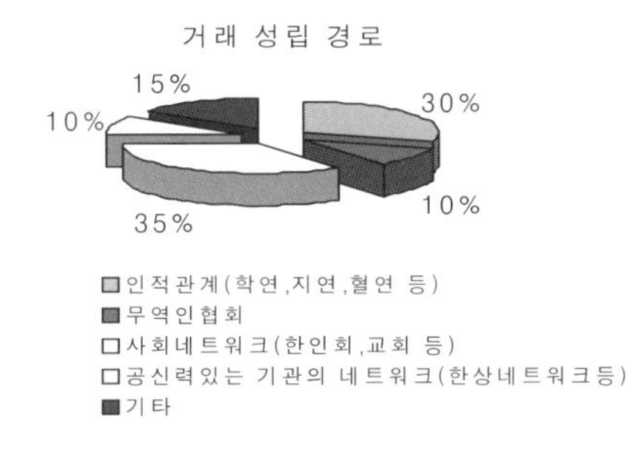

〈그림 V-11〉 거래 성립 경로

해외동포기업과 거래 경험이 있는 조사 대상기업을 중심으로 어떠한 경로를 통해 동포기업과 거래하게 되었는지를 물은 결과, 고려인협회나 교회 등과 같은 사회 네트워크를 통한 거래가 35%, 학연이나 지연, 혈연 등의 인적 네트워크를 통한 거래가 30%로 1, 2순위를 차지했다. 무역인 협회나 한상대회와 같은 공신력 있는 기관이나 행사를 통한 거래 성사는 각각 10% 수준으로 사적 네트워크나 협회 네트워크가 가장 활발하게 기능하고 있는 것으로 나타났다.

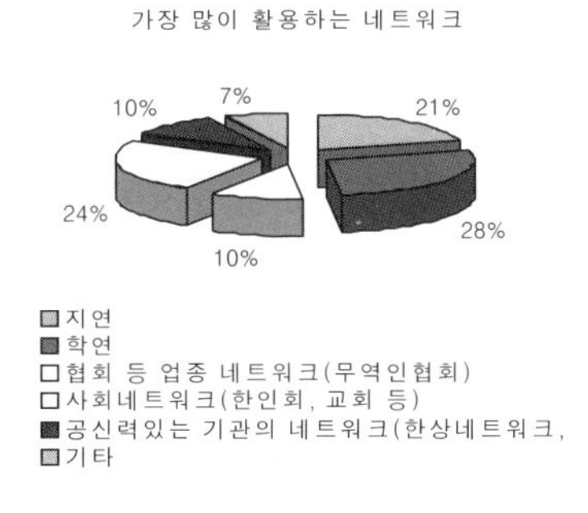

〈그림 V-12〉 주요 네트워크

한편 평소 가장 많이 활용하고 있는 네트워크가 무엇인지에 대한 질문에는 학연이 28%로 가장 높았고, 그 다음이 사회네트워크로 24%를, 3위는 지연으로 21%를 차지한다.

여기서 학연이나 지연의 의미에 대해 생각해 볼 필요가 있다. 고려인들이 한국인들과 동일하게 이 개념을 인식하고 있지는 않을 것으로 판단된다. 한국과는 달리 학교 선후배 또는 동창 개념이 희박한 구소련 지역에서는 학연의 범위가 매우 협소하고 제한적이다. 학창시절 추억을 공유하는 절친한 친구가 아니더라도 동문이라는 이유만으로 특별한 의미를 가지는 것이 한국의 학연이다. 그러나 구소련 지역에서는 학연의 의미가 매우 좁아 학창시절을 보낸 학우의 개념이다. 또 지연의 범위도 매우 협소하다. 즉 이들에게 있어 학연이나 지연은 지역의 또는 직장, 학교라는 공간을 통해 맺어진 인연으로 동료의 개념이 짙다. 따라서 한국의 학연이나 지연과는 그 규모나 내용에 있어 비교가 어려울 만큼 좁은 의미의 인적네트워크라고 할 수 있다. 이러한 개인적인 차원의 인적네트워크는 다양한 민족들로 구성되어 있다. 특히 독립 후 우즈벡이나 카자흐 민족으로 정부요직이 교체되어 주류민족들과의 인맥이 기업을 키우는데 주요한 요소로 작용하고 있다. 그리고 고려인 민족내부의 인맥도 사업을 키워나가는 데 큰 영향을 미치고 있다. 카자흐스탄에서는 정치경제계를 비롯해 각 분야의 요직에 고려인들이 진출해 있어 기업활동에 큰 힘이 되어주고 있다고 한다. 기업가들은 기업을 일정한 규모 이상으로 성장시키기 위해서는 정부요직에 반드시 인맥이 있어야 한다고 강조하고 있는데 카자흐스탄과 비교해 요직에 있는 고려인들이 상대적으로 적은 우즈베키스탄에서는 고려인기업이 성장하는 데는 한계가 있다는 지적이다. 이러한 현실이 설문조사 결과에도 반영이 되어 있다. 러시아나 우즈베키스탄에 비해 고려인협회 활동이 적극적인 카자흐스탄 지역의 경우, 설문조사대상 기업의 58.3%가 고려인협회와 같은 네트워크를 활용하고 있다고 답했다. 경제단체 활동 현황에서도 언급한 바와 같이 타지역과는 달리 카자흐스탄은 사업가인 최유리 회장을 중심으로 사업가들의 결속이 매우 강한 것으로 보인다. 이는 타지역에서의 모델이 될 수 있다. 그러나 전체적으로는 개인적인 인맥 즉 학연이나 지연, 혈연에 의존하고 있는 경향이 짙다.

3) 고려인 사회에 대한 관심도

고려인기업들의 동포사회에 대한 관심도나 단체가 사업에 미치는 영향을 살펴보기 위해서 단체 가입 여부와 단체활동에 대한 평가를 물어보았다.

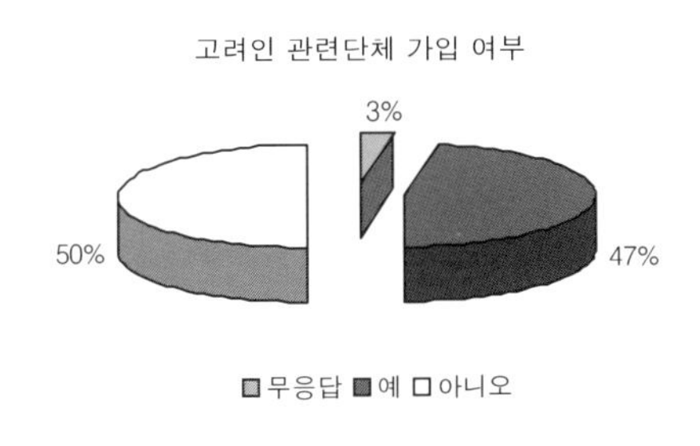

〈그림 V-13〉 고려인 관련단체 가입 여부

36개 조사대상 기업 중에 고려인 동포관련 단체에 가입되어 있는 기업가는 17개 기업으로 47.2%의 높지 않은 수치를 나타내고 있다. 국가별로는 카자흐스탄(64.7%), 우즈베키스탄(33.3%), 러시아(28.6%) 순으로 가입률이 높다. 이는 조사대상 기업 선정 시 카자흐스탄이나 우즈베키스탄에서는 고려인협회의 도움을 받은 반면, 러시아에서는 협회의 도움을 얻지 못해 다른 인맥을 동원하였기 때문일 수도 있다. 특히 카자흐스탄의 경우는 고려인기업가들 특히 성공한 기업가들과 고려인협회와의 결속력이 강하고 이는 사업가인 최유리 현 고려인협회장의 역할이 매우 크다.

단체에 가입된 기업들의 가입 목적을 보면, 친목만을 목적으로 하는 사람들은 11.1%로 적은 편이며 사업 또는 친목과 사업을 위해 가입한 사람들이 주류를 이룬다. 또 의리 등 주변의 권유를 물리칠 수 없어서 등의 기타 이유로 가입한 사람들도 33.3%로 적지 않다.

그런데 여기서 주목할 것은 러시아나 우즈베키스탄의 기업가 중에는 사업 목적만을 위해 가입했다는 사람이 한 명도 없는 반면, 카자흐스탄에서는 12명 중의 4명, 즉 33.3%가 사업상의 목적으로 단체에 가입했다고 응답했다. 이는 카자흐스탄의 고려인협회나 중소기업개발협회가 사업상 도움이 되고 있다는 것을 반증하는 것으로 해석이 된다. 동포관련 단체란 고려인협회를 지칭하는 것으로 해석이 가능하다.

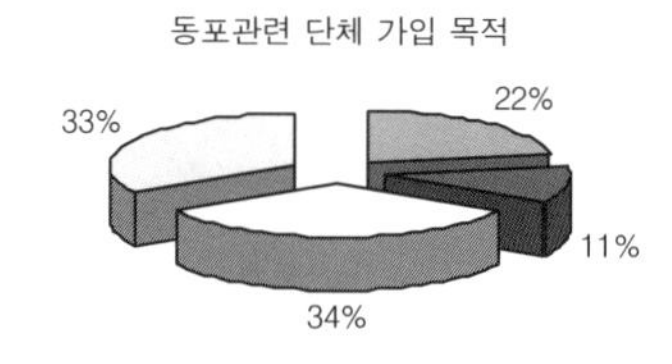

〈그림 V-14〉 동포 관련단체 가입 목적

단체가 사업에 미치는 영향에 대한 조사에서도 동일한 결과를 보인다. 즉 러시아나 우즈베키스탄의 기업가들은 단체가 사업에 미치는 영향이 거의 없다고 응답한 반면 카자흐스탄은 63.7%, 즉 단체에 가입한 11명의 기업가 중 7명이 단체가 사업에 미치는 영향력이 중요하다고 평가하고 있다. 이들은 인적네트워크 구축과 기술정보 취득에 단체가 도움이 된다고 응답했다.

종합적으로 판단했을 때 카자흐스탄은 고려인기업가들이 고려인협회나 중소기업 개발연합회를 중심으로 활발히 교류하고 있다고 말할 수 있다.

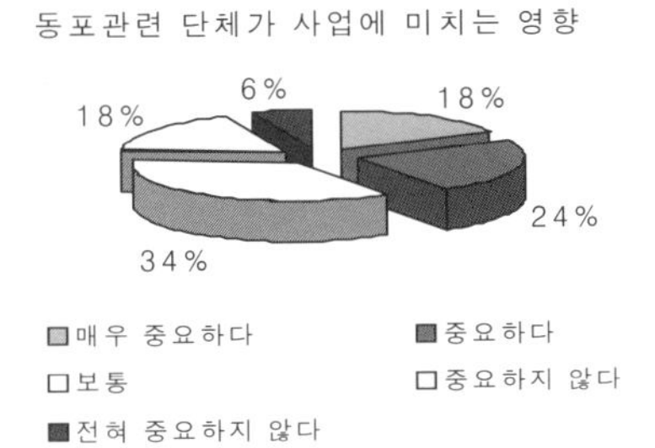

〈그림 Ⅴ-15〉 동포 관련단체가 사업에 미치는 영향도

4. 금융네트워크 현황

1) 현재 거래 중인 은행

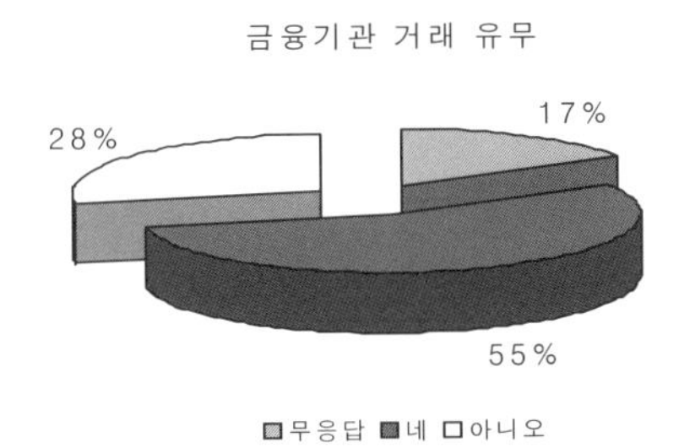

〈그림 Ⅴ-16〉 금융기관 거래 유무

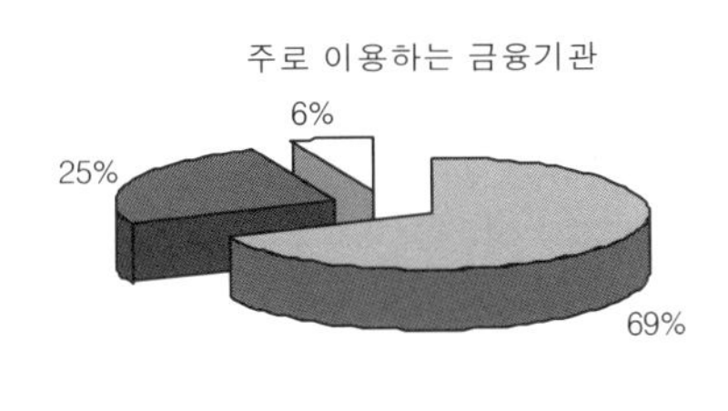

〈그림 Ⅴ-17〉 거래 금융기관

37개의 조사대상 기업 중 은행거래가 있다고 밝힌 기업은 55.6% 수준에 머물러 있다. 은행거래가 없다고 응답한 기업이 10개사로 27.8%를 차지하고 이런 질문에 응답할 수 없다는 반응을 보인 무응답 기업이 6개사로 16.7%를 차지한다. 그런데 주로 거래하는 은행이 어디인가를 묻는 질문에 16개 기업이 답한 것에 비추어 볼 때, 무응답한 6개사도 은행거래를 하고 있는 것으로 추측이 된다.

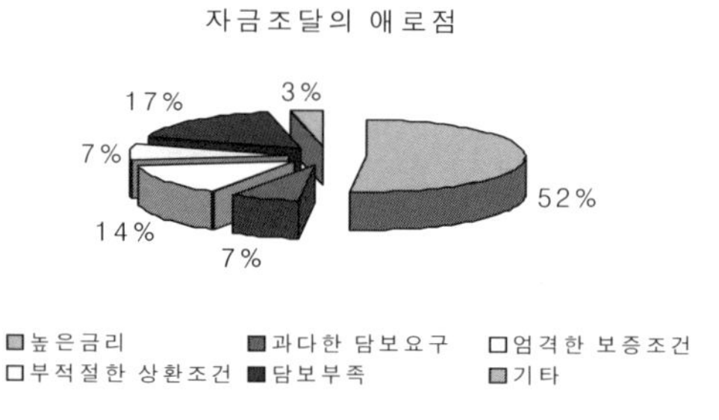

〈그림 V-18〉 자금조달의 애로점

일반적으로 기업을 경영하면서 은행거래가 없다는 것은 상상하기 힘들지만 구소련 지역에서는 일반인들은 물론이고 사업가들도 금융거래를 꺼리는 경향이 있다. 은행과의 거래로 재정상태가 외부에 알려지는 것을 두려워하기 때문이며 또 은행을 신뢰하지 않는 것도 이유의 하나로 들 수 있다.

고려인기업들이 주로 이용하는 은행은 현지국의 은행이 68.8%로 가장 많고, 외국은행이 25%, 그 외 고려인 소유의 은행이 있으나 이는 카자흐스탄의 1개의 기업만이다. 고려인 소유의 민간은행이 카자흐스탄의 카스피 은행이 유일하며 이곳과 거래하는 기업으로 추측된다.

금융기관으로부터의 자금조달에 있어 애로점이 무엇인가에 대해서는 높은 금리가 51.7%로 가장 높고 2위가 담보부족, 3위가 엄격한 보증조건으로 나타났다.

2) 민족금융기관의 설립 필요성

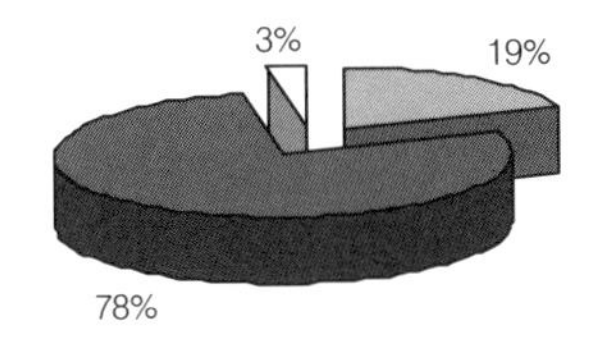

〈그림 Ⅴ-19〉 민족금융기관 설립 필요성

사업상 필요한 자금을 조달하기 위해서 민족금융기관의 설립을 필요로 하는가에 대해서는 36개 기업 중 28개 기업, 즉 77.8%가 필요하다고 응답해 비교적 높게 나타났다. 반면 필요치 않는다는 기업도 1개 기업이 있고, 필요한지 어떤지 잘 모르겠다는 반응의 무응답이 7개사로 19.4%를 차지했다.

5. 대학 또는 연구소와의 네트워크 현황

1) 대학 또는 연구소와의 연계 현황

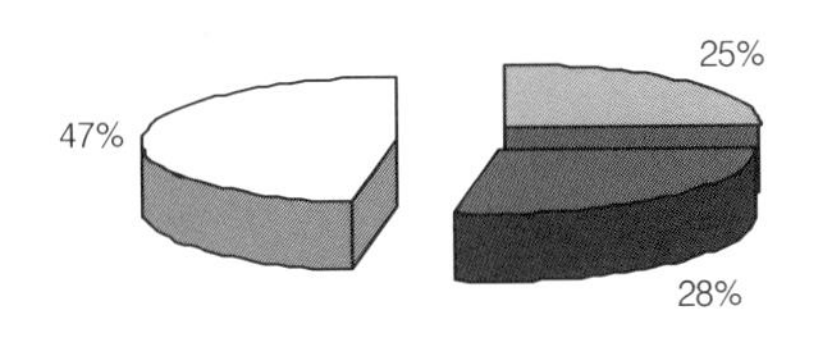

〈그림 Ⅴ-20〉 산학협력 유무

조사대상 기업 중에 과거에 대학이나 연구소와 연계한 경험이 있는지에 대해 물어본 결과, 36개 기업 중 10개 기업, 즉 27.8%만이 '있었다'라고 응답했다. 또 무응답이 9개 기업으로 25%를 차지하는데 이는 이러한 질문에 대한 거부반응 또는 비현실적인 질문으로 받아들인 것으로 해석이 된다.

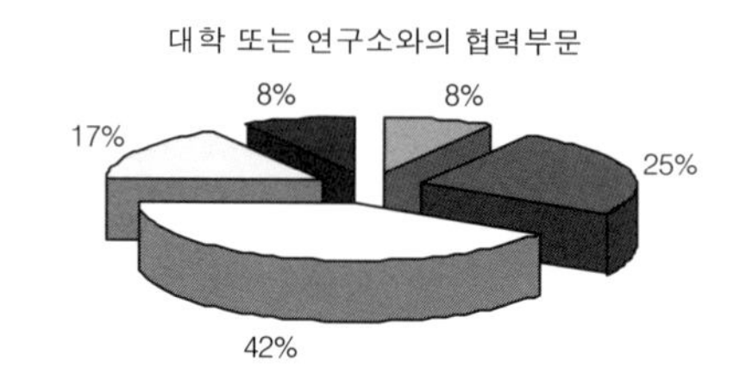

〈그림 V-21〉 산학협력 내용

구체적으로 어떠한 분야에서 연계가 있었는지에 대해서는 12개 기업이 응답했고 제품기술개발 분야에서 협력했다는 기업이 5개사로 41.7%를 차지하고, 직원교육 분야에서의 협력이 3개사로 25%, 경영자문이 2개사로 16.7%를 차지했다.

또 향후 대학이나 연구소와 협력하기를 원하느냐는 질문에는 21개 기업, 즉 58.3%가 희망하는 것으로 나타났다. 또 무응답이 역시 10개 기업으로 27.8%를 차지하고 원하지 않는다고 밝힌 기업이 5개 기업으로 13.9%를 차지했다.

또 협력을 희망하는 부문에 대한 질문에는 33개 기업이 응답을 했고 그 중 17개 기업, 즉 51.5%가 제품기술개발 부문의 협력을 희망하는 것으로 나타났다. 그 외 직원교육과 경영자문이 각각 5개 기업으로 15.2%를 차지했고, 인턴십과 같은 고용부문에서의 협력을 원하는 기업이 4개 기업으로 12.1%를 차지했다.

위의 조사결과를 종합적으로 분석해 보면, 현재 고려인기업들의 당면 과제는 경쟁력 있는 제품 또는 기술개발임을 짐작할 수 있다.

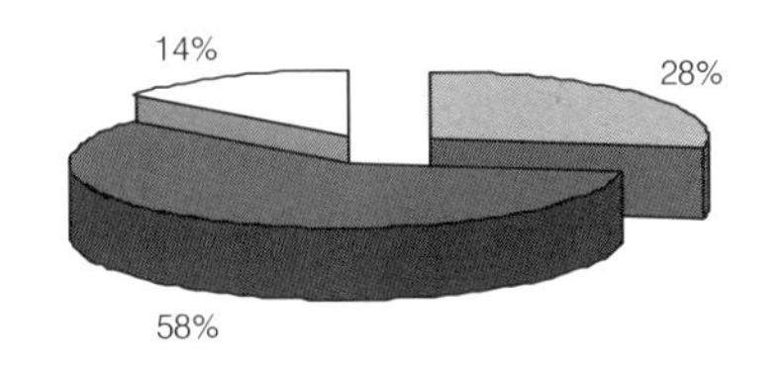

〈그림 Ⅴ-22〉 산학협력 희망 여부

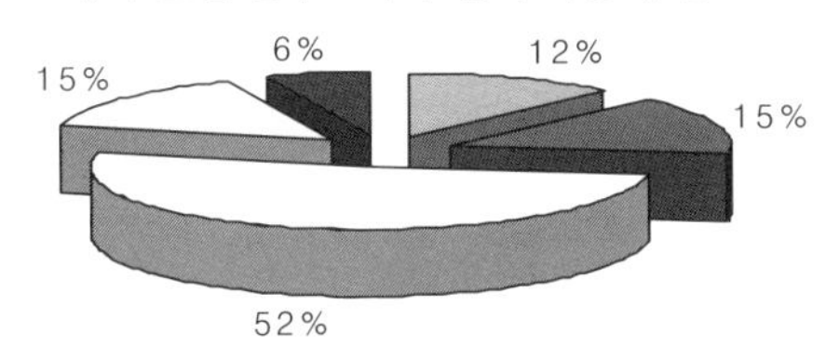

〈그림 Ⅴ-23〉 산학협력 희망 부문

2) 향후 한국학생들의 인턴십을 받아들일 의사의 유무

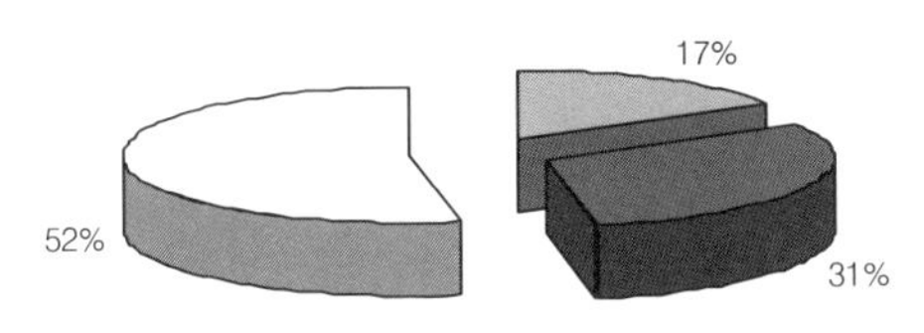

〈그림 Ⅴ-24〉 한국학생 인턴십 승낙 여부

만일 한국의 대학이 귀사에 학생들의 인턴십을 요청한다면 받아들이겠느냐는 질문에 대해서는 11개 기업, 즉 30.6%만이 받아들이겠다고 의사표명을 했으며, 19개 기업 52.8%가 받아들일 수 없다고 응답했다. 받아들일 수 없는 이유로는 준비상태의 미비함을 들었다.

6. 네트워크 구축에 대한 인식도

현재 러시아 및 중앙아시아에서는 고려인기업들 간은 물론이고 해외동포기업과의 교류가 활발하지 않고 네트워크도 부재한 상황이다. 이는 고려인기업의 인식 또는 노력 부족이라기보다는 현지의 정치경제적인 특수성에 의거한 바 크다. 즉 사회주의 계획경제에서 자유주의 시장경제제으로의 급격한 전환으로 시장경제 시스템이 성공적으로 정착하지 못한 과도기에 처해 있다는 점과 경제 부문에서는 자유주의를 도입했다 할지라도 정치적으로는 통치계급의 보수적이고 권위적인 성격이 여전히 남아 있고 언론이나 집회의 자유가 보장되지 않은 상황이 네트워크 발전의 저해요인으로 작용하고 있기 때문이다. 그러나 국민들의 민주주의 요구가 한층 더해가고 경제개혁은 느슨하지만 계속될 것으로 본다. 따라서 이들 지역의 동포사회를 보는 시각은 미래지향적이고 성장잠재성에 주목하는 방향으로 나아가야 한다.

따라서 여기에서는 준비하는 차원에서 동포기업들이 동포기업 간의 교류 및 한상네트워크 구축에 대해 어떻게 생각하고 있는지에 대해 살펴봄으로써 네트워크 활성화 방안을 모색하는 것이 목적이다.

1) 동포기업과의 교류 희망도

현재 동포기업 간의 교류가 활발하지 않지만 향후 기회가 된다면 거앞으로 동포기업과 거래를 희망합니까?

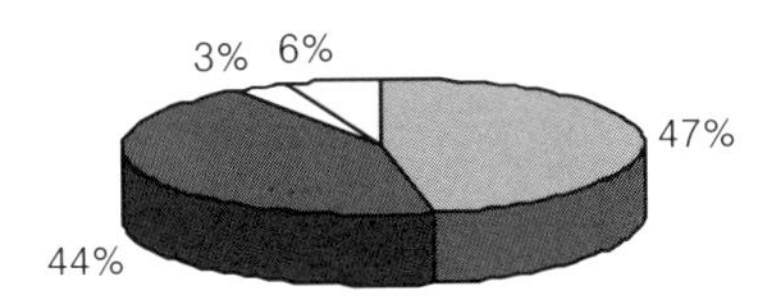

□ 무응답 ■ 네 □ 그저 그렇다 □ 아니오

〈그림 Ⅴ-25〉 동포기업과의 거래희망 여부

래 등 상호교류를 희망하는가에 대한 질문에 36개사 조사기업 대상 중의 43.8%만이 '희망한다'라고 적극적인 반응을 보이고 있을 뿐이다. 또 거래를 희망하지 않는다고 분명히 태도를 밝힌 기업이 6.3%를 차지하고 있다. 이는 과거의 거래를 통해 불신을 얻게 된 까닭이다. 고려인기업가들 중에는 '우리 민족은 뭉치지 못하는 민족성을 가지고 있으며 동포들에게 사기를 당하는 사례들이 적지 않다'는 말을 하는 사람들이 적지 않다. 또 무응답이 46.7%를 차지하는데 이는 이러한 질문 자체에 대한 회의나 부정적인 태도의 우회적 표현으로 해석할 수 있다. 즉 비즈니스와 민족문제를 연결시키는 의식에 대한 반대 또는 민족경제공동체 구축에 대해 회의적으로 생각하는 기업가들이다.

만일 동일한 조건이라면 타 민족기업보다 동포기업과의 거래를 우선

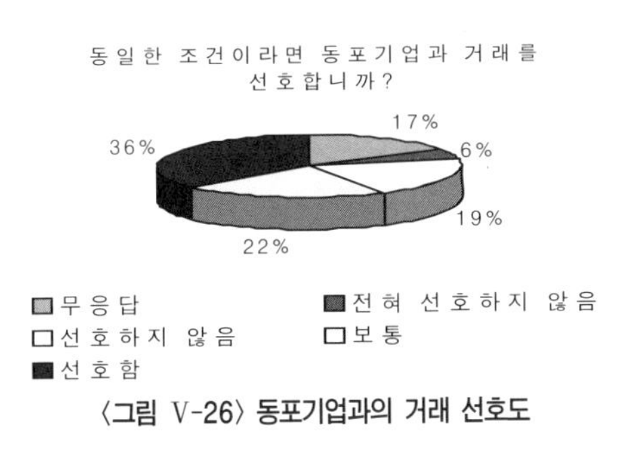

〈그림 Ⅴ-26〉 동포기업과의 거래 선호도

시 하겠는가 하는 질문에 대해서도 동일한 결과가 나타났다. 즉 '선호한다' 라고 적극적인 반응을 보인 기업은 36개사 중 36.1%에 불과하다. 물론 무응답률은 16.7%로 상대적으로 다소 낮게 나타났지만 '선호하지 않는다' 또는 '전혀 선호하지 않는다'라고 하는 적극적인 거부의사가 각각 5.6%와 19.4%로 전체의 25%를 차지해 구체적으로 질문했을 때의 거부반응이 막연한 질문에 비해 훨씬 높게 나타났다. 물론 '그저 그렇다' 또는 선호도에서 '보통'으로 답한 기업들의 경우, 네트워크에 참여할 가능성은 열려 있다고 볼 수도 있어 노력 여하에 따라 이들의 의식을 변화시킬 여지는 남겨져 있다고 본다.

그런데 고려인기업들은 왜 이렇게 동포기업 간 교류에 부정적인가?

고려인기업가들은 일반적으로 한국 기업가들과는 문화와 사고의 차이로 함께 비즈니스를 하기가 힘들다고 생각하고 있다. 오히려 유럽이나 중국 기업가들과 거래가 더 수월하다는 것이다. 유럽인들은 의사결정이 빠르고 리스크를 예상하면서도 과감한 투자를 하고 일단 믿고 사업을 시작하는 경향이 있다는 평가다. 또 중국은 사회주의나 계획경제에 대한 경험을 공유하고 있기 때문에 상호이해도가 높고 비즈니스 스타일도 유사해 함께 일하기도 수월하다고 한다.

그런데 최근까지 중앙아시아 지역에 진출한 한국인들과 적지 않은 불화가 있었던 것이 사실이다. 그러나 전체적으로 한국인들의 책임이 크다는 것이 일반적인 평가다. 이러한 시행착오를 극복하기 위한 방안으로 고려인기업가들은 한국인들이 현지에 대한 철저한 사전 조사를 거치고 진출을 검토하라고 조언한다. 사전 조사도 없이 무작정 들어와 한국식 스타일만을 고집하다 사업에 실패하고 또 실패 원인을 현지에만 떠넘기는 그러한 모습을 더 이상 되풀이하지 말라는 것이다. 따라서 향후 성실하고 노력하는 사업가나 기업들의 진출로 이러한 불신을 조금씩 씻어나가야 하는 과제가 남아 있다.

2) 고려인기업과의 교류 희망도

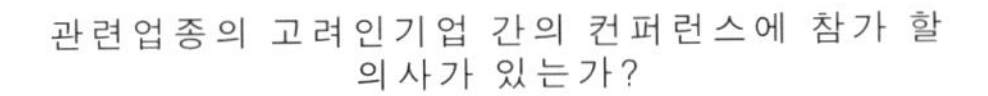

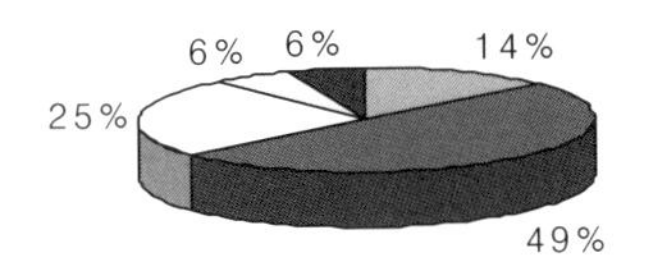

무응답 / 꼭 참석하겠다 / 시간이 되면 참석하겠다 / 별로 참석하고 싶지 않다 / 절대 참석하지 않겠다

〈그림 V-27〉 고려인기업 컨퍼런스 참가여부

한국 또는 해외동포기업 간의 교류에 부정적인 반응을 보이는데 고려인기업 간 교류에 대해서는 어떻게 생각하는지를 물었다. 즉 '관련업종의 고려인기업 간의 컨퍼런스가 개최된다면 참석하겠는가'하는 질문에 49%만이 적극적으로 참석하겠다는 의사를 밝혔다. 한편 절대 참석하지 않겠다고 적극적으로 부정적인 반응을 보인 기업이 6%를 차지하는데 이 비율은 동포기업과의 교류는 타민족과 동일한 조건이라도 절대 선호하지 않는다고 밝힌 기업과 동일한 수준이다. 시간이 되면 참석하겠다, 또는 별로 참석하고 싶지 않다고 하는 의미는 고려인기업과의 교류에 그다지 관심이 없다는 것으로 무응답을 포함한다면 노골적이진 않지만 부정적인 의견을 가지고 있는 기업이 45%를 차지한다. 국가별로 보면, 카자흐스탄 기업들이 동포기업 간 교류에 가장 적극적이다. 컨퍼런스 참가의사 결과를 보면 '꼭 참가하겠다'라는 적극성을 띄고 있는 기업들은 카자흐스탄이 가장 많아 64.7%를 차지하고 그 다음이 우즈베키스탄 41.7%이며 러시아는 28.6%로 가장 낮다. 여기에서도 러시아가 가장 부정적인 반응을 보이고 있는 점이 주목할 만하다. 그런데 이는 고려인기업 간의 불신이 원인이기보다는 각국의 정치경제 수준이 이러한 행사들이 큰 효과가 없을 것이라고 예상하기 때문인 것으로 추측된

다. 또 비즈니스에 있어 민족적인 요소를 노골적으로 강조하는 분위기에 거부반응도 결과에 반영이 된 것으로 본다.

3) 동포기업 간 교류 활성화에 대한 인식

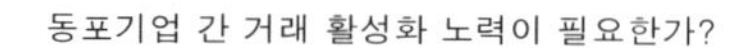

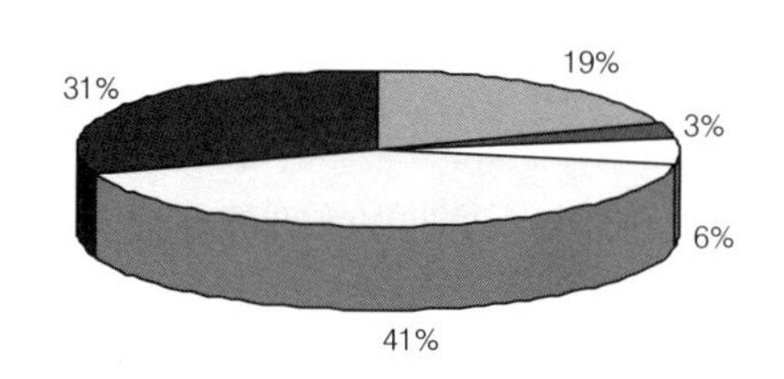

〈그림 V-28〉 동포기업 간 거래활성화에 대한 인식

고려인기업 간 또는 해외동포 간 교류에 대해 그다지 긍정적이지 않음에도 불구하고 '범세계적으로 동포기업 간의 거래를 활성화하는 노력이 필요하다고 생각하는가'하는 질문에 대해서는 72%가 '필요하다'고 응답했다. 물론 이 질문에 대해서도 '매우 필요하다(31%)'보다는 '필요하다(41%)'라는 응답률이 더 높다. 즉 이는 동포기업 간 문제에 대해 문제의식을 느끼고 있다는 점을 반증하는 것으로 추측이 된다. 즉 현 단계에서는 상호간의 불신 등의 이유로 교류를 선호하지 않으나 상황을 개선시키기 위해 노력이 필요하다고 인식하는 것으로 해석된다. 그런데 흥미로운 것은 현 단계에서 가장 동포기업 간 교류에 부정적인 반응을 보이고 있는 러시아의 조사대상 기업들이 거래활성화를 위한 노력의 필요성은 가장 강하게 느끼고 있다는 점이다. 활성화 노력이 매우 필요하다라고 응답한 기업이 우즈베키스탄에서는 16.7%, 카자흐스탄에서는 35.3%임에 비해 러시아에서는 42.9%를 차지한다. 현지에서의 인상 등도 참고해 분석해 보면 현재 네트워크 구축에 있어 가장 벽이 높은 곳이 러시아 지역인 것으로 판단된다.

4) 교류 활성화 방안

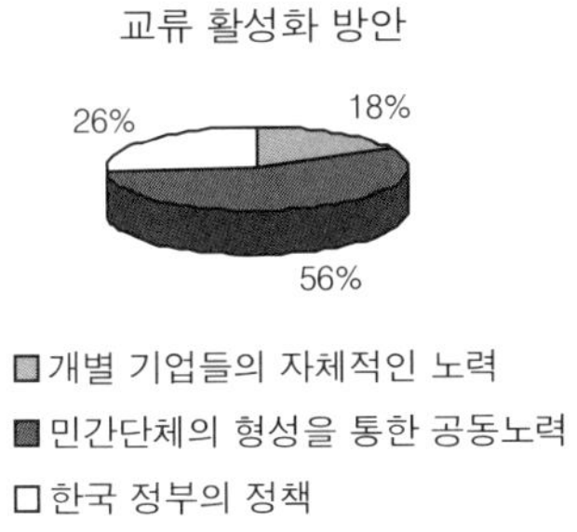

교류 활성화 방안

26% 18% 56%

■ 개별 기업들의 자체적인 노력
■ 민간단체의 형성을 통한 공동노력
□ 한국 정부의 정책

〈그림 V-29〉 활성화 방안

본 연구팀은 제시한 교류 활성화를 위한 노력 방안, 즉 개별기업들의 자체적인 노력, 민간단체 조직을 통한 공동의 노력, 한국정부의 정책을 제시했을 때, 민간단체 조직을 통해서 공동으로 노력해야 한다는 응답이 55.9%로 가장 높게 나타났다. 다음이 한국정부의 노력으로 26.5%를 차지했고 기업들이 개별적으로 노력하는 방안에는 17.6%가 동의를 해 가장 낮게 나타났다.

활성화 노력을 가장 강하게 느끼고 있는 것으로 나타난 러시아의 경

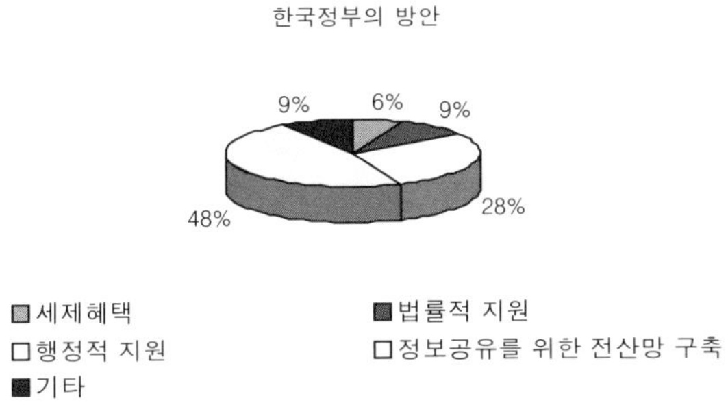

한국정부의 방안

9% 6% 9% 48% 28%

■ 세제혜택 ■ 법률적 지원
□ 행정적 지원 □ 정보공유를 위한 전산망 구축
■ 기타

〈그림 V-30〉 기대하는 한국정부의 방안

우, 구체적인 내용을 묻는 7개 기업 중 3개 기업이 응답하지 않은 것으로 보아 노력의 필요성은 인식하고 있지만 막연하게 생각하고 있는 것을 알 수 있다.

동포기업 간의 활성화를 위해 한국정부가 어떠한 노력을 해야 한다고 생각하는가에 대해서는 정보공유를 위한 전산망 구축에 대한 요망이 48%로 가장 높게 나타났다. 그 다음이 행정적 지원으로 28.1%를 차지하고 있다.

5) 교류 조건

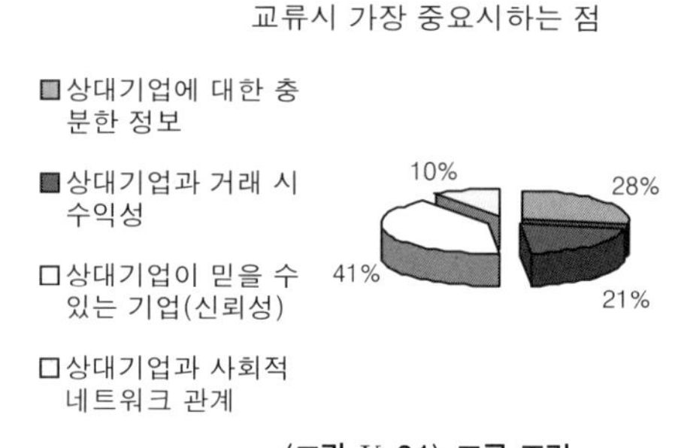

〈그림 V-31〉 교류 조건

고려인기업들은 한인기업들과의 거래, 즉 신뢰도를 가장 중요시 여기고 있는 것으로 나타났다. 또 신뢰성 유무를 판단할 수 있는 상대방 기업에 대한 충분한 정보 입수에 매우 큰 관심을 나타내고 있다. 수익성보다도 신뢰성을 우선시하는 것은 현재 러시아나 중앙아시아 상황을 대변하고 있다. 즉 기업관련 정보가 부족하고 거의 공개되지 않음은 물론 통계자료에 대한 신뢰도도 높지 않은 상황에서 기업에 대한 신뢰도를 평가할 객관적인 근거의 입수가 매우 어렵다. 또 해외와의 교류가 활발하지 않고 관련단체도 부재한 상황에서 해외기업에 대한 정보 입수도 쉽지 않다. 이러한 상황이 건전치 못한 기업들에게 틈새를 제공해

주고 있는 것이다. 상대에 대한 정보 부족이나 판단 실수로 인한 실패를 보완해 줄 제반 시스템의 부족 등 현지국의 사정을 감안했을 때 기업들의 거래 상대자를 선택할 때, 수익성 못지않게 신뢰성을 중요시하는 것은 당연한 결과라고 할 수 있다.

따라서 향후 한국기업 또는 해외동포기업과의 교류 활성화를 위해서는 기업에 대한 바른 정보를 얻을 수 있도록 도와주는 것이 우선과제라고 할 수 있다.

6) 한상네트워크 구축에 대한 인식

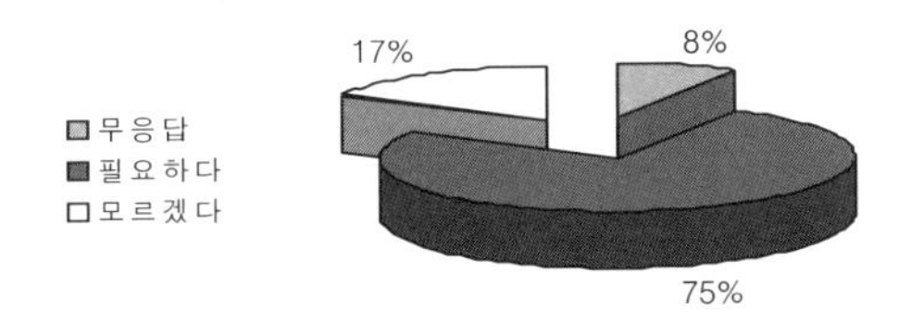

〈그림 V-32〉 한상네트워크 구축 필요성의 인식도

온라인 상의 한상네트워크 구축, 즉 세계한인기업 포털사이트 구축에 대해서 어떻게 생각하는지에 대한 질문에는 36개 기업 중 27개 기업,

한상네트워크를 통해 얻고 싶은 정보

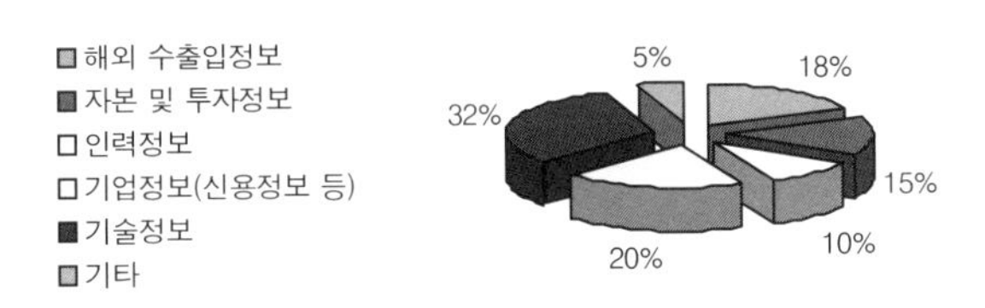

〈그림 V-33〉 네트워크를 통해 얻고 싶은 정보

즉 응답자의 75%가 필요하다고 답해 사이트 구축에 한에서는 매우 긍정적인 반응을 보이고 있다.

한편 포털사이트를 통해 얻고 이들이 얻고 싶은 정보는 1순위가 기술정보(31.7%)로 2순위가 기업정보(20%), 3순위가 해외수출입 정보(18.3%)인 것으로 나타났다. 이를 통해 고려인기업들이 기술관련 분야에 가장 관심이 높은 것을 알 수 있는데 이는 점차 치열해지는 기업 간 경쟁에서 살아남기 위한 방안의 하나로 기술혁신을 고려하고 있다는 점을 대변하고 있다. 지난해 본 연구팀이 실시한 86개 기업을 대상으로 한 조사에서도 고려인기업들은 기술분야에 가장 관심이 높은 것으로 나타났다.

7) 온라인 상의 한상네트워크에의 참여의사

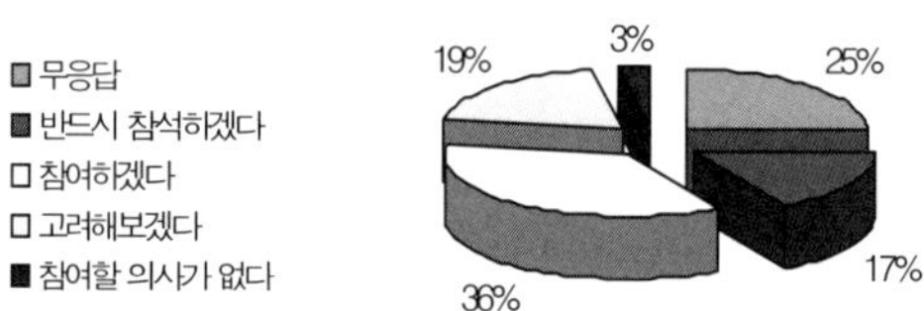

〈그림 V-34〉 온라인 상의 네트워크에의 참여 여부

포털사이트가 구축이 되면 회원으로 가입해 당사의 기업정보 등을 제공할 의사가 있는가에 대한 질문에는 36개 기업 중 6개 기업 즉 16.7%만이 적극적으로 참가하겠다는 의사를 표명했다. '고려해 보겠다' 또는 '무응답'이 44.4%를 차지해 전체적으로 소극적인 태도를 보이고 있다. 즉, 타기업의 정보에는 관심이 있지만 당사 정보는 선뜻 제공하지 못하겠다는 일견 모순된 입장을 취하고 있는 것으로 보인다. 그러나 이는 현지 기업환경상 정보공개가 쉽지 않기 때문인 것으로도 해석이 된다. 정보를 공개함으로써 정치적으로 또는 세제 등의 경제적인 불이익이 초래될 수 있는 현지상황 때문에 공개를 망설이는 것으로 보인다. 사실 이러한 지역적 특성이나 현황이 경제교류 활성화의 큰 장애요인으로 작용하고 있다. 중국이나 일본, 미국, 터키 등의 국가가 구소련지역에 과감하게 투자하는 데에 비해 한국기업의 진출이나 투자가 저조한 것은 이러한 과도기적 상황에 적절히 대처하지 못하기 때문이다. 비공식적인 다양한 루트를 통해서 현지 정보를 얻어내는 노하우나 노력이 절대적으로 부족하며 이러한 노력에 대한 한국정부의 지원이나 관심이 저조한 것 또한 큰 문제점으로 지적할 수 있다.

민간자본이 진출을 꺼려하는 일본의 경우, 정부지원 사업체로 민간기업이 현지에 진출해 정보를 수집하고 상호교류하면서 현지진출을 돕고 있는가 하면, 미국의 경우는 대규모의 인력을 파견해 다양한 현지경험과 정보를 얻고자 하고 있다. 반면 한국은 현지공관에 파견된 직원수를 비롯해 정부가 인력파견에 매우 소극적이고 현지에 진출해 있는 한국기업들 간에 협력이나 정보교류도 거의 이루어지지 않고 있다. 현지전문가 양성에 대한 정부의 적극적인 지원으로부터 현지에 진출해 있는 개인들의 사소한 경험들을 존중하는 풍토가 절실하다.

Ⅵ
한상네트워크 구축방안

앞에서 살펴본 바와 같이 현재, 러시아나 중앙아시아에서는 한상네트워크가 거의 부재한 상황이다. 따라서 여기서는 네트워크 주체별로 성격을 살펴보고 주체별 그리고 주체 간의 네트워크 구축 장애요인을 분석하고, 네트워크를 구축하고 또 이를 활성화하기 위한 구체적인 방안을 제시하고자 한다.

1. 한상네트워크 주체별 특징

현재 러시아나 중앙아시아에서 한상이라고 부를 수 있는 집단은 크게 3부류로 볼 수 있다. 즉 현지 토박이인 고려인 동포들, 현지에 진출한 한국기업들과 그리고 한국인 개인사업가들, 그 외 미국이나 일본, 중국 등 해외에서 진출한 동포사업가들이다.

일반적으로 민족의 구성요소는 혈통적 요소와 언어와 문화, 의식으로 분류할 수 있다. 한상네트워크는 우선 혈통을 기반으로 출발하는 개념이지만 네트워크를 활성화하기 위해서는 언어나 문화적 요소의 통일성, 그리고 무엇보다도 같은 민족이라는 강한 공동체의식이 전제되어야 한다. 그럼에도 불구하고 현재 러시아나 중앙아시아에는 혈통을 같이하는 다양한 부류의 한민족 집단이 서로 다른 언어와 문화와 의식체계 하에서 생활한다고 할 수 있다. 여기서는 민족적 시각에서 한민족 그룹들의 성격을 분석해 보겠다.

1) 고려인 기업

일반적으로 고려인 사회는 세계 각지에 흩어져 살고 있는 해외동포 중에서도 가장 모국과의 관계가 먼 집단이라고 할 수 있다. 해외동포 사회 중에서 가장 오래 전에 모국을 떠난 집단으로 사회주의 체제 하의 70여 년간을 모국(한국)과의 교류는커녕 왜곡된 정보 하에서 생활해 왔다. 또 사회주의 체제를 함께 경험해 온 중국 동포들과는 달리 이들은 소수민족의 언어나 문화를 부정하는 체제 하에서 살아왔다. 그 위에 미국이나 일본, 남미 지역의 동포들과 달리 이들은 남북분단 이전의 근대조선시대에 이주를 해 이주 1세대의 고향이 대부분 북한이라는 점이 한국과 더욱 멀어지게 한 요인 중의 하나로 지적할 수 있다. 이러한 주변 환경 때문에 현재 해외동포들 중에서도 언어나 문화, 의식면에서 가장 한국과 동질성이 희박한 집단으로 보여진다.

또 기업가들의 경우는 현지국의 정치경제 특성상 정보공개나 교류가 매우 어려운 상황이다. 정보공개가 어려운 현지의 특수성, 그리고 민족과 비즈니스에 대한 의식의 차이로 세계한상네트워크는 물론이고 고려인기업 간의 네트워크 구축에도 적지 않은 노력과 시간이 필요할 것으로 판단된다.

이들이 적극적으로 네트워크에 참가하기 위해서는 현지국의 기업환경의 개선이 무엇보다도 우선되어야 할 것으로 보인다. 이러한 측면에서는 가장 기대감이 큰 지역이 카자흐스탄이라고 할 수 있다. 구소련지역 중에서 경제제도가 가장 선진적이라고 평가받고 있고 경제개방 정도나 금융제도 면에서 네트워크 구축에 가장 유리한 위치에 있다고 할 수 있다. 또 카자흐스탄 고려인기업의 대부라고 할 수 있는 최유리 회장이 모국과의 교류에 적극적이고 해마다 한상대회에 참가하는 등 적극적으로 한상네트워크에 참가하려는 의지를 표명하고 있다. 실제로 그는 한상대회에서 만난 미국이나 일본 등 해외의 유력한 동포기업들을 카자흐스탄에 초대해 교류의 길을 여는 계기를 만들기도 했다.

따라서 현 단계에서는 카자흐스탄의 고려인기업을 중심으로 네트워크를 구축해 나가는 방안을 모색하는 것이 효과적이다.

2) 한국기업

러시아나 중앙아시아로 진출한 한국기업 수는 미국이나 일본, 중국에 비하면 매우 저조하다. KOTRA의 자료에 의하면 러시아에 100여 개사, 우즈베키스탄에 50여 개사, 카자흐스탄에 30여 개사에 불과하다. 이들의 상당부분은 지사나 현지연락소, 영세한 중소기업이 차지한다.

1990년 소연방이 해체되고 중앙아시아 각국이 독립하면서 이들 국가들의 시장성이나 자원대국이라는 점에 착안해 1990년 중반까지 한국기업들의 진출이 활기를 띄는 추세를 일시적으로 보였으나 현지에 대한 사전조사 부족이나 기업환경 탓으로 기대한 만큼의 성과를 올리지 못하고 있는 상황에서 본국이 IMF 위기를 맞으면서 대부분의 기업들이 철수를 했다. 그러나 최근 자원개발이나 고유가 현상의 지속으로 고도성장을 계속하고 있는 러시아나 카자흐스탄으로의 재진출이나 신규진출 기업이 늘어가고 있는 추세이기는 하지만 여전히 이들 지역의 경제전망이 불투명하고 관계공무원들의 부정부패나 심한 정부통제 등으로 과감한 진출은 꺼리고 있는 상황이다.

현지에 진출해 있는 기업들의 경우, 카자흐스탄을 제외하고는 고려인들과의 사업적 교류나 인적교류가 거의 이루어지고 있지 않고 있는 실정이다. 전체적으로 고려인기업이 규모가 영세하고 또 상호 간의 신뢰도나 업무상의 관련성이 낮다는 것을 현지 한국인들은 이유로 들고 있다. 삼성이나 LG의 경우, 세계화, 현지화를 추구하면서 국가나 민족보다는 기업이나 브랜드 이미지를 우선시하고 있다. 또 지사 또는 연락사무소의 경우, 현지 책임자가 최고 결정권자가 아니고 일정한 임기기간을 마치면 본사나 타지역으로 옮겨가기 때문에 현지에 대한 애착도 약한 것도 네트워크 장애요인의 하나로 지적할 수 있다.

3) 한국인 개인사업가

현재 진출해 있는 한국 개인사업가들은 일부를 제외하고는 자본 규모가 영세한 유흥업이나 요식업, 숙박업에 종사하고 있거나 개인무역상이 대부분을 차지하고 있고 도항취지 등으로 보아 한상의 주체로서는 다소 역량이 부족한 느낌이다. 그러나 독립법인 형태로 진출해 있는 일부 성공한 기업가들이 한상네트워크의 주역으로 등장할 수 있고 이들이 촉진제 역할을 할 수 있는 것으로 판단된다. 그러나 문제는 비교적 현지에 정착기반을 구축했다는 평가를 받고 있는 사업가들이 한상네트워크 구축이나 그 역할에 대해 그다지 긍정적이지 않다는 점이다.

그러나 사실상 현재 현지국의 동포사회 상황에서 보면 민족공동체 의식 면이나 문화, 언어 면에서 한국에서 진출한 개인사업가들이 가장 유력한 한상네트워크의 주체로 판단된다. 현재 해외동포 간 또는 모국과의 네트워크의 주요세력은 한국에서 태어나 한국에서 교육을 받고 청소년기를 지낸 후 도항한 이민 1세들이다. 이들에게는 몇 가지의 공통점이 있다. 즉 민족 언어인 한국어를 구사할 수 있고 또 성장배경이나 정서적, 문화적으로 공감대가 형성되어 있다. 또 고향에 대한 추억이나 가족친지들 때문에 모국에 대한 애정도 깊다. 혈통 외의 언어나 문화, 의식면에서 공통요소가 많은데 이러한 소양이 네트워크를 가능하게 하는 것이다. 이러한 측면에서 보자면 한국인 개인사업가들이 현단계에서 가장 네트워크 구축이나 활성화에 기여할 수 있는 존재들이다. 따라서 이들이 현지에서 성공할 수 있도록 지원하고 이들을 적극적으로 네트워크 안으로 유인할 수 있는 제반 노력들이 필요하다.

4) 해외동포기업

러시아를 비롯해 중앙아시아에는 미국, 독일, 중국 등으로부터 들어온 해외동포들이 있다. 미국이나 독일에서 건너온 사람들 중에는 선교를 목적으로 한 사람들이 많고 중국에서는 돈벌이를 목적으로 건너온 사람들이 주류를 이루고 있는 것으로 알려져 있다. 기업가로서 대표적인 사례는 카자흐스탄의 방찬영 씨다. 그는 미국 국적의 한국인으로 '유스코'라는 기업과 'KIMEP'라는 대학을 설립운영 중이다. 그는 초대 카자흐스탄 한인회 회장을 역임했으며 국적은 미국 국적이지만 한국교민 사회의 일원으로 주요한 역할을 맡아왔다. 중국동포들은 러시아 지역에 특히 집중해서 거주하고 있는데 재래시장을 중심으로 상행위를

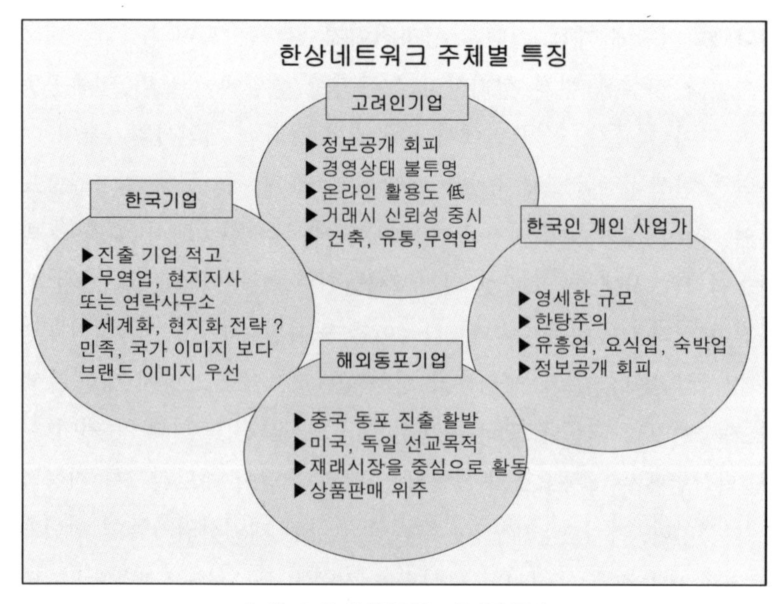

〈그림 Ⅵ-1〉 한상네트워크 주체별 특징

하는 사람들이 주류를 이루고 농업 등 기업활동을 하는 이들도 있다.

일반적으로 중국동포들은 한국인들과도 고려인들과도 좋은 관계를 유지하고 있는 편이다. 고려인들과는 달리 한국어가 가능하기 때문에 한국인들과 관계를 형성하기에 유리하고 또 고려인들과는 같은 사회주의체제를 경험한 까닭으로 문화나 의식면에서 한국인들보다 가깝다.

독일이나 미국에서 온 사람들도 대부분 한국어를 구사하는 이민 1세들이 대부분이어서 네트워크 구축에 있어서는 유리한 집단이라고 할 수 있다.

주체별 특징을 정리하면 왼쪽 〈그림 Ⅵ-1〉과 같다.

2. 네트워크 구축의 장애요인

러시아나 중앙아시아 지역을 네트워킹 하기에는 아직은 많은 장애요인이 있다. 장애요인은 크게 두 가지로 나눠볼 수 있겠다. 첫째는 민족외적요인으로 현지의 기업환경이나 정치·경제·사회 상황을 들 수 있겠고, 둘째는 민족 내적 요인으로 민족 동질성 문제를 들 수 있겠다. 요인별로 구체적인 상황을 살펴보면 다음과 같다.

1) 민족 내적(內的) 요인

동일 민족으로 인정할 수 있는 요소– 혈통, 언어, 문화, 의식– 에 비추어 볼 때 고려인 사회의 혈통성은 크게 문제가 되지 않는다. 타민족과의 결혼이 점차 늘어나고 있는 추세이지만 전체적으로 혈통성은 강하게 유지하고 있다. 그러나 모국을 떠난 지 140여 년의 세월이 흘렀고 현재 동포사회의 주류세력은 3, 4세들로 혈통 이외의 민족적 요소가 많이 희석된 상태이다. 특히 사회주의 체제 하에서 70여 년의 모국과의 공백기간이 존재해 동질성을 찾기가 매우 힘든 상황이다. 한민족 상호간의 교류를 저해하는 요인을 구체적으로 살펴보도록 하자.

① 언어적 요인

앞에서도 지적했듯이 고려인들은 모국어를 거의 잊어버렸다. 모국어를 구사한다고 할지라도 1세들의 고향이 대부분 북한인 이유로 140년 전의 육진방언이다. 따라서 현재 한국어와는 의사소통에 장애가 있다. '고려말'이라고 하는 고려인들의 모국어는 한국인들에게는 익숙해지기까지 시간이 좀 걸릴 뿐이지 이해가 가능하다. 그러나 한국어를 접해본 경험이 없는 고려인들에게는 한국인들의 언어를 이해하기가 매우 힘들다. 특히 고려인들은 생존을 위해 러시아어와 러시아 문화를 적극적으로 수용할 수밖에 없었고 최근 한국과의 교류가 활발해지면서 한국어를 배워야겠다는 의식은 있지만 실천은 쉬운 것이 아니다. 한편 현지에 진출한 한국인들은 러시아어를 제대로 구사하는 사람들이 거의 없다. 회사의 주재원들은 업무상 영어를 주로 사용하고 있다.

언어적으로도 고려인과 가장 가까운 부류는 중국동포들이다. 이들 역시 1세들의 고향이 북한이 대부분이며 북한식 교육을 받아 거의 고려인들과는 의사소통이 가장 원만하다. 또 한국인들보다 중국 동포들은 더 적극적으로 현지어를 학습하고 있다.

즉, 한국인들과 해외동포 간에는 언어상의 문제는 거의 없으나 고려인들과 한국인들 간에는 언어문제가 크며 이 위에 문화의 차이가 더 의사소통 문제로 많은 오해와 불신을 낳고 있다.

② 문화적 요인

한국인이나 청소년기를 지나서 해외로 이주한 미국이나 독일 해외동포들 간에는 문화적 큰 충돌은 거의 없는 것으로 보인다. 그러나 이들과 중국 동포, 그리고 고려인 간에는 적지 않은 문화적 갈등이 있는 것으로 느껴진다.

고려인들은 러시아 문화에 많이 동화되어 있고 유럽식 생활양식에 익숙해 있다. 의식면에 있어서는 오리엔탈적인 요소가 짙은 중앙아시아의 고려인이 러시아 지역 고려인들보다 한국과 가까운 것 같다. 그 위에 또 자본주의와 사회주의라는 다른 체제 하에서 살아왔다. 이러한 이유로 고려인들은 한국인들의 봉건적이고 권위주의적인 태도를 이해하기 힘들고 또 피고용자나 사업 파트너는 자본주의적 논리만 앞세우는 고용주나 사업 파트너를 이해하기 힘들다. 한국인들의 입장에서는 고려인들이 반대로 상관에게 복종적이지 않고 애사심이나 희생정신이 부족한 점이 불만으로 여겨지고 있다.

고려인들은 한국의 놀라운 경제발전에 자부심을 느끼고 있지만 문화수준으로는 러시아가 우위에 있다고 생각하는 경향이 있다. 이러한 인식은 한국인과의 접촉이 잦으면 잦을수록 강하다. 한국을 직접 방문한 경험도 없고 연고도 없는 고려인들은 대부분 TV나 소문을 통해 한국 소식을 듣는다. 특히 한류 바람의 영향으로 한국의 드라마들이 현지에 소개되면서 한국의 좋은 점, 화려한 점 들만 보고 있는 경향이 있다. 그러나 한국을 자주 왕래하는 고려인들이나 한국인들과 사업을 하는 등 가까이에서 생활하는 고려인들은 한국인들의 생활양식이나 의식이 러시아보다도 뒤떨어져 있다고 느끼고 있고, 특히 국가 영토나 자원 면에서 대국(大國)인 러시아에 대단한 자부심을 가지고 있다. 물론 한국인들의 능력, 생활력 등을 높이 평가하지만 한국식을 따르려고 하는 생각은 거의 없는 것으로 보인다. 또 본국의 한국인과 현지의 한국인들을 구분하는 시각도 있다. 즉 현지에 거주하는 한국인들을 모국의 한국인들보다 낮게 보는 경향이 있다.

문화적 측면에서는 고려인보다는 중국인들이 한국인들과 더 가깝다. 서로 다른 체제에서 살아왔지만 지리적으로는 동양권으로 동일성이 있고 문화적으로는 유교권이라는 공통분모가 있다. 또 민족자치주 안에서 민족의 언어와 문화를 지키고 살아왔기 때문에 언어나 문화적 갈등이 상대적으로 적은 편이다.

③ 의식적 요인

의식 특히 민족의식과 관련해 부류별로 특징을 보면, 한국인과 고려인 및 중국인 대결구도가 뚜렷하다. 이는 민족=국가의 개념으로 이해하고 있는 단일민족 집단인 한국과는 달리 다양한 민족들과 함께 국가라는 테두리 안에서 함께 생활해 온 경험의 차이에서 비롯되는 것으로 해석이 된다. 즉 한국인들은 노골적으로 민족성을 부르짖지만 이들은 민족문제를 노골적 공개적으로 표명하는 것에 거부반응을 나타낸다. 즉 한국인들은 민족운명이 국가의 운명과 동일하지만 이들은 국가의 운명이 이들의 운명과 반드시 일치하지는 않는다.

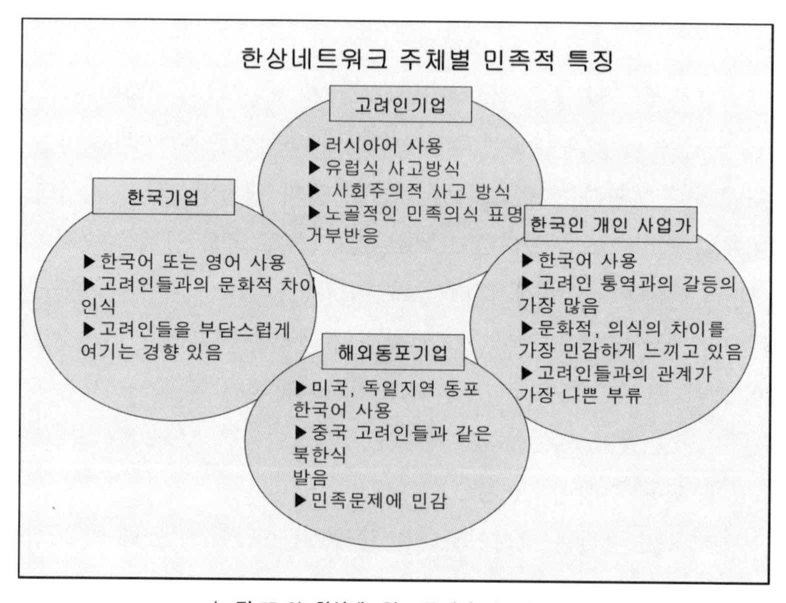

〈그림 Ⅵ-2〉 한상네트워크 주체별 민족적 특징

또 중국이나 러시아 등 현지국에서 자치독립을 주장하는 소수민족들에 대해 정부가 강력한 탄압정책을 보아온 이들은 민족문제에는 매우 조심스럽다. 그런데 이런 현지사정을 이해하지 못하는 한국인들이 노골적으로 민족성을 운운할 때 이들은 강한 거부반응을 나타낸다.

2) 민족 외적(外的) 요인

러시아와 중앙아시아 지역을 중심으로 한상네트워크를 구축하는 데 장애요인으로 작용하는 정치・경제・사회적 요인은 무엇인지 구체적으로 살펴보자.

① 정치적 요인

15~6년 전까지도 일반인이 구소련 지역과 교류를 한다는 것은 상상하기 힘든 일이었다. 갑작스럽게 소연방이 무너지면서 이제는 누구나 접근이 가능한 지역이 되었고 희망자는 누구나 현지 장기체류가 가능하다. 영주권을 얻는 일도 희망한다면 어려운 일이 아니다. 그러나 아직도 많은 정치적 통제가 따른다는 것을 일반인들은 잘 모르고 있다. 독립 이후 일인 독재가 계속되고 있고 국민들에 대한 감시체제도 느슨해졌다고는 하지만 여전히 기능하고 있다.

이러한 비민주적인 정치체제는 고려인들의 일상생활은 물론이고 기업활동에 있어서도 극도의 긴장감을 초래하고 있는 것이 사실이다. 특히 정치권력을 이용해 기업의 운명을 좌지우지 하기도 해서 기업인들은 매우 조심스레 활동하고 있다.

이러한 정치환경은 외국인들에게도 현지진출에 큰 장애요인으로 작용하고 있다. 오랫동안 고생해서 쌓아올린 현지의 기반을 하루아침에 송두리째 빼앗기고 추방당하는 사례 또한 적지 않다. 따라서 자원개발이나 시장 면에서 강한 매력을 느끼면서도 진출을 망설이는 기업이 대부분이다. 현지국의 정치적 안정과 민주화의 발전이 한국인의 진출은 물론이고 고려인기업들의 발전, 그리고 동포기업 간 교류의 주요한 열쇠가 될 것이다.

② 경제적 요인

최근 러시아와 카자흐스탄이 원유가스개발과 고유가 현상으로 연간 10% 수준의 GDP 성장을 계속하고 있다. 국가경제 발전과 함께 일반 국민들의 소득이 증대하고 중산층이 급격히 증가해 소비시장이 활기를 띠고 있다. 건축이나 부동산 개발 붐까지 합쳐져 한국은 뒤늦게 본격적으로 이들 국가들로의 진출을 검토하고 있다.

그러나 우즈베키스탄은 점차 경제사정이 어려워져가고 현지에 진출했던 기업들의 철수가 잇따르고 있고 남아 있는 한국인들도 철수를 고민하고 있는 상황이다.

예전보다는 상황이 개선되기는 했으나 전체적으로는 여전히 이들 국가의 경제는 불투명하다. 자유시장경제체제를 안정적으로 정착시키고자하는 정부의 의지는 강력하지만 시행착오는 거듭되고 여전히 과도기적 상태를 벗어나지 못하고 있다. 따라서 안정적인 시장경제시스템이 구축되기 전까지는 과감한 투자는 기대하기 힘든 상태다.

③ 사회적 요인

현지에 진출한 한국인들은 주재원을 비롯해 대부분이 단신부임이다. 도피성이나 한탕주의를 꿈꾸는 한국인들이 많기 때문이기도 하지만 현지의 환경이 가족들과 함께 생활하기에는 불리한 점이 많기 때문이기도 하다.

첫째, 치안상태가 좋지 못하다. 아시아계 민족에 대해 무차별 공격을 가하는 러시아의 스킨헤드족들 뿐 아니라 도둑이나 강도가 많고 외국

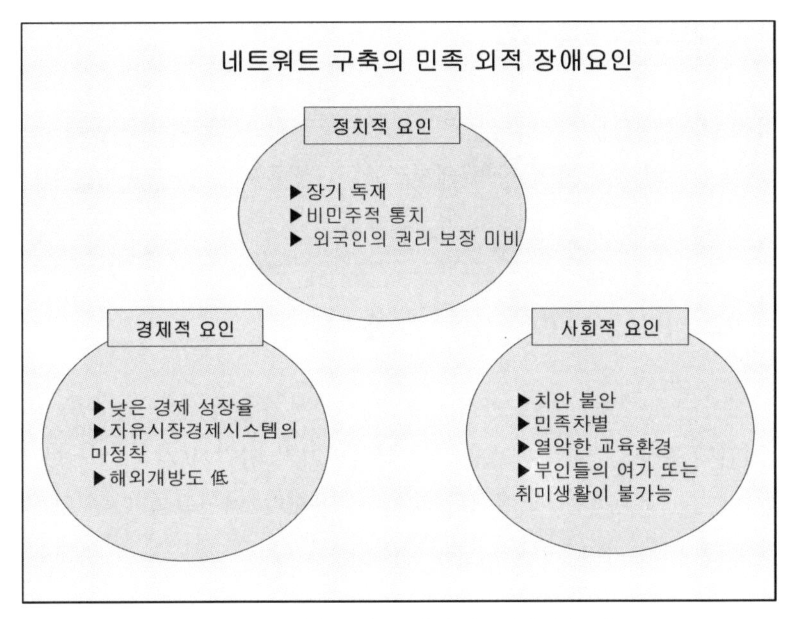

〈그림 Ⅵ-3〉 한상네트워크 구축의 민족 외적 장애요인

인들은 특별히 공격대상이 되기 쉽다. 둘째는 자녀교육 문제다. 현지국의 정치나 경제상태가 안정적이지 못한 상황이고 또 러시아어 학습 동기도 희박하다. 학교를 졸업해도 취직이 어렵고 취직을 해도 보수가 적어 현지생활을 유지하기 어렵기 때문이다. 이러한 이유로 자녀들을 데리고 들어온 경우는 대부분 영어교육을 실시하는 인터내셔널 스쿨에 보내려고 하는데 비용이 만만치 않다. 셋째는 부인들이 들어와 살기에는 적합하지 않다는 지적이다. 언어상의 문제, 교민사회의 풍토, 그리고 골프 등 여가생활을 즐길 환경이 조성되어 있지 않아 가족단위의 이주는 어려운 상황으로 보고 있다.

3. 네트워크 구축 방안

네트워크는 크게 두 영역으로 나누어 생각할 수 있다. 즉 온라인 상의 네트워크와 오프라인 상의 네트워크다. 각 분야별로 구축 방안에 대해 검토해 보자.

1) 오프 라인(OFF LINE) 상의 네트워크

러시아나 중앙아시아의 인터넷 환경이나 정치경제 상황을 보면, 고려인 기업이 온라인 상의 네트워크에 참가하기가 쉽지가 않다. 인터넷 환경은 현지에 진출한 한국인이나 해외동포들도 고려인들과 같은 상황이지만 이들은 고려인들보다 접근이 유리한 입장에 있다. 일단 고려인들보다는 언어문제에 자유롭다. 일부 젊은이들을 제외하고는 영어를 모르는 고려인들이 대부분이기 때문에 인터넷 접속이 용이하지 않다. 또 광케이블이나 ADSL 등의 보급으로 인테넷 사이트에 접근하기는 점차로 쉬워지고 있지만 구소련 지역에서는 정보공개 기피현상 때문에 유익한 정보를 인터넷 사이트를 통해 얻기가 힘들고 내용이 알찬 충실한 홈페이지를 운영하고 있는 기업도 많지 않아 온라인 상의 교류도 활발하지 못하다.

그러나 해외기업과의 교류는 온 라인 상으로 가능하지만 한국어나 영어를 알지 못해 교류에 장애가 있다. 물론 기업의 규모가 크면 직원들을 통해 교류가 가능하지만 이러한 교류에는 한계가 있다.

따라서 고려인기업들은 국내는 물론이고 국외 기업 간의 교류에 있어 1차적으로 오프라인 상의 네트워크 구축에 주력하는 것이 현실적인 것으로 판단이 된다.

이 분야에서 모범적인 사례는 '카자흐스탄 고려인협회'와 '중소기업개발협회'라고 할 수 있다. 카자흐스탄이 러시아나 우즈베키스탄보다도 정치경제구조가 고려인들에게 유리하기 때문에 이러한 네트워크 구축이 가능했겠지만 이들의 경험을 적극적으로 활용해 러시아나 우즈베키스탄에서도 고려인기업들의 결속을 굳힐 필요가 있다. 또한 카자흐스탄의 기업들은 국내에서 네트워크를 더 확산시키는 노력과 함께 타지역과의 네트워크 구축에 적극적일 필요가 있다. 그리고 현지에 진출한 한국기업이나 개인사업가들과의 교류를 정례화하고 비공식적인 정보교류망의 구축과 활성화에 노력해야 한다. 이러한 의미에서 카자흐스탄 고려인 기업은 한상네트워크 구축에 있어 구소련 지역의 구심점 역할이 기대된다.

2) 온라인 (ON LINE) 상의 네트워크

한국 또는 미국, 일본, 중국 동포들과의 온라인 상의 네트워크는 충분히 가능하리라고 본다. 일단 이들에게는 공통의 언어가 있다. 즉 한국어로 온라인 상에서 교류가 가능하다. 또 영어로도 어느 정도 가능하리라고 본다.

다만 걸림돌은 의식의 문제이다. 고려인들도 네트워크의 효과에 대해서는 그리 긍정적이지 않지만 이들 역시 마찬가지다. 같은 민족들 간의 갈등이나 반목이 팽팽한 현실을 먼저 극복하고자 하는 노력들이 필요한 것 같다. 즉 신뢰감 회복이 우선 과제이며 열린 마음으로 상호발전을 꾀하는 윈-윈 정신을 키워나가야겠다.

이를 위해서는 오프라인 상의 네트워크도 중요하다. 정기적으로 모임을 갖고 업종에 관계없이 현지상황에 대해 정보제공과 토론 등을 거쳐 상호발전의 길을 모색하고 선임자들의 경험이 후임자들에게 전수되는 시스템의 구축이 필요하다. 서구나 일본의 경우, 진출 목적을 달리하는 다양한 집단이 정기적인 만남을 통해 각 분야의 정보를 제공하고 함께 실태를 분석하고 대응하고 있는 것을 참고로 한국인들도 이런 노력을 해야 할 것이다.

4. 네트워크 지원 정책

1) 한국정부의 역할

① 민족문화재생을 위한 지원

한상 뿐 아니라 고려인사회 전체와 모국과의 교류를 활발히 하는 것이 우선과제이다. 이를 위해서는 우선적으로 해야 할 일은 모국과의 공백기간을 통해 희박해진 민족동질성 회복이다. 동질성 회복을 위해서는 모국의 언어와 문화를 이해할 수 있도록 모국어 교육과 전통문화 사업 활성화를 위한 대대적인 지원이 절실하다. 현재 각국의 수도권을 중심으로 한국교육원이 설치되어 있고 다양한 모국 연수프로그램이 실시중이지만 수혜자는 수도권의 일부에 편중되어 있는 경향이 있다. 따라서 좀 더 다양한 많은 수의 고려인이 모국어 교육이나 교류의 기회를 얻고 또 교육기관이나 교류기회 등을 지방에까지 확대발전시키는 노력이 절실하다.

모국과의 교류 측면에서 올 하반기부터 시행될 예정인 중국과 CIS지역 동포들의 자유왕래에 거는 기대가 크다.

② 재동동포 업무 전담 기관의 설치

현지의 한국공관을 방문해 고려인 동포관련 정보를 요청하면 직원들은 이구동성으로 동포관련 업무는 공관의 소관이 아니라고 한다. 영사업무는 한국국적을 소지한 사람들을 대상으로 한다는 것이다. 또 인력부족으로 동포문제에까지 신경쓸 여력이 없다고 속내를 털어놓기도 한다. 실제로 미국이나 중국, 일본 등에 외국의 현지공관들에 비해 한국공관의 인력이 부족한 것 또한 사실이다. 이러한 현실을 감안할 때, 고려인동포 전담 기관의 설치나 전문인력을 파견할 필요가 있다. 7백 만 해외동포는 미래의 자산이라는 말이 무색할 정도도 동포지원책이 부재한 사실이 고려인들에게조차도 부끄럽다.

③ 정보 서비스 센터 설치

설문조사에서도 나타난 바와 같이 고려인기업들은 기업이나 기술 관련정보에 대단한 관심을 가지고 있다. 이는 기업의 생존과 직결되는 문제이기 때문이다.

또 현재 고려인기업과 한국인들과의 불신관계는 과거 기업이나 개인에 대한 정보부족에 기인하는 바 크다. 고려인기업의 성장발전은 한상네트워크 발전의 기반이며 동반 성장을 위해서는 불신감 해소와 신뢰성 회복이 당면과제다.

따라서 공신력 있는 기관을 통해 신뢰할 수 있는 기업정보나 기술 관련정보를 제공하는 시스템의 구축이 필요하다. 또한 현지 진출기업이나 진출을 꾀하는 한국인들에게도 현지정보를 제공해 줄 기관이 필요하다. 현재 KOTRA가 진출해 있기는 하지만 이들이 제공하는 정보에는 한계가 있다. 한국의 중소기업청 등이 현지에 사무소를 설치하고 이러한 서비스를 제공하는 방안을 제안한다.

④ 온라인과 오프라인 상의 네트워크 시스템의 충실화

현재 온라인 상으로나 오프라인 상으로나 한상네트워크가 구축이 되어 있다. 그러나 실제로 내용면에서나 활용도 면에서 부족한 점이 많다. 오프라인 상의 한상네트워크라고 할 수 있는 한상대회는 형식적인 색채가 짙고 또 미국이나 일본지역 동포들 위주로 운영되고 있는 경향이 있다. 후발 자본주의 국가인 고려인기업들에 대한 배려가 절실하다.

2) 민간단체의 역할

한상네트워크의 연결교리는 우선 민족동질성이다. 그런데 구소련지역은 민족동질성이 매우 희박한 지역이고 이는 민족과 상관없이 플로레타리아의 깃발 아래 모든 인민들의 단결을 추구했던 사회주의 이데올로기의 산물이라고도 할 수 있다. 그리고 100여 개 이상의 민족들이 더불어 사는 중국이나 구소련지역에서는 정치적으로 민족문제에 매우 민감하다. 이러한 지역의 특수성을 감안해 한국정부나 국민들은 조심스럽게 민족문제에 접근해야 한다. 때로는 외교문제로 확대될 수도 있다. 따라서 정부차원에서 접근하기 어려운 문제는 NGO 등의 민간단체를 통해 풀어나가는 것도 효율적인 전략이다. 따라서 정치·사회·경제 각 분야의 민간단체가 고려인 동포사회에 관심을 가지고 교류를 활성화하고 이러한 활동에 대해 정부도 적극적으로 지원하는 방식이 필요하다.

Ⅶ
맺음말

1. 연구성과

본 연구의 주요목적은 러시아 및 중앙아시아의 한상네트워크 실태파악이다. 이 지역의 한상은 크게 세 집단으로 분류할 수 있다. 제1그룹은 고려인이라고 불리는 토박이들로 19세기 말 연해주로 이주한 또는 일제강점기에 사할린으로 알선이나 강제연행 등으로 건너간 동포들이다. 제2그룹은 수교 이후에 진출한 한국인들이며 제3의 그룹은 중국이나 미국 등에서 진출한 해외동포들이다. 제3그룹은 중국의 동북 3성의 조선족 동포들이 대다수를 차지한다. 본 조사연구의 대상은 제1그룹의 고려인과 제2그룹의 한상들이다. 그리고 CIS지역에서 한민족 인구가 가장 많은 러시아와 우즈베키스탄, 카자흐스탄을 대상으로 조사를 실시했다.

앞에서도 지적한 바와 같이 구소련 지역에서의 기업연구는 시기상조라는 의견이 지배적이다. 전문가들은 이들 지역이 70여 년간의 사회주의계획경제에서 갑작스럽게 자유시장경제로 전환했기 때문에 안정된 자본주의 시장경제제도가 정착하기까지는 아직도 시간이 걸릴 것으로 분석하고 있다. 또 정치인들은 여전히 사회주의식 사고방식에서 벗어나지 못하고 기득권 유지를 위해 급격한 빈부의 차로 인한 국민들의 불만을 방지하기 위해 기업활동에 많은 제한을 두고 있다. 또 공무원들의 부정부패가 심각하고 개인의 재산이나 운명이 권력층에 의해 좌지우지

되는 상황이기 때문에 기업인들은 극도의 긴장감 속에서 조심스럽게 기업을 경영하고 있다. 불합리한 법제 등도 고려인기업은 물론이고 현지의 한국인들조차도 합법을 가장한 불법적을 불가피하게 하는 원인 중의 하나이다. 이러한 환경 탓으로 타인의 비즈니스에 대해서는 묻지도 않고, 알려고 해서도 안 되는 것이 상식으로 통하는 사회이다. 따라서 현 단계에서 한상네트워크의 실태파악은 매우 어려운 작업이다. 한국은 물론이고 현지에도 관련 통계자료나 문헌들이 전무하다시피하다.

그러나 이러한 현실이 또한 강한 동기가 되기도 했다. 러시아나 중앙아시아를 둘러싼 최근의 국제정치나 경제 상황에 비추어보더라도 더 이상 실태 파악을 지체할 수 없다는 판단 하에서다. 서구열강들이 앞을 다투어 이들 지역과의 경제교류나 정치적 연대를 강화시켜 온 반면, 한국은 최근까지 이들 지역에 대해 무관심했다. 이제야 서둘러 관계를 강화시키려 하지만 이미 늦었다라고 하는 것이 현지인들의 의견이다. 그러나 후발주자로서의 리스크를 각오하고 틈새를 노릴 수는 있다. 이런 상황에서 현지에 성공적으로 정착한 동포들의 존재는 큰 자산이며 이들에 대한 실태 파악은 가장 우선되어야 할 과제이다.

19세기 말 배고픔 때문에 낯선 이국땅으로 이주한 고려인들. 그들은 그곳에서 한인촌을 형성하고 민족행정기구와 교육기관까지 갖추는 등의 성공적인 새 삶의 터전을 구축했다. 그러나 1937년 갑작스런 스탈린의 강제이주 명령으로 약 20만 명에 달하는 고려인들이 우즈베키스탄이나 카자흐스탄의 벌판에 내던져졌다. 이들은 허허벌판에서 땅을 파서 움막을 짓고, 손으로 고랑을 파서 물길을 트는 등의 노력으로 지역 농업발전에 지대한 영향을 미쳤다. 1세들은 평생을 땅에 매여 살았지만, 그들의 자식세대들에게는 신분상승을 위한 최단의 수단인 지식교육에 적극적이었다. 고려인들의 교육열은 타민족에게도 정평이 나있고 이제는 근면하고 머리가 좋은 민족으로 인정받고 있다.

대학교육을 받은 2세, 3세들은 도시로 나와 교원이나 공무원, 의사 등 전문가로 활동하며 사회적으로 성공을 이루어 완전한 현지정착을 한 것으로 보였다. 그런데 소연방이 해체되면서 고려인 사회는 또다시 고난의 시기를 맞이했다. 특히 중앙아시아 고려인들은 각국의 독립과 민족부흥운동으로 또다시 힘없는 소수민족으로 전락했다. 그리고 적지 않은 사람들이 러시아로 이주를 했다. 그러나 떠난 사람도 남은 사람도 생존을 위해 열심히 싸웠다. 그 성과가 최근에 나타나기 시작했다. 자유시장경제를 도입한 지 10여 년 만에 국가나 지역을 대표하는 경제인으로 성장한 고려인들이 적지 않다. 즉 제3의 역경을 잘 이겨내고 새로운 자본주의 시장경제체제에 성공적으로 적응했다는 의미다. 이러한 고려인들의 실태를 성공한 고려인기업가들을 통해 좀 더 구체적으로 살펴보고자 했다.

또 현지에 진출한 한국기업이나 자영업자들의 실태를 파악하고 이들과 고려인들 간의 관계에 대해서도 살펴보았다. 그리고 고려인기업과 한국, 또는 제3국의 해외동포과의 교류실태와 향후 전망에 대한 조사를 통해 한상네트워크 구축이나 활성화 방안을 제시하고자 했다. 이러한 목적 하에 실시된 연구조사 결과를 정리하면 다음과 같다.

1) 한국교민 일반현황

외교통상부 자료에 의하면 2005년 현재 CIS지역 12개 국가의 한국인 즉 교민 인구는 1만 명에도 미치지 못하는 8,968명으로 매우 적은 규모이다. 구체적으로는 러시아에 4,979명, 우즈베키스탄에 917명, 카자흐스탄에 1,870명, 키르기스탄에 610명, 우크라이나에 400명이 거주하고 그 외 지역에는 100명 미만이다. 구 사회주의 종주국인 러시아에 56%가 거주하고 있어 반 이상을 차지한다. 러시아의 경우는 수도 모스크바를 비롯한 남서부 지역에 4,091명, 극동지역에 888명이 거주하고 있다. 국가별 분포현황의 특징은 고려인들이 많은 지역 또는 한국과의 교역이 활발한 지역으로의 한국인 진출이 집중되어 있는 경향을 보인다.

체류자격 별로 보면, 영주권자는 8,968명 중 258명으로 전체의 3% 수준에 머물러 있다. 영주권을 취득하지 않고 3개월 또는 1년간의 장기 체류자격으로 거주하고 있는 교민이 6,459명으로 전체의 72%를 차지해 교민 사회의 주류를 이루고 있음을 알 수 있다. 유학생 인구는 2,251명으로 25%를 차지하지만 러시아 지역 유학생들이 전체의 92%를 차지한다. CIS지역과의 본격적인 교류가 시작된 지 이제 10여 년에 불과하고 현지의 정치경제의 특성상 외국인들의 이주가 쉽지 않은 점으로 보아 한국교민 사회의 양적, 질적 발전은 지금부터라고 할 수 있겠다.

2) 한국진출 기업현황

구소련 지역이 자유시장경제제도를 도입하고 각국의 정부가 경제개혁을 시도하고 있으나 여전히 전체적으로 과도기적 상황에서 벗어나지 못하고 있어 자원개발이나 인프라 구축을 위한 국제사회의 지원 프로젝트에 참가하고 있는 기업 이외에는 전체적으로 외국기업들의 진출은 저조하다. 오히려 개인사업가들의 진출이 다른 나라들에 비해 활발하다.

KOTRA 자료에 의하면 CIS지역의 중심지인 러시아에조차도 진출기업 수가 100여 개 미만이다. 한편 우즈베키스탄이나 카자흐스탄에는 50개 미만 수준이다. 이 중의 상당부분을 대기업의 지사나 연락사무소가 차지하고 영세한 중소기업도 포함되어 있어 사실상 한국기업의 진출은 매우 부진한 상황이다.

3) 한국인 자영업자 현황

한국인 자영업자들은 각국의 수도권을 중심으로 주로 교민들을 대상으로 영업을 하고 있다. 한국음식점이나 한국식품점, 노래방, 가라오케,

여행사 등의 서비스업이 주류를 있다. 현지에서 발행되는 한국어정보지를 중심으로 현황을 분석한 결과, 모스크바에서는 약 100여 개의 개인업체들이 있고 요식업이나 유흥업소 외에 숙박업이나 건강식품 판매, 발레교실, 병원, 금융업 등 다양한 상대적으로 타지역에 비해 업종면에서 다양성을 나타내고 있고 자본규모도 크다고 볼 수 있다. 한편 카자흐스탄과 우즈베키스탄에서도 식당과 식품점, 유흥업소 운영이 일반적인데 선교사나 영세한 개인사업가가 운영하는 곳이 많고 업체규모도 러시아에 비해 영세한 편이다. 우즈베키스탄과 카자흐스탄 두 나라를 비교했을 때는 카자흐스탄 자영업자들이 자본규모가 더 크고 경영도 양호한 편이다. 또 최근에 한국의 카자흐스탄에 대한 관심이 고조되면서 한국기업이나 개인사업가들의 진출이 급격히 늘고 있는 추세로 향후 전망이 매우 밝다. 그러나 우즈베키스탄은 불태환성과 2중 환율제도, 송금 문제 등의 어려운 기업환경과 국가경제 전체의 장기 경제침체의 영향으로 한국인들도 고전을 면치 못하고 있는 실정이다. 대우계열사나 갑을방직과 같은 굵직한 제조업체들의 철수로 인해 현지 한국인 인구가 거의 반 가까이 줄었고 남아 있는 사람들은 향후 국내 경제전망이 어둡다고 판단해 제3국으로의 이주나 한국으로의 철수를 심각하게 고민하고 있다.

러시아나 중앙아시아에 진출한 개인사업가들의 전체적인 특징 중의 하나가 이민의 개념보다는 '한탕주의', '일확천금'을 꿈꾸면 들어온 사람들이 상당수를 차지한다는 것이다. 현지에 뿌리를 내릴 생각이 없는 까닭에 투자도 단기간에 큰 돈을 벌 수 있는 카지노, 부동산 개발, 자원수출입 등의 서비스업에 편중되어 있고, 목적이 이러하다 보니 현지 파트너로 또는 통역원으로 고용하는 고려인들과의 불화가 계속되고 서로 사기행각을 벌이는 사례도 적지 않아 상호 불신의 풍조를 낳고 있어 큰 문제이다.

4) 고려인기업의 성공사례 및 성공요인

CIS지역에서, 고려인은 유태인, 아르메니아인과 더불어 자본주의 시장경제체제에 가장 성공적으로 대응한 소수민족으로 평가받고 있다. 재래시장이나 현대식 쇼핑센터에는 고려인이 경영하는 상점이 매우 많고 중소기업 분야에서는 국가경제를 리드하고 있다. 특히 중앙아시아 지역 고려인기업이 큰 발전을 하고 있는데 카자흐스탄 고려인들의 성공이 괄목할 만하다.

우즈베키스탄은 장기간에 걸친 국가경제의 침체와 수출입에 대한 과도한 세금부과, 기업활동에 대한 정부의 지나친 간섭 등으로 기업활동이 전체적으로 위축되어 있다. 특히 고려인들의 경우, 정부요직에 진출한 동포들이 적어 큰 기업으로 성장하는 데는 한계가 있다. 이런 면에서 카자흐스탄은 매우 유리한 입장에 있다. 현 정부의 소수민족 포용정책으로 민족차별이 거의 없고 또 각계각층의 요직에 고려인들이 진출해 있어 기업성장을 도와주고 있다.

성공한 고려인들의 업종은 주로 건축이나 가구제조, 유통업이다. CIS지역 전체에 최근 신개축 붐이 일고 있는데 이러한 시장변화에 민감하게 대처하고 있다고 할 수 있다. 카자흐스탄의 경우는 카스피 은행 총수인 최유리 회장을 비롯해 굵직한 기업가들이 상당히 많고 전기전자 유통업계는 고려인들이 완전히 장악한 상황이다. 이들의 성공에 한국의 삼성이나 LG가 일정한 공헌을 한 것으로 추측된다. 현재 카자흐스탄 고려인들은 국가경제와 동반 성장을 하고 있는 상황이며 카자흐스탄 경제발전과 더불어 고려인기업가들도 계속적인 성장을 할 것으로 예측된다. 또 카자흐스탄에서는 청년 사업가들이 두각을 나타내고 있다. 현재 고려인 사회를 대표하는 기업의 대부분이 사회주의 계획경제를 경험하지 않은 30~40대들이 경영하는 기업이며, 전문경영인으로 초빙되어 고려인기업의 실질적인 경영을 맡고 있는 등의 현상이 나타나고 있다. 또 선진화된 금융시스템 등으로 젊은이들의 창업기회가 점차 증가하고 있어 향후 더 많은 고려인 청년사업가들이 배출될 것으로 예상된다.

고려인기업가들의 성장과정을 분석해 본 결과, 이들의 성공요인은 크게 4가지로 지적할 수 있다. 첫째는 뛰어난 두뇌다. 성공한 기업가들은 대부분 고학력의 유명대학 출신들이거나 자신의 능력으로 책임자 자리에 오른 인재들이다. 이들은 상황판단 능력이 뛰어나고 미래를 예측하고 변화와 혼란을 성공의 기회로 전환할 수 있는 능력의 소유자들이다. 둘째는 용기다. 사회주의 계획경제체제 하에서는 개인이 영리를 추구하는 행위는 형법처벌의 대상으로 상행위는 법죄이며 상인은 협잡꾼, 암거래상으로 불리었다. 갑작스러운 경제체제 변화로 일반인들은 이러한 이데올로기에서 벗어나지 못하고 국가경제가 파탄이 되고 생계수단을 완전히 상실한 상황에서도 영리가 목적인 상행위는 천시하며 멀리하는 경향이 있었다. 또 이들은 시장경제의 개념도 실체도 알지 못했고 사유화 과정에서 빚어진 국유재산 쟁탈전을 목격하고 자본주의 사회는 국가자산을 무상으로 도둑질해 불법적으로 영리를 추구하는 사회라는 인식의 지배 하에 있었다. 주변사람들의 따가운 눈초리를 마다않고 과감히 자본가로 나서는 데는 서구사회에서 살아온 우리들의 상상 이상의 용기가 필요했을 것으로 본다. 셋째는 고려인 특유의 헝그리 정신이다. 140여 년간의 고려인들의 고난의 역사의 산물로써 고려인들의 피 속에는 생존을 위해 강한 투쟁정신이 대를 이어 전해지고 있다. 네 번째는 연줄이다. 소연방 해체 이후 다양한 직종의 많은 고려인들이 거리의 행상부터 시작해 자본을 축적해 왔다. 그러나 보통의 사람들은 그저 상인이라는 벽을 뛰어넘지 못했다. 그러나 성공한 기업가들은 가족관계나 학연 등 사업을 키워나가기에 유리한 인맥을 소유하고 있었고 또 이를 효율적으로 활용하고 관리해 온 인물들로 판단이 된다. 구소련지역에서는 비즈니스 성공의 필수조건으로 인맥을 들고 있는 점으로 보아 연줄이 기업성장의 상당한 역할을 했을 것으로 보며, 외부에는 노출되지 않는 고려인들 내부의 강한 민족적 연대가 작용하고 있는 것으로 판단된다.

5) 한상네트워크 현황

현지에 진출한 한국기업 또는 한국인 개인사업가들 간은 물론이고 고려인 동포들과의 교류도 거의 이루어지지 않고 있다. 상지사(또는 지상사) 협의회 등의 네트워크 조직이 형성되어 있으나 거의 제 기능을 발휘하고 있지 못한 실정이다. 이러한 현상을 초래한 가장 큰 원인을 상부상조의 정신 부족과 강한 상호불신이다. 한탕주의식의 성실하지 못한 개인사업가들이 많고 자본이 영세해 업무상의 교류도 어려운 상황이며 윈－윈 정신이 부족해 동반성장 환경이 조성되지 않고 있다는 지적이다. 반면 고려인기업들 간에는, 현지의 정치·경제·문화적 특성상 조직적인 네트워크를 구축하고 있지는 않지만 지연이나 학연 등의 개인 인맥을 통한 '눈에 보이지 않는' 네트워크는 존재하는 것으로 판단된다. 특히 연줄이 기업활동에 중요한 요소로 작용하는 사회인 만큼 이러한 인적 네트워크가 없이는 고려인들이 오늘과 같이 성장하기 어려웠을 것이다. 또 사업 파트너가 가족이나 친척, 동족인 고려인 동료들이 많은 것으로 보아 현지 고려인들 간의 사적 결속력은 강한 것으로 보인다. 그러나 이러한 네트워크는 외부에서는 파악이 어려워 연구상에 한계가 있다.

고려인들과 한국인들과의 교류는 전혀 없는 상황이다. 과거 10여 년간의 접촉으로 상호불신의 벽만 높아져 회복을 위해서는 상당한 노력이 필요할 정도의 위험수위에 와 있다. 이러한 불신감은 한상네트워크 구축에도 매우 부정적인 입장을 취하는 결과를 초래했다. 고려인은 물론이고 한국인들조차도 한상네트워크에 별로 기대를 걸지 않는다. 고려인 기업가들의 경우, 네트워크 구축의 필요성은 인정하지만 적극적인 상호교류에는 의문을 품고 있다. 이들은 단지 인터넷 사이트를 통한 기업이나 기술정보 입수 정도 차원의 네트워크를 원하는 경향이 있다. 이는 현재 러시아나 중앙아시아의 기업환경의 특수성으로 기업정보 공개로 불이익을 당할 위험성이 높기 때문이기도 하다. 그러나 가장 큰 네트워크 장애요인은 상호불신이다. 문화나 의식의 차이, 통번역의 문제 등으로 과거 적지 않은 트러블이 있었던 것으로 알고 있다. 이에 대한 책임을 서로에게 전가하는 경향이 있다.

6) 네트워크 구축 방안

심각한 수위에 달한 상호불신감을 해소하고 공동의 이익을 위해 협조하는 네트워크를 어떻게 구축 가능할 것인가?

첫째는 민족의 동질성 회복을 위한 노력이다. 고려인들은 모국어도 민족의 문화도 상당 부분 상실했다. 민족공동체 의식의 회복을 위해 민족문화나 교육의 기회를 대폭 확충할 필요가 있으며 이를 위한 한국의 과감한 예산 투여를 필요로 한다. 둘째는 바른 기업정보나 투자정보 제공 및 컨설팅을 전담하는 서비스 기관을 현지에 설치할 필요가 있다. 해외기업에 대한 정보입수가 용이하지 않은 이유로 사기를 당하거나 정보부족으로 인해 불신이 싹트기도 한다. 따라서 공신력 있는 기관이 바른 정보를 제공하고 교류나 진출에 관한 컨설팅 서비스도 제공한다면 트러블을 줄일 수 있다. 셋째는 고려인기업 간의 강한 인적 유대관계를 조직화하고, 이 부분에서 앞서가고 있는 카자흐스탄 고려인들이 주축이 되어 한상네트워크를 구축, 활성화시키는 방안이 있다. 카자흐스탄은 3개국 중에서 경제제도가 가장 선진적이며 해외 개방도가 높다. 또 정치도 상대적으로 민주적인 편이다. 그리고 무엇보다도 현지 고려인과 한국과의 교류가 활발하고 최유리 회장을 중심으로 한국과의 교류를 활성화시키려는 노력이 이미 진행되고 있기 때문이다. 카자흐스탄에는 최유리 회장이 주축이 되어 해외기업과의 교류를 활성화 하기 위한 조직 즉 '중소기업개발협회'가 이미 존재하고 있다. 이 단체를 교두보로 고려인 경제인 전체와의 교류를 확대 심화시켜야 할 것이다.

2. 연구의 한계와 향후과제

조사 대상 규모나 조사 방법상 본 연구는 적지 않은 한계점을 지니고 있다. 그러나 조사 대상 지역의 특수성으로 인해 고려인기업이나 한국기업 등 전체의 실태 파악은 어려운 상황이다. 시기상조라는 이유로 선불리 나서지 않는 연구를 시도한 점 그리고 대략적인 현황 파악이 가능했다는 점에 큰 의미가 있다고 판단한다. 또 해외에서 진출한 동포기업이나 현지에 성공적으로 진출한 중국인이나 터키인들과의 비교연구는 한상네트워크 구축에 많은 것을 시사할 것으로 본다. 후속 연구차원에서 이들 분야의 연구가 활발해지고 심화되기를 기대한다.

참고문헌

1. 국내 문헌

강명구(1999), "한·극동지역 교역 및 경제협력 방안에 관한 연구", 한국 시베리아연구 3집.

강명구(2004), "동북아경제 활성화를 위한 극동러시아에 대한 한국의 효율적 투자방안", 한몽경제연구 13집.

강명구(2002), "동북아 지역의 효율적인 투자협력에 관한 연구 (연해주를 중심으로)", 한몽경제연구 제9집.

강명구(2005), 「한·러 경제협력의 과제와 발전방향」, 한몽경제학회 22차 국제학술심포지엄 발표논문.

강명구·김상원(2002), "동북아 국가간의 경제협력과 TSR 운용방안", 한몽경제연구 제10집

강재식(2000), "CIS체제 이후 중앙아시아 지역 고려인의 생활과 문화와 민족정체:현지 설문조사의 분석을 중심으로", 『아태연구』.

겐나지김(1989),『카자흐스탄의 고려인들의 사회-문화의 발전』, 알마아타.

高麗學術文化財團, 東亞日報社(編)(1997), 『近代 韓人의 海外移住와 韓民族共同體』, 高麗學術文化財團.

기연수(1993), 『현대 러시아 연구』, 집문당

김경학(1999), "중앙아시아 한인의 사회구조와 문화-카자흐스탄의 농촌 마을을 중심으로"전남대학교 사회과학연구소. 『중앙아시아 한인연구』.

김익수(2005), 「중국기업의 글로벌화와 한국기업의 대응」, 삼성경제연구소.

김호동(2004), 『근대 중앙아시아의 혁명과 좌절』, 사계절출판사.

남혜경 외(2005), 『고려인 인구이동과 경제환경』, 집문당.
따치야나 미하일로브나(2006), 『러시아 경제사』, 한길사.
로즈브래디(2000), 『러시아의 선택』, 자작.
뤄야동(2002), 『관시와 비즈니스』, 다락원.
석철진(2002), "지역연구, 무엇을 어떻게 할 것인가?", 『아태연구』.
설봉식·강명구(2000), "러시아 경제의 미래 전망", 한몽경제연구 제5집.
설봉식·강명구(2000), "한·몽·러 지역경제 협력을 위한 네트워크 강화 방안", 한몽경제연구 제6집.
심성섭, 김학기(1997), 『러시아의 산업과 한러 산업협력 방안』, 산업연구원.
심의섭(1994), 『우즈베키스탄과 한국의 경제협력』, 중동연구.
이중우(2005), 『글로벌 경쟁시대의 네트워크 전략』, 두양사.
외교통상부(1999), 「우즈베키스탄공화국 개황」.
외교통상부(2003), 「재외동포거주현황」.
윤성학(2004), 『러시아 비즈니스』, 아라크네.
윤재희·강명구(2003), 「극동러시아 경제」, 선학사
윤재희·강명구(2005), 『중앙아시아 및 극동러시아의 경제』, 선학사.
이세웅(1999), "러시아 투자환경론", 두남
임영상·황영삼 외(2005), 『고려인 사회의 변화와 한민족』, 한국외국어대학교출판부
임채완·리단(2005), "화상과 한상네트워크의 현황비교", 「세계화상과 한상네트워크, 세계한상·한상대회 개최기념 학술회의
임채완(2002), 『러시아 연해주 고려인의 민족정체성 조사연구』『통일문제연구』 14권 2호, 평화문제연구소.
______(1999), 『중앙아시아 고려인의 언어정체성과 민족의식』,『국제정치논총』 39집 2호, 한국국제정치학회.
임채완(1999), 『중앙아시아 한인연구』. 전남대학교 사회과학연구소.
장병옥(1998), 『카자흐스탄의 외교정책과 국제관계』, 국제지역연구
______(1999), 『우즈벡 정치체제와 대외경제-외교정책 기조』, 한국외국어 대학교 논문집.
_______(2001), 『중앙아시아 국제정치의 이해』, 한국외국어대학교 출판부.

전남대학교 사회과학연구원(2002), 『세계 한상네트워크구축과 한민족문화공동체』.전남대학교 사회과학연구원.
정여천(1997), 『한・러경제교류의 현황, 문제점과 전망"』「러시아의 외국인투자환경과 한・러 관계에 대한 심포지움」 대외경제정책연구원.
주블라디보스톡 대한민국 총영사관(2005), 『러시아 극동・동시베리아 지역별 개황』 주블라디보스톡 대한민국 총영사관.
Z・브레진스키(2004), 『거대한 체스판』, 삼인.
중앙일보, 『에코노미스트』, 2005.12.13.
최한우(2003), 『중앙아시아 연구』(상・하), 펴내기 출판사.
총차오(2005), 『중국경제성장의 비밀』, 지상사.
KOTRA(2003), 『우즈베키스탄 비즈니스 로드맵』, 학림사.
KOTRA(2003), 『카자흐스탄 비즈니스 로드맵』, 학림사.
프레드 벅스텐・ 최인범(2003), 『코리안 디아스포라와 세계경제』, 재외동포재단.
한국외대역사문화연구소(2002), 『독립국가연합지역의 고려인 사회 연구』. 재외동포재단.
한국외대역사문화연구소(2003), 『독립국가연합지역의신흥고려인사회네트워크』, 재외동포재단.

2. 국외 문헌

А.Д.Пак(2002), Демографическая характеристика корей цев Казахстана, Алматы.
А.И.Колганов, "Массовая приватизация в России и сдвиги в социально- экономической структуре общества".
А.Ланьков, "Корей цы СНГ, или Необыкновенные приключения конфу цианцев в России". "Русский Журнал".
Агенство Республики Казахстан по статистике(1996).
Агенство Респувлики Казахстан по Статистике (2005) "Социально-Эконо мическое Развитие Казахстан",, Алматы.

Агенство Республики Узбекистан по статистике(2000).

Ассоциация Корей цев Казахстана(2000). Ассоциация корей цев Казахстана 10 лет.Алматы.

Б.Д.Пак(1993), "Корей цы в Россий ской империи." Москва.

Б.К.Султанов(2002), Политика и интересы мировых держав в Казахстане. Алматы.

Б.С.Пак (1990), Потомки страны белых аистов. Ташкент.

Бок Зи Коу(1989),"Сахалинские корей цы - проблемы и перспективы. Южно-Сахалинск.

В.Ким-Ли(1993),"Судьба человека покинувщего Чхунчхондо" Алматы.

В.Н.Шин "Корей цы Узбекистана:вчера и сегодня". Интернет-газета.

В.В.Долинская(1993),"Социальные аспекты акционирования//Государство и право" №. 1. С. 128－134.

Г.А.Югай (2003), Общность Народов Евразии-Арьев и Суперэтносов - как национальная идея. Беловодье..

_________(1990), "Советскиие корей цы:социально-психологический портрет своего поколения. Узбекистан, Ташкент.

Г.В.Кан,(2003), История Казахстана. Алматы.

_________(1995), История Корей цев Казахстана. Алматы.

Г.Н.Ким, Кан Г.В., Мен Д..В.(1997), Корей цы Казахстана. Ассоциация Корей цев.

Г.Н.Ким, Мен А.В.(1995), "История и культура корей цев Казахстана. Алматы.

Г.Н.Ким, Сим Енг Соб(2000), История просвещения корей цев России и Казахстана:вторая половина 19в-2000г. Алматы.

_______(1989), "Социально-культурное развитие корей цев Казахстана. Алма-Ата(Наука).

_______(2002), Историография корё сарам.

____________ "Таблицы численности и географии расселения корей ц ев в Узбекистане".

Госкомстат Кыргизской Республики(2004) "Социально-Экономическо е Развитие Кыргизстан", Бишкек.

Госкомстат России(2004), "Россия в цифрах"., Москва.

Госкомстат РСЯФСР(1990), "Чиленность населения РСЯСР", Москва.

Госкомстат Узбекистан (2004), "Статистическое Обозрение Республик и Узбекистан за 2003 Год"Ташкент.

Д.А..Медведев(1993), Юридическая природа приватизационного чека // Журнал "Правоведение" №2.

Демографический ежегодник Узбекистана (2002).

З.Л.Амитин-Шапиро,И.М.Юабов(1935), "Национальные меньшенства в Узбекистане."Ташкент.

Закон "Об иностранных инвестициях", 1995.

Закон РФ от 3 июля 1991 г. N 1531-I"О приватизации государственных и муниципальных предприятий в РФ" (с изм. и доп. о от 5, 24 июня 1992 г., 17 марта 1997 г.) (утратил силу).

Иваненко С.В.(1991), Тезисы Всесоюзного Семинара «Разгосударствле ние и приватизация собственности в СССР» (Москва, 14-17 октя бря), с.23-38

Информационно-аналитический бюллетень(2004), "Этнический мир" №4, Институт этнической политики.

Казахстанско-Корей ский научный центр(2000), Корей цы и Центра льно -Азиатскаий регион. Казахстан.

Л.В.Мин(1992),"Семей ные традиции и обычаи корей цев, проживаю щих в Казахстне. Алма-Ата.

Л.Хван(2004), "Корей цы Каракалпакстана:вчера и сегодня. Нукус (Би лим).

М.А.Дерябина(1998), "Становление частной собственности в России// Россия и современный мир" выпуск 1(18).

М.Д.Савуров(2002),Этнический атлас Узбекистана.

М.Малей (1993), "Три периода приватизации: по Явлинскому, по Мале ю и по Чубай су// Независимая газета, 10 сентября, с.2..

Министерство народного просвещения (1904).

МФИТ(2000), “План приватизации на 2003год”//Обзор СМИ за 27 - 28.02,03

Н.В.Рыжкова(2000),"Сахалин и Курильские острова в годы второй во й ны. Южно-Сахалинск.

Н.Джураев, Т.Фай зуллаев(2002), "История Узбекистана", учебник для уча щихся 10 классов общеобразовательных школ.

Н.Джураев, Т.Фай зуллаев (2002). "История Узбекистана", учебник для уча щихся 11 классов общеобразовательных школ.

Н.Масанов(2001), Эммиграция из Казахстана.

Н.П.Медведев(1993),Национальная Политика России. Москва.

Н.Ф.Бугай (2001),"Россий ские Корей цы и политика Солнечного Тепл а. Москва.

Навигатор. Народы Казахстана-Энциклопедический справочик.Алма ты.. П.А.Зуев(1992), "Советские корей цы Казахстана." Алма-ат а. Приамурские ведомости(1985). №58.

П.Г.Ким (1993), "Корей цы республики Узбекистан. Ташкент. "Приват изация в России продолжается"// АКДИ "Эконо

мика и жизнь" выпуск N 10, 10-15 марта 1998 г.

Р.Грабовский (1991), " Россий ская программа приватизации: ноу-хау

Михила Малея//Коммерсант", 22-29 апреля, №. 17.

РОССТАТ(2004), "ПРИМОРСКИЙ КРАЙ - Статистический Ежегодник", Владивосток.

С.В.Соболева, Новое в миграционных процессах Сибири.

С.Г.Нам(1991), Корей ский Национальный рай он." Москва(Наука).

С.Г.Шеретов(2003), Новей шая История Казахстана(1985-2002гг.).Алма ты.

С.Е.Васильев(1997),"Земельные ресурсы Волгоградской области." Вол

гоград.
Сьін Хва Ким (1965),Очерки по истории советских корей цев.Алма-Ат а (Наука).Казахстана.
ТОО-Казстатинформ-Каталог статистических изданий . Алматы.
У Хэ Ли, Ен Ун Ким(1997), Белая Книга о депортации корей ского насе ления России в 30-40х годах,1,2 т. Москва(МККА), Интерпр акс.
Указ Президента Россий ской Федерации (далее－РФ) «О введении в дей ствие системы приватизационных чеков в РФ» от 14 авгу ста 1992 г. №. 9142.
Хёнсик Син (2001), "История Кореи"(краткий популярный очерк).Мос ква.
"Этнические группы Средней Азии и Казахстана" 1,2. Москва.
Georgi Kublitsky(1990), "People of Soviet Union:tradition and customs", Moscow.
German Kim and Ross King(2001), "Koryo Saram. Korean and Korean American studies Bulletin.
NSC(2004),"The Kyrgyz Republic Recent Econimic Develoment:January-December Tacis, Economic Trends Quarterly Issue, Uzbekistan.
UNDP KG, 2002, Kyrgyzstan: National Circumstances.
World Development Indicators database, April 2005..
한인신문(2005.12~2006.02) "교민일보", 타슈켄트.
고려인신문(2002.01~2006.02), 모스크바
김상욱(2005.12~2006.02) "한인일보", 알마티.
러시아통계청(1998)."Статистический сборник, насследние России за 100 лет(1978-1997). Москва
러시아통계청(2004). Все союзная перепись населения Россиской Федерации 2002.
삼일문화원(2004). Корей цы жёртвы политических репрессий в СССР 1934-1938. Москва.
우즈베키스탄 통계청(2002), "우즈베키스탄 농업 2001", 타쉬켄트.

우즈베키스탄 통계청(2002), "우즈베키스탄의 사회·경제적 지표 2002. 1~6월", 타쉬켄트.

이슬람 카리모프(2004). "21세기의 문턱에 선-우즈베키스탄", 타슈켄트

카자흐스탄법무부(2003). Законодательство об образовании в Республике Казахстан. Алматы.

카자흐스탄통계청(2004). Агенство Республики Казахстан по статистике".

한국수출입은행, "국가별 사이버 경제정보 - 러시아"

イゴリイワノフ鈴木康雄譯(2002).『新ロシア外交一十年の業績と展望』.三元社.

梅津和郎(2000)、『プーチンのロシア』、晃洋書房.

宇山智彦(2000).『中央アジアの歴史と現在』. 東洋書店.

江頭寬(1999)、『ロシア闇の大國』、草思社.

小川和男、岡田邦男(2002).『ロシア地域ハンドブック』. 全日出版.

木村汎、石井明編(2003), 『中央アジアの行方』、勉誠出版.

現代語學塾『レーニン·キチ』を讀む會編(1991).『在ソ朝鮮人ペレストロイカ』, 凱風 社.

二村秀彦、金野雄五、杉浦史和、大坪祐介(2002).『ロシア年の軌跡』.ミメルヴァ書店.

李エリア(2002).『中央アジア少數民族の変貌一カザフスタンの朝鮮人を中心に』. 昭和堂.

부록

1. 설문지(한국어)

안녕하십니까?

다음의 조사는 한국 학술진흥재단의 지원으로 '러시아 및 CIS지역 한상네트워크 구축을 위한 기초조사'를 목적으로 시행되는 것입니다. 귀하의 솔직한 답변은 귀중한 자료가 될 것입니다. 귀하께서 응답해 주신 내용은 무기명 처리되어 비밀이 보장되며 학술적 목적 이외에는 절대로 사용되지 않습니다.

귀하의 협조를 부탁드리며 의문사항이 있으면 아래의 연락처로 연락주시기 바랍니다. 본 조사를 위해 소중한 시간을 내 주셔서 진심으로 감사드립니다. 귀하와 재미동포 사회의 무궁한 발전을 기원합니다.

2006. 1.

연구책임자 : 남혜경(전남대학교 세계한상 · 문화연구단)
연 락 처 : e-mail: hnamifs@empal.com
☎: +82-2-959-7050, fax: +82-2-719-5933
후 원 : 대한민국 교육인적자원부 학술진흥재단
주 관 : 세계한상 · 문화연구단

기업과의 네트워크

1. 귀사는 수출을 합니까?

   ① 네 ② 아니오(2번으로)

   ↳1-1) 주로 어느 나라로 수출합니까?

   ① 한국 ② 중국 ③ 일본 ④ CIS ⑤ 기타( )

   1-2) 귀사는 주요 수출품은 어떤 것입니까?

   ① 완제품 ② 원자재(반제품포함) ③ 기타 ( )

   1-3) 거래업체 중 한인기업이 있습니까?

   ① 없다 ② 조금 있다 ④ 대부분이다

2. 귀사는 수입을 합니까?

   ① 네 ② 아니오(3번으로)

   ↳2-1) 주로 어느 나라로부터 수입을 합니까?

   ① 중국 ② 한국 ③ 일본 ④ CIS ⑤ 기타 ( )

   2-2) 귀사의 주요 수입품은 어떤 것입니까?

   ① 완제품 ② 원자재(반제품포함) ③ 기타 ( )

   2-3) 귀사는 수입한 제품을 주로 어떻게 하십니까?

   ① 직접 소비자에게 판매

   ② 회사 또는 중개상(백화점 등)에게 납품

   ③ 기타 ( )

   2-4) 거래업체 중 한인기업이 있습니까?

   ① 없다 ②있다

3. 다음은 한인기업과의 거래관계에 대한 질문입니다.

   3-1) 국내에 있는 고려인기업과 거래한 경험이 있습니까?

   ① 있다 ② 없다

   3-2) 중국, 일본 등에 있는 해외동포기업과의 거래 경험이 있습니까?

   ① 있다 ② 없다

   3-3) 현재 한국에 있는 기업과의 거래 경험이 있습니까?

   ① 있다 ② 없다

3-4) 국내에 있는 한국투자기업(삼성, 현대, LG 등의 자회사)과 거래하신 적이 있습니까?

① 있다　　　　　　　　② 없다 (5번으로)

4. 무엇을 거래합니까?

① 상품거래(원자재/완제품 등) ② 자본거래(금전거래, 투자, 합작 등)

③ 기타(　　　　　　　　)

4-1) 이러한 기업들과 거래하는 이유는 무엇입니까?

① 거래 관행(언어, 의사소통 포함)이 편해서

② 한인을 더 신뢰할 수 있어서

③ 기업의 수익성을 더 높일 수 있어서

④ 기타(　　　　　　　　)

4-2) 한인기업과의 거래 비중은 어떻습니까?

① 매우 적은 편임 ② 적은 편임 ③ 보통

④ 많은 편임　　⑤ 매우 많은 편임

4-3) 한인기업과의 거래 성과는 어떻습니까?

① 매우 불만족 ② 불만족 ③ 보통 ④ 만족 ⑤ 매우 만족

4-4) 어떠한 경로로 한인기업과 거래를 시작하게 되었습니까?

① 인적관계(학연, 지역, 혈연 등) ② 무역인협회

③ 사회 네트워크(한인회, 교회 등)

④ 공신력 있는 기관의 네트워크(한상네트워크, 상공회의소 등)

⑤ 기타(　　　)

4-5) 귀사가 경영활동상 가장 많이 활용하고 있는 네트워크는 무엇입니까?

① 혈연　　② 지연　　③ 학연

④ 협회 등 업종 네트워크(무역인협회)

⑤ 사회네트워크(한인회, 교회 등)

⑥ 공신력 있는 기관의 네트워크(한상네트워크, 상공회의소 등)

⑦ 기타 (　　　　　　　　　　　　)

4-6) 귀사는 향후 거래대상 업체 선정에서 중요하게 생각하는 것은 무엇입니까?

① 상대기업에 대한 충분한 정보(매출, 신용, 기업사, 기업주)를 가

져야 한다.

② 상대 기업과 거래 시 수익성이 높아야 한다.

③ 상대기업이 믿을 수 있는 기업(신뢰성)이어야 한다.

④ 상대기업이 인적관계(학연, 지역, 혈연 등)에 있는 것이 중요하다.

⑤ 상대기업과 사회적 네트워크 관계(한인회, 교회 등)에 있어야 한다.

▶5. 한국내 기업, 러시아/중앙아시아 내 고려인기업 또는 제3국에 있는 한인기업과 거래관계가 없는 기업에 대한 질문입니다.

5-1) 거래하지 않는 이유는 무엇입니까?

① 거래할 것이 없음 ② 믿을 만한 상대가 없음
③ 한인과 거래하는 것이 불편함 ④ 기회가 없어서
⑤ 기타( )

5-2) 앞으로 한인기업과의 거래를 희망하십니까?

① 네 ② 그저 그렇다 ③ 아니오

6. 다음은 고려인기업, 한국의 기업간의 네트워크에 대한 질문입니다.

6-1) 동일한 거래 조건이라면, 다른 외국기업과의 거래보다 같은 민족기업과의 거래를 선호합니까?

① 전혀 선호하지 않음 ② 선호하지 않음 ③ 보통
④ 선호함 ⑤ 매우 선호함

6-2) 만약 귀사와 관련 업종의 고려인 기업가들의 컨퍼런스가 개최된다면 참석할 의사가 있으십니까?

① 꼭 참석하겠다 ② 시간이 되면 참석하겠다
③ 별로 참석하고 싶지 않다 ④ 절대 참석하지 않겠다

6-3) 범세계적으로 한인교포기업간, 그리고 한국의 기업간의 네트워크 구축을 통해 서로간의 거래를 활성화하는 노력이 필요하다고 생각하십니까?

① 전혀 필요없다 ② 필요없다 ③ 보통
④ 필요하다 ⑤ 매우 필요하다

6-4) 범세계적인 해외동포기업 간 네트워크 구축을 통한 경제 거래의

활성화를 위한 노력은 어떻게 추진되어야 한다고 생각하십니까?
① 개별기업들의 자체적인 노력
② 민간단체의 형성을 통한 공동노력
③ 한국 정부의 정책 ④ 기타( )

6-5) 범세계적인 한인기업 간 네트워크 구축을 위해 한국 정부의 노력이 필요하다면 어떤 정책이 가장 우선되어야 할까요?
① 세제혜택 ② 법률적 지원
③ 행정적 지원 ④ 정보공유를 위한 전산망 구축
⑤ 기타( )

7. 온라인상 한상네트워크(세계한인기업의 포탈사이트)의 구축에 대해 어떻게 생각하십니까?
① 필요하다 ② 필요없다 ③ 모르겠다

7-1) 온라인상 한상네트워크가 구축된다면 가장 얻고 싶은 정보는 어떤 것입니까?
① 해외 수출입정보 ② 자본 및 투자정보
③ 인력정보 ④ 기업정보(신용정보 등)
⑤ 기술정보 ⑥ 기타( )

7-2) 포털사이트가 구축된다면 참여하실 의향(가입, 정보제공 등)이 있습니까?
① 반드시 참여하겠다 ② 참여하겠다
③ 고려해 보겠다 ④ 참여할 의사가 없다

8. 혹시 귀사의 지사나 본사 또는 공장이 따로 있습니까?
① 있다 ② 없다

└8-1) 어느 국가에 있습니까?(있는 대로 표기)
① 러시아 내 ② CIS ③ 중국
④ 한국 ⑤ 일본 ⑥ 기타( )

8-2) 지사나 본사 또는 공장의 직원은 총 (명)이며,
이중 고려인은 (명)이다.

단체/정부/금융기관과의 네트워크

1. 현재 러시아/중앙아시아 내에는 고려인협회 또는 고려인문화자피회 등을 포함해 많은 단체가 있습니다.
현재 귀사의 이들 단체와의 관련성에 대한 질문입니다.
   1-1) 단체에 가입하셨습니까? ① 예 ② 아니오(▶2번으로)
   1-2) 단체에 가입하신 목적은 무엇입니까?
      ① 사업 활동을 위해서 ② 친목도모를 위해서
      ③ 둘다(사업, 친목) ④ 기타( )
   1-3) 단체가 귀사의 사업에 주는 영향력은 어느 정도입니까?
      ① 매우 중요하다 ② 중요하다 ③ 보통
      ④ 중요하지 않다 ⑤ 전혀 중요하지 않다
   1-4) 단체로부터 어떠한 도움을 얻습니까?
      ① 사업투자정보 ② 인적 네트워크
      ③ 기술관련 정보 ④ 고용관련 정보
      ⑤ 법률 · 상거래관련정보 ⑥ 기타( )

▶2. KOTRA(대한무역진흥공사), 한국무역협회 등 한국의 기관으로부터 다음의 항목에 대해 정보를 얻으신 적이 있는지 답해주십시오.
   ① 상품정보 ② 투자정보
   ③ 기술관련 정보 ④ 고용관련 정보
   ⑤ 법률 · 상거래관련정보 ⑥ 기타( )

3. 귀사는 금융기관과 거래를 하고 있습니까?
   ① 네 ② 아니오(5번으로)
   3-1) 주로 거래하는 금융기관은 어디입니까?
      ① 현지은행 ② 한국은행 ③ 외국은행(한국외)
      ④ 고려인은행 ⑤ 기타 ( )
   3-2) 귀사는 은행과 주요 거래는 어떤 것들입니까? (해당사항에 모두

표시)

	현지은행 (1)	한국은행 (2)	외국은행 (한국외) (3)	고려인 은행 (4)	기타 (5)
예금(a)					
대출(b)					
무역금융(c)					

4. 금융기관 자금조달시 애로사항은 무엇입니까?
   ① 높은 금리　　　　② 과다한 담보요구
   ③ 엄격한 보증조건　　④ 부적절한 상환조건
   ⑤ 담보부족　　　　⑥ 민족문제
   ⑦ 기타(　　　　　　　　　　)

5. 귀사는 사업상 필요한 자금의 조달을 위하여 「민족금융기관」의 설립을 원하십니까?
   ① 예　　　　② 아니오

6. 러시아/중앙아시아 또는 한국의 대학이나 연구소와 관련을 맺은 적이 있습니까?
   ① 예　② 아니오
   └6-1) 귀사가 관련을 맺었다면 어느 부분입니까?
   ① 채용(인턴십)　② 직원교육　③ 제품·기술개발
   ④ 경영자문　⑤ 기타(　　　)

7. 만약 한국의 대학이 귀사에 학생들의 인턴십을 지원하면 받아들이겠습니까?
   ① 받아들일 수 있다　　　② 받아들일 수 없다

8. 귀사는 향후 대학이나 연구소와 협력하기를 원하십니까?

① 예 ② 아니오

└8-1) 어떤 부분에서 협력을 원하십니까?

① 채용(인턴쉽) ② 직원교육 ③ 제품 · 기술개발

④ 경영자문 ⑤ 기타( )

※ 다음은 귀사에 관한 기본적인 질문입니다. 불편하시더라도 꼭 답변해 주십시오.

1. 회사명은? ( )
2. 설립연도는? (년)
3. 주소 및 연락처 ( )
4. homepage 주소? (:)
   e-mail : ( )

하고 싶으신 말씀:______________________________

____

____

____

____

____

____

____

____

____

____

____

____

____

____

-------- 고맙습니다!

1. 설문지(러시아어)

Данное исследование, организованное при поддержке Фонда Развит ия Науки Республики Корея, проводится для создания 'Всемирной Ко рей ской Торговой компьютерной сети'. Результаты данного опроса будут являться ценным материалом. Все

сведения, полученные в ходе опроса будут использоваться только в научных целях и мы гарантируем конфиденциальность Ваших

данных.

По возникнувшим вопросам, пожалуй ста, обращай тесь по ниже да нным контактам. Заранее благодарим Вам за содей ствие и желаем пр оцветания Вам и корей скому обществу в целом.

2006 год

Руководитель: Нам Хе Гён (Центр изучения корей ской культуры и экономики Университета Чоннам)

Контактные даннные: e-mail: hnamifs@empal.com

☎: +82-2-959-7050, fax: +82-2-719-5933

Спонсор: Министерство образования и людских ресурсов

Организатор: Центр изучения корей ской культуры и экономики Университета Чоннам

Нетворк между предприятиями

1. Занимаетесь ли Вы экспортом?

① Да ② Нет(к вопросу 2)

↳1-1) В какую страну Вы экспротируете свою продукцию?

① Республика Корея ② Китай

③ Япония ④ СНГ

⑤ Другое ( )

1-2) Какую продукцию?

① Готовая продукция

② Сырье (вкл. полуготовую продукцию)

③ Другое ( )

1-3) Имееются ли среди ваших партнеров корей ские предпри ятия?

① Да ② Нет

2. Занимаетесь ли Вы импортом?

① Да ② Нет (к вопросу 3)

↳2-1) В какую страну Вы импортируете свою продукцию?

① Китай ② Республика Корея ③ Япония

④ СНГ ⑤ Другое ( )

2-2) Какую продукцию?

① Готовая продукция

② Сырье(вкл. полуготовую продукцию)

③ Другое ( )

2-3) Как Вы реализуете полученную продукцию?

① Непосредственная продажа (розничная продажа)

② Реализация через посреднические фирмы (оптовая про дажа)

③ Другое ( )

2-4) Имееются ли среди ваших партнеров корей ские предпри ятия?

① Да ② Нет

3. Вопросы о сотрудничестве с корей скими предприятиями.

3-1) Приходилось ли Вам сотрудничать -

- с предприятиями корей цев России или СНГ?

① Да ② Нет

3-2)- с предприятиями зарубежных корей цев (корей цы Кита я, Японии и другие)?

① Да ② Нет

3-3) - с корей скими предприятиями в Р.Корея?

① Да ② Нет

3-4) Приходилось ли Вам сотрудничать с инвестиционными к омпаниями Р.Корея, находящихся в России (Samsung, Hyundai, LG и другие)?

① Да ② Нет(к вопросу 5)

4. Сфера сотрудничества?

① Продукция (сырье/готовая продукция и т.д)

② Капитал (финансовые операции, инвестиции, сотрудничес тво и другое)

③ Другое ( )

4-1) Что побудило Вас сотрудничать с корей скими предприят иями?

① Традиционый способ работы в бизнесе (также отсутст вие языковых проблем)

② Доверие к корей ским предприятиям

③ Возможность увеличения прибыли предприятия

④ Другое (   )

4-2) Как Вы можете оценить активность сотрудничества с ко рей скими предприятиями?

① Очень пассивное ② Пассивное ③ Нормальное

④ Активное ⑤ Очень активное

4-3) Довольны ли Вы результатами сотрудничества с корей с кими предприятиями?

① Очень недоволен ② Недоволен

③ Постольку поскольку

④ Доволен ⑤ Очень доволен

4-4) Каким образом Вы начали взаимодей ствие с корей ским и предприятиями?

① Через знакомых (знакомые, родственники и т.д)

② Через торговые ассоциации

③ Через корей ские организации (корей ские ассоциации, церковь и т.д)

④ Через общественные организации (Всемирная торговая организация и т.д.)

⑤ Другое (   )

4-5) С кем Вы часто взаимодей ствуете по работе?

① Родственники ② Знакомые

③ Знакомые по подобному бизнесу

④ Торговые ассоциации

⑤ Корей ские организации (корей ские ассоциации, церко вь и т.д.)

⑥ Общественные организации (Всемирная торговая орга низация и т.д.)

⑦ Другое (   )

4-6) Какие факторы вы считаете наиболее важными при выб оре партнера-предприятия?

① Полная информация о предприятии (история о предпр иятии, прибыль, кредити т.д)

② Увеличение прибыли при сотрудничестве с предприя тием.

③ Доверие к предприятию.

④ Взаимоотношения предприятия с окружающей средо й (взаимоотнщения со знакомыми, родственниками т. д).

⑤ Взаимодей ствие предприятия с обществом (корей ски е организации, церковь и т.д).

5. Если Вам не приходилось сотрудничать с предприятиями зар убежными корей цев.

5-1) Укажите причину?

① Нет повода для сотрудничества

② Нет предприятия, которому можно доверять

③ Дискомфорт при сотрудничестве с корей скими предп риятиями.

④ Не было возможностей

⑤ Другое ( )

5-2) Хотели бы Вы сотрудничать с корей скими предприятия ми?

① Да ② Постольку поскольку ③ Нет

6. Ниже даны вопросы о Вашем взаимодей ствии с корей скими предприятиями России (вклч. Средную Азию) и Р. Корея.

6-1) Предпочитаете ли Вы, при равным условиях сделки в ка честве партнера выбрать именно корей ское предприяти е, нежели иностранное?

① Абсолютно нет ② Нет

③ Постольку поскольку ④ Да

⑤ Абсолютно да

6-2) Собираетесь ли Вы принимать участие на конференциях, организованных корей скими предприятиями России (вк лч. Среднюю Азию), занимающихся подобным с вами биз несом?

① Обязательно ② Если будет время
③ Нет особого желания ④ Нет

6-3) Как Вы считаете, нужно ли прилагать усилия для актив изации взаимодей ствия между зарубежными корей цам и через компьютерную сеть?

① Абсолютно нет необходимости ② Нет
③ Постольку поскольку ④ Необходимо
⑤ Обязательно необходимо

6-4) Как Вы считаете, какие меры необходимы для того чтоб ы активизировать взаимодей ствие между зарубежными корей цами через компьютерную сеть?

① Активные усилия со стороны предприятий
② Совместные усилия со стороны общественных организ аций и предприятий
③ Политика правительства Р.Корея ④ Другое ( )

6-5) Как Вы считаете, что должно предпринять правительст во Р.Корея для создания всемирной корей ской компью терной сети?

① Предоставление налоговых льгот
② Оказание юридической помощи
③ Оказание административной помощи
④ Создание сети для предоставления информации
⑤ Другое ( )

7. Как Вы считаете, необходимо ли создание всемирной корей ск ой торговой кормпьютерной сети?

① Необходимо ② Нет необходимости ③ Незнаю

7-1) Какую информацию Вы бы хотели получить?

① Информация об импорте/экспорте зарубеж

② Информация о капитале и капиталовложении

③ Информация о специалистах

④ Информация о предприятии (кредит и т.д)

⑤ Информация о технологии

⑥ Другое (   )

7-2) Хотели бы Вы принимать участие, если компьютерная с
еть будет создана
(стать членом, предоставлять информацию и другое)?

① Обязательно ② Да

③ Буду иметь ввиду ④ Нет

8. Имеется ли у Вас филиал либо завод предприятия?

① Да ② Нет

└8-1) В какой стране?

① Россия ② СНГ ③ Китай

④ Р.Корея ⑤ Япония

⑥ Другое (   )

8-2) Укажите общее количество работников (чел.), среди них
работников корей ской национальности (чел.).

Нетворк между организациями/государством/финансовыми учреждениями

1. В настоящее время в России и Средней Азии существует очень много различных корей ских ассоциаций , национально-культурных организаций и других структур.
   Ниже даны вопросы о вашем взаимодей ствии с ними.
   1-1) Состоители ли Вы в какой либо организации?
   ① Да ② Нет (к вопросу 2)
   1-2) Что послужило причиной вхождения в организацию?
   ① Бизнес ② Поиск друзей
   ③ Бизнес и поиск друзей ④ Другое( )
   1-3) Какого влияние организации на вашу бизнес деятельность?
   ① Очень важное ② Важное ③ Обычное
   ④ Не важное ⑤ Абсолютно не важное
   1-4) Какую помощь Вы получили от организации?
   ① Информация о капиталовложении
   ② Взаимодей ствие с людьми
   ③ Информация о технологии
   ④ Информация о най ме работников
   ⑤ Юридическая · торговая информация
   ⑥ Другое ( )

2. Приходилось ли Вам получать ниже данную информацию в таких структурах как KOTRA(Корей ское Агентство содей ствия развитию торговли и инвестиций),
   Торговая Ассоциация Р. Корея и в других организациях.
   ① Информация о продукции

② Информация об инвестициях

③ Информация о технологиях

④ Информация о най ме работников

⑤ Юридическая · торговая информация

⑥ Другое (   )

3. Используете ли Вы финансовое учреждение?

① Да   ② Нет (к вопросу 5)

3-1) Какое финансовое учреждение Вы используете?

① Россий ский банк

② Филиал банка Р.Корея в России

③ Филиал иностранного банка в России

④ Банк корей цев СНГ

⑤ Другое (   )

3-2) Укажите, какие финансовые операции Вы проводите?

	Российский банк	Филиал банка Р.Корея в России	Филиал иностранного банка в России	Банк корейцев СНГ	Другое ( )
Вклады					
Ссуда					
Финансирование внешней торговли					

4. Трудности при получении капитала в финансовых учреждениях?

① Высокие проценты   ② Чрезмерное требование залога

③ Жесткие условия гарантии   ④ Неприемлемые условия

⑤ Нехватка залога   ⑥ Национальные проблемы

⑦ Другое (   )

5. Хотели ли бы Вы, чтобы создали「национальное финансовое учреждение」в целях получения капитала?

① Да ② Нет

6. Приходилось ли Вам сотрудничать с университетами и научно-исследовательскими институтами России/Средней Азии и Р. Корея?

① Да ② Нет

└6-1) В какой сфере?

① Трудоустрой ство
② Подготовка работников
③ Разработка технологии · продукции
④ Консультации по менеджменту
⑤ Другое (   )

7. Приняли ли бы Вы на работу студентов из Р.Корея, в качестве молодых специалистов?

① Да ② Нет

8. Хотели бы Вы и в дальней шем сотрудничать с университетами и научно-исследовательскими институтами?

① Да ② Нет

└8-1) В какой сфере?

① Трудоустрой ство ② Подготовка работников
③ Разработка технологии · продукции
④ Консультации по менеджменту
⑤ Другое (   )

※ Данные о предприятии:

1. Название предприятия? (______________________________)
2. Год образования (______________________________год)
3. Адрес и телефон (______________________________

____

____

____)

4. Homepage: (______________________________)
   e-mail: (   )

※ Ваши пожелания:______________________________

____

____

____

____

____

____

____

____

____

____

____

____

____

____

____

____

____

Спасибо!

찾아보기

저자

임채완 전남대학교 정치외교학과 교수, 전남대학교 세계한상·문화연구단 단장, 정치사회학박사
Chaewan Lim

이원용 행정자치부 전문위원, 정치학박사
Wonyong Lee

남혜경 사할린국립대학 한국어과 파견교수, 교육학박사
Haekyung Nam

최한우 한반도대학원대학교 총장, 알타이학박사
Hanwoo Choi

강명구 한국산업은행 산은경제연구소 수석연구원, 경제학박사
Meanggu Kang

심헌용 국방부 군사편찬위원회 선임연구원, 정치학박사
Heonyong Sim

전남대학교 세계한상·문화연구 3차총서 4

러시아·중앙아시아 한상네트워크

2007년 12월 20일 초판 인쇄
2007년 12월 25일 초판 발행

지 은 이 임채완, 이원용, 남혜경, 최한우, 강명구, 심헌용
펴 낸 이 이찬규
펴 낸 곳 북코리아
등록번호 제03-01240호
주 소 121-020 서울시 마포구 공덕동 115-13 201호
전 화 (02) 704-7840
팩 스 (02) 704-7848
이 메 일 sunhaksa@korea.com
홈페이지 www.ibookorea.com

값 13,000원

ISBN 978-89-92521-51-2 94320
ISBN 978-89-92521-47-5(전11권)

이 총서는 2003년도 한국학술진흥재단의 지원에 의하여 연구되었음
(KRF-2003-072-BL2002)